우리 없이 우리에 대한 것은 없다

제임스 찰턴 지음 | 전지혜 옮김

Nothing about us Without us
Disability Oppression and Empowerment

울력

Nothing about us without us by James I. Charlton
Copyright ⓒ 1998 The Regents of the University of California
All right reserved.

Korean Translation edition ⓒ 2009 by Ulyuck Publishing Co.
published by arrangement with the University of California Press
through Bestun Korea Agency, Seoul, Korea
All right reserved.

이 책의 한국어 판권은 베스툰 코리아 에이전시를 통하여
저작권자와 독점 계약한 울력출판사에 있습니다.
저작권법에 의해 한국 내에서 보호를 받는 저작물이므로
어떤 형태로든 무단 전재와 무단 복제를 금합니다.

우리 없이 우리에 대한 것은 없다

지은이 | 제임스 찰턴
옮긴이 | 전지혜
펴낸이 | 강동호
펴낸곳 | 도서출판 울력
1판 1쇄 | 2009년 7월 15일
등록번호 | 제10-1949호(2000. 4. 10)
주소 | 152-889 서울시 구로구 오류1동 11-30
전화 | (02) 2614-4054
FAX | (02) 2614-4055
E-mail | ulyuck@hanmail.net
값 | 16,000원

ISBN | 978-89-89485-74-2 93330

· 잘못된 책은 바꾸어 드립니다.
· 옮긴이와 협의하여 인지는 생략합니다.

이 모든 것을 부모님께

그리고 에드 로버츠와 그가 참여한 운동에 바친다.

차례

이 책에 대하여 _ 9

감사의 글 _ 11

인터뷰 한 사람들 _ 13

I. 들어가며

1장. 우리 없이 우리에 대한 것은 없다 _ 19

장애 억압과 역량 강화의 변증법 _ 20 | 방법론과 고려 사항 _ 23
관심 내용과 한계점 _ 23 | 용어, 정의 그리고 통계 _ 26 | 이론에 대하여 _ 29
장애인의 생생한 경험과 의식의 전환 _ 30
우리 없이 우리에 대한 것은 없다: 역량 강화의 정치학과 조직 _ 41

II. 장애 억압과 일상생활

2장. 장애 억압의 범위: 개관 _ 47

정치경제학과 세계 체제 _ 50 | 문화(들)와 신념 체계 _ 53
(조작된) 의식과 소외 _ 56 | 권력과 이데올로기 _ 60

3장. 정치경제학과 세계 체제 _ 71

제3세계의 저발전과 장애 _ 77 | 현대 산업 사회와 장애 _ 83
정치경제학과 계급 분석을 넘어서? _ 88

4장. 문화(들)와 신념 체계_ 91
　　장애에 대한 태도의 일반 법칙_ 93 | 장애에 대한 태도의 세 가지 원천_ 98
　　장애의 사회화 공식_ 119

5장. 의식과 소외_ 121
　　권력(의 부재) 그리고 (조작된) 의식_ 123 | (조작된) 의식, 소외, 그리고 장애 억압_ 127 | 권력과 이데올로기: 정체성(과 그 실패)에 대한 (조작된) 의식의 함의_ 135
　　장애인권 운동에 대한 (조작된) 의식의 함의_ 138

6장. 일상생활에 대한 관찰_ 143
　　눈에 보이지 않는다는 것 그리고 버려진다는 것_ 144
　　안전망 없이 살아남기_ 149 | 자선과 사회 복지_ 158 | 장애의 위계_ 166
　　폭력과 장애_ 169 | 비접근성, 공간, 그리고 환경_ 174 | 도시 대 지방_ 182
　　복잡한 세계 속에서 계속되는 일상_ 188

III. 역량 강화와 조직화

7장. 역량 강화된 의식과 역량 강화의 철학_ 191
　　역량 강화된 의식에 대한 이해를 향해_ 194 | 역량 강화의 정치학과 철학_ 200
　　역량 강화와 인권_ 203 | 자립과 통합_ 206 | 자조와 자기 결정_ 210
　　결론: 전환점_ 211

8장. 장애인권 확립을 위한 조직과 운동_ 213
　　장애인권 운동 조직의 유형_ 222
　　반헤게모니적 대중 사회 운동으로서의 장애인권 운동_ 238

IV. 결론

9장. 억압과 역량 강화의 변증법_ 245
억압과 역량 강화_ 247 | 억압과 자유_ 253
과거와 미래에 대한 개인적 일화_ 260 | 도전과 선택_ 262
인간적 조건의 일부로서 장애_ 265

주 _269

옮긴이 글 _285

약어 및 단체명 _287

참고 문헌 _291

찾아보기 _309

일러두기

1. 이 책은 제임스 찰턴James I. Charlton의 *Nothing about us Without us: Disability Oppression and Empowerment* (1998, University of California Press)를 완역하였다.
2. 이 책은 원서의 체제를 따라 편집하였다. 옮긴이의 주는 본문 중에 [ ]로 묶어 옮긴이 주임을 표시하였다.
3. 원서에서 이탤릭체로 표시된 부분은 이 책에서 중고딕체로 표시하였다.
4. 이 책에서 인쇄 매체인 책이나 잡지 등은 『 』로 표시하였고, 원어를 병기할 때는 이탤릭체로 표시하였다. 그리고 단편이나 기사 등은 「 」로 표시하였고, 원어를 병기할 때는 정체로 표시하였다. 그리고 원어만을 표기할 때는 책, 잡지 등은 이탤릭체로 표시하였고, 논문이나 기사 등은 " "로 표시하였다.
5. 본문에서 인명과 단체명은 대부분 원어를 병기하지 않았다. 인명은 찾아보기를, 단체명은 본문 뒤에 따로 정리해 놓은 것을 참고하기 바란다.

이 책에 대하여

　　수많은 장애인들이 경험해 왔고 지금도 여전히 경험하고 있는 장애 억압은 한 편의 서사시로 각색해도 손색이 없을 만한 규모로 벌어지고 있는 인권상의 비극이다. 하지만 그 심각성을 인식하고 그에 맞서 저항하게 된 것은 겨우 지난 수십여 년에 불과하다. 실제로 오늘날 장애를 가진 사람들 사이에서 크나큰 변화가 일어나고 있음을 알 수 있다. 장애인들이 전 세계 곳곳에서 들고 일어나 자신들이 가진 인간으로서의 권리를 제대로 인식해 줄 것을 그리고 그 권리를 결정하는 과정에서 중심적인 역할을 자신들에게 맡길 것을 요구하는 운동을 하게 된 것은 사상 초유의 일이기 때문이다.
　　이 책은 장애 억압의 상황과 저항의 존재를 통합적으로 다루고자 했기 때문에, 이 안에는 그에 대한 논의들이 많이 실려 있다. 이 책의 내용을 간략하게 요약하자면 다음과 같다. (1) 5억 명에 달하는 장애인에 대한 억압은 일상생활상의 정치적-경제적·문화적 차원에 그 뿌리를 두고 있다. (2) 5억 장애인들이 처해 있는 빈곤과 고립, 모멸, 의존은 인권 전반에 걸친 대재난 및 현행 세계 체제의 근본적 위기를 여실히 보여 주는 것이다. (3) 장애인들의 일상생활 상황을 이론화하려는 시도가 불충분한 것은 장애 문제를 의료적 관점 또는 비정치적 관점에서 접근하고 있기 때문이며, 또한 제3세계에 살고 있는 대다수 장애인들을 전혀 다루지 않았기에 결국 불완전하거나 근본적인 결함을 안고 있기 때문이다. (4) 장애를 지닌 이들의 억압에 대한 경험과 그 경험의 비정치성이라는 양면을 모두 논의하기 시작하면서 세계 곳곳에서 장애를 기반으로 하는 의식과 조직 기구들이 출현하고 있다. (5) 장애 억압의 정치적-경제적·사회문화적 차원을 통해 거기서 영향을 받는 이들과 억압당하는 이들이 취하는 저항의 형태가 결정된다. (6) 정치적-경제적·사회문화적 차이의 중요성에도 불구하고, 지난 20년에 걸쳐 장애 인권을 내세웠던 개인이나 조직들은 한결같이 역량 강화(임파워먼트)와 인권, 자립과 통합, 자조와 자기 결정이라는 원칙을 그 근본원리로 삼아왔다. 그리고 (7) 이러한 중심 사상들은 필연적으로 평등과 존중, 그리고 필요를 느끼는 사람 및 공동체에 의한 자원의 관리를 바탕으로 범지구적인 차원에서 우선권과 자원에 대한 근본적인 질서를 재확립할 것을 제안하고 있다.

감사의 글

나는 니카라과의 마나과에서 혁명 장애인 기구(ORD)와 관련된 사람들을 만난 1985년 이래로 이 책에서 다루는 주요 내용들에 대해 생각해 왔다. 미국은 그 나라에 대항하여 대리전쟁을 치르고 있었고, 황폐함이 만연해 있었지만, 혁명 장애인 기구가 그들의 나라에서 나와 같은 장애인들을 위해 인상적인 많은 변화들을 책임져 왔다는 것은 분명했다.

나는 여러 번 라틴아메리카를 방문했지만, 그때까지 정치적 활동을 하는 장애인을 만나본 적이 없었다. 니카라과에서의 경험은 나에게 다른 곳에서도 비슷한 경험들을 찾도록 동기를 부여했다. 그리고 1991년 나는 뉴햄프셔 대학에 있는 장애연구소에서 자금 지원을 받았다.

이 연구 자금 덕분에 나는 매우 특별한 장애인권 운동 조직인 짐바브웨 전국장애인협의회(NCDPZ)의 구성원들과 함께 한 달간을 보낼 수 있었다. 1992년에는 시카고 커뮤니티 트러스트(CCT)에서 1년간 연구비 지원을 받았으며, 이 책을 위한 대부분의 연구는 그들의 도움으로 완성되었다. 그해에 나는 멕시코, 브라질, 남아프리카공화국, 케냐, 인도, 태국, 인도네시아와 홍콩을 방문했다.

이 책에 담긴 통찰들의 많은 공은 미국 장애인권 운동에 참여하고 있는 나의 동료들, 특히 시카고에 있는 동료들에게 있다. 나는 지난 25년 동안 정치적인 프로젝트를 함께 해온 나의 친구들로부터 많은 도움을 받아 왔다. 또한 1985년부터 일해 온 시카고의 액세스 리빙에도 감사를 표하고 싶다. 그곳은 나에게 애정과 격려와 감수성을 준다. 그리고 오클랜드에 있는 세계장애연구소(WID)와 위니펙에 있는 국제장애인연합(DPI)이 제공해 준 교류 기회에 대해서도 나는 감사의 마음을 전하고 싶다.

아이디어와 의견뿐만 아니라 좋은 만남을 통하여 도움을 주신 분들이 너무 많아서 모두 언급할 수는 없지만, 여기에 몇 분을 소개하고자 한다. 캐롤라인 하니, 탐 윌슨, 제임스 포터, 낸시 리드, 로베르토 레이, 알렉산더 피리, 레베카 곤잘레스, 마우리치오 오르티즈, 올란도 페레스, 프라이데이 마부소, 마르세유 올리비에로, 에드 로버츠, 마르카 브리스토, 호사엘라 베후만 비엘레호, 다이엔 우즈, 수잔 누스바움, 테리 터너, 그리고 멜 로덴버그가 그들이다. 나는 스탠 홀위츠와 미첼 노돈의 지원에 대해서도, 편집에 도움을 준 세일라 버그에게도 감사한 마음을 전한다.

인터뷰한 사람들

나는 오랜 세월에 걸쳐 장애인권 운동가들과 인터뷰하는 행운을 누렸다. 미국, 멕시코(1984-95, 여러 차례 여행), 니카라과(1985), 쿠바(1989), 브라질(1988, 1992), 짐바브웨(1991), 남아프리카(1992), 인도(1993), 태국(1993), 인도네시아(1993), 홍콩(1993) 그리고 영국과 스웨덴(1995-1996) 등 여러 나라에서 인터뷰를 했다.

아래의 사람들은 인터뷰를 했던 장애인권 운동가들이다. 인터뷰 당시, 그들이 소속되어 있던 기관명도 함께 정리했다. 소속된 기관들은 그들의 정치적 견해를 드러내기 때문에 각 개인들을 구별하여 알아보기 위한 목적에서 그렇게 하였다.

아메리카

펠리페 바레라Felipe Barrera, 장애 전투요원, 활동가, 산살바도르, 엘살바도르
호사엘라 베후만 비엘레흐Rosangela Berman Bieler, 리우데자네이루 자립생활센터 대표, 리우데자네이루, 브라질
가브리엘라 브리메르Gabriella Brimmer, 시인, 전국지체장애인협회 회원; 장애인 이동권 협회, 멕시코시티
마리아 루이자 카미에라Maria Luiza Camêra, 작가, 활동가, 살바도르, 브라질
앙헬 플라 시스네로스Angel Pla Cisneros, 쿠바지체장애인협회 경제개발사무관, 아

14 우리 없이 우리에 대한 것은 없다

바나, 쿠바
마리아 다 콩세이사우 카우사트Maria da Comceição Caussat, 변호사, 활동가, 리우데자네이루, 브라질
마이크 어빈Mike Ervin, ADAPT 지역 코디네이터, 시카고, 일리노이
이다 일다 에스칼로나 델 토로Ida Hilda Escalona del Toro, 쿠바지체장애인협회 총재, 아바나, 쿠바
파울루 사투르니누 피게레두Paulo Saturnino Fiqueiredo, 활동가, 벨로리존테, 브라질
페데리코 플라이슈만Federico Fleischmann, 자유로운 접근Libre Acceso 대표, 멕시코시티
아르나우두 고도이Arnaldo Godoy, 시의원, 활동가, 벨로리존테, 브라질
파블로 메디나Pablo Medina, 군사령관, 혁명 장애인 기구(ORD) 회원, 레온, 니카라과
코르넬리오 누녜즈 오르다즈Cornelio Nuñez Ordaz, 오악사카 휠체어스포츠협회 대표, 오악사카, 멕시코
올란도 페레스Orlando Perez, 혁명 장애인 기구(ORD) 대외 비서, 마나과, 니카라과
주디 팬코 레이스Judy Panko Reis, 시카고 여성장애인병원 행정 관리자, 시카고, 일리노이
에드 로버츠Ed Roberts, 세계장애연구소 대표, 오클랜드, 캘리포니아
페르난도 로드리게스Fernando Rodriguez, 이동권 국제연대 지부 설립자, 멕시코시티
호세 루이스 실바 트루히요Jose Luis Silva Trujillo, 쿠바지체장애인협회 부총재, 아바나, 쿠바
마리아 파울라 테페리노Maria Paula Teperino, 변호사, 자립생활센터 이사, 리우데자네이루, 브라질
프레디에 트레호스Freddie Trejos, 혁명 장애인 기구(ORD) 설립자, 마나과, 니카라과
낸시 워드Nancy Ward, 피플 퍼스트, 전국 코디네이터, 링컨, 네브래스카

남부아프리카

수잔 베르드Susan Berde, 전국청각장애인협의회 회원, 자원봉사자, 요하네스버그, 남아프리카공화국

파딜라 라가디엔Fadila Lagadien, 남아프리카공화국 장애인단체(DPSA) 회원, DPSA 뉴스레터 편집자, 케이프타운, 남아프리카공화국

조슈아 말린가Joshua Malinga, DPI 의장; 남부아프리카 장애인연합(SAFOD) 사무총장; 시장, 불라와요, 짐바브웨

리지 맘부라Lizzie Mamvura, 짐바브웨 전국장애인협의회 여성 코디네이터, 불라와요, 짐바브웨

마이클 마수타Michael Masutha, 인권변호사회 사회경제적 권리 디렉터, 남아프리카공화국 장애인단체 회원, 요하네스버그, 남아프리카공화국

프라이데이 만들라 마부소Friday Mandla Mavuso, 하지마비 자조협회 의장 및 매니저, 소웨토; 남아프리카공화국 장애인단체(DPSA) 경제개발 공동의장, 부이센, 남아프리카공화국

란가 무핀두Rangarirai Mupindu, 짐바브웨 전국장애인협의회 집행관, 불라와요, 짐바브웨

알렉산더 피리Alexander Phiri, 짐바브웨 전국장애인협의회 의장, 불라와요, 짐바브웨

윌리엄 롤랜드William Rowland, 남아프리카공화국 장애인단체(DPSA) 사무총장, 프리토리아, 남아프리카공화국

아시아

파놈완 부템Panomwan Bootem, 태국청각장애인협회 총재, 방콕

피터 찬Peter F. S. Chan, 홍콩 재활동맹 의장, 구룡

다닐로 델핀Danil B. Delfin, DPI-아시아 태평양 지역 개발 협력관, 방콕

프란츠 하르사나 사스라닌그라드Franz Harsana Sasraningrad, DPA-인도네시아, 인도네시아 장애인연합 실행협의회 지역 지도자, 요그야카르타, 인도네시아

레오 람Leo C. W. Lam, 홍콩장애청년연합 집행위원회 의장, 구룡, 홍콩

찰스 룽Charles Leung, 홍콩장애청년연합 감독위원회 의장; 홍콩시각장애인연합 지도자, 홍콩

위리야 남시리퐁푼Wiriya Namsiripongpun, DPI-태국 전前 대표; 태국시각장애인협

회 회원, 방콕
나롱 파티밧사라키크Narong Patibatsarakich, 카울필드 기념 시각장애인 도서관 디렉터; DPI-태국 의장; 방콕, 논타부리, 태국
주레라타나 퐁패우Jureeratana Pongpaew, 도서관 사서, DPI-태국 이사회 이사, 방콕
피팟 프라삿수완Pipat Prasatsuwan, DPI-태국 집행협의회 회원, 치앙마이, 태국
코에스비오노 사르만하디Koesbiono Sarmanhadi, 인도네시아 장애인연합 부사무총장, 자카르타, 인도네시아
라진델 싱 세티Dr. Rajinder Singh Sethi, 코디네이터, 전국시각-청각장애인연맹, 봄베이, 인도
라젠드라 비야스 Padma Shiri Dr. Rajendra T. Vyas, 전국시각장애인협회 명예 사무총장, 봄베이, 인도

유럽

레이첼 허스트Rachel Hurst, DPI-유럽 의장; 장애인식개선단체 프로젝트 디렉터, 런던, 영국
아돌프 라츠카Adolph Ratzka, 자립생활연구소 디렉터, 스톡홀름, 스웨덴

I
들어가며

자신들에게 공동체의 일원이 될 권리가 있고, 또한 공동체가 자신들을 어떻게 대하는지에 대해 말할 권리가 있다는 결론에 이를 때, 장애인들은 비로소 자신의 삶을 스스로 통제하려는 의식을, 그리고 그 통제의 권리를 남에게 넘겨버리고자 하는 모든 시도에 저항하는 의식을 키우기 시작한다.

에드 로버츠
세계장애연구소의 설립자이자 대표

우리가 늘 강조하는 것은 장애인 조직과 우리 운동의 자립적 역할이다. 그것은 우리가 자립적 존재일 때 비로소 누군가를, 심지어 정부마저도 비판할 수 있기 때문이다. 우리 조직의 독자적인 역할에 강조점을 두는 이유는 우리는 항상 우리 스스로를 옹호해야만 하기 때문이다. 우리 스스로를 해방시키기 위해서는 어떠한 정치적 정당에도 의존해서는 안 된다.

조슈아 말린가
국제장애인연합의 전 의장이며 남부아프리카 장애인연합의 총서기

1장
우리 없이 우리에 대한 것은 없다

 "우리 없이 우리에 대한 것은 없다Nothing about us without us"라는 표현을 내가 처음으로 접한 것은 1993년 남아프리카공화국에서였다. 남아프리카공화국 장애인 모임의 지도자들인 마이클 마수타와 윌리엄 롤랜드가 이 슬로건을 사용했는데, 그들도 언젠가 국제장애인권학회에서 어떤 동유럽 사람이 이렇게 말하는 것을 들었다고 했다. 이 슬로건의 강력한 힘은 그것이 수많은 (장애) 억압의 한가운데 있다는 점과 그 억압에 반대하며 자신의 삶에 대한 통제권을 가지고 자신의 목소리를 낸다는 점에서 비롯된다고 생각한다.
 "우리 없이 우리에 대한 것은 없다"라는 슬로건은 장애인권 운동의 역사와 철학에 동조하는 것으로, 장애인권 운동은 여타의 자유주의적 운동들과 같은 목표를 갖고 있기는 하지만, 그 출발은 꽤나 늦은 편이었다. 국제 장애인권 운동의 대표적 인물인 에드 로버츠는 이렇게 말했다. "우리가 미국의 시민권 운동civil right movement에서 배운 것이 있다면, 그것은 우리가 아닌 누군가가 우리에 대한 발언권을 지닌다는 것은 곧 우리가 패배했다는 사실이다"(Driedger 1989: 28). 이러한 의미에서 본다면, "우리 몸, 우리 자신Our Bodies, Ourselves"과 "시민에게 힘을Power to the People"이라는 문구를 "우리 없이 우리에 대한 것은 없다"의 전신으로 생각할 수 있을 것이다. 정치적-경제적 또는 문화적 차이에도 불구하고 장애인권 운동의 가장 핵심적인 주제는 "[자기] 통제"에 대한 요구이다. "[자기] 통제"는 장애인권 운동을 하는 사람들이 보편적으로 호소하는 내용이다. 왜냐하면 장애인들의 욕구needs와 그 욕구를 충족시킬 수 있는 잠재적 가능성은 무력함과 빈곤, 지위 강등 그리고 시설화 등에서 비롯된 의존에 의해 규정되기 때문이다. 온정주의에 흠뻑 젖어 있는 의존dependency이라는 것은 장애를 입은 바로 그 시점에서부터 죽음에 이르는 순간까지 계속된다. 그리고 이 의존의 상태가 전 세계 수억 명에 달하는 장애인들의 가장 전형적인 모습일 것이다.

지난 25년에 걸쳐 이러한 상황은 변화하기 시작했다. 거의 주목받지 못했거나 영향을 미쳤다 해도 아주 극소수의 장애인들에 불과하기는 하지만, 그렇다 해도 그 변혁은 매우 의미심장한 것이다. 인류 역사상 처음으로 장애를 가진 이들이 정치적으로 활동하면서 자기 자신과 공동체에게 있어 무엇이 최선인지를 스스로 알고 있다고 선언하기 시작했기 때문이다. 이는 "우리 없이 우리에 대한 것은 없다"라는 말로 쉽게 요약되는, 전투적이고도 계시적인 요구이다.

장애 억압과 역량 강화의 변증법

장애 억압에 관한 책은 거의 없다. 그러한 억압에 대한 저항을 다룬 글은 더더욱 없다. 유럽과 미국에서 장애에 관한 문헌들이 늘어나고 있다고는 하지만, 세계의 다른 지역에서는 장애와 관련해 이용할 수 있는 정보가 거의 없다. 그렇기 때문에 우리가 인간의 중요한 상황 조건인 장애에 대하여, 그리고 인간의 조건 그 자체에 대하여 알고 있는 것은 근본적으로 불완전할 수밖에 없다. 따라서 나는 장애에 대한 담론에 착수하게 되었다. 이는 부분적으로 서술적이고, 부분적으로 대담 형식이며, 부분적으로 이론적이지만, 전체적으로는 논쟁적인 글이다. 나의 논제는 억압과 착취, 권력과 이데올로기, 저항과 역량 강화에 대한 이론과 견해들을 종합적으로 망라하고 있다. 결국 다양한 목소리와 개인적 경험을 통해 걸러졌기 때문에 이 책 역시 다른 책들과 마찬가지로 논증적이다.

2장에서 6장까지는 전 세계 곳곳에서 수억의 장애인들이 살아가는 처참한 상황 — 불운하게도 논쟁할 수조차 없을 정도의 현실 — 에 대한 내용이다. 7장부터는 그 상황에 저항하기 위해 일부의 장애인들이 장애인권 운동이라는 기치아래 어떻게 조직화되었는지를 서술했다. 전 세계에 걸쳐 수천 가지에 달하는 문화와 정치적-경제적 분열을 고려했을 때, 장애 억압에 대한 포괄적인 이론을 만드는 것은 터무니없는 일이라고 생각하는 이가 있을지도 모르겠다. 하지만 이러한 차이가 낳은 문제점들이 많다고 해서 그것이 양립 불가능한 것은 아니라고, 나는 그렇게 믿고 있다. 10개국 50여 명에 달하는 장애인권 운동가들과의 인터뷰를 통해 내가 발견한 가장 중요한 점은 장애인으로서 살아간다는 것에는 지역 문화와 정치적-경제적 차이를 넘어서는 공통점이 있다는 사실이다. 매우 멀리 떨어진 곳에서도 장애인권 운동은 아주 유사한 방법으로 장애 경험의 특징에 접근하고 있으며, 장애 억압에 저항하고 있다는 사실 또한 명확했다. 미심쩍고 불확실하기는 하지만 이러한 저항을 통해 억압이 사라질 가능성도 있을 것이다. 간단히 말해서, 이 책은 장애 경험(즉, 억압)과 그 반대급부를 차지하는 저항과 역량 강화에 대한 이야기이다.

나의 의도는 세 가지이다. 첫째, 독자들이 지금까지 장애에 대해 가졌던 사고방식을 인식론상으로 타파하게 되기를, 즉 그동안 수백만의 장애인과 비장애인들에게 영향을 미쳐 왔으며, 앞으로 수십 년 동안 더 많은 사람들에게 확산되어 갈 인식론상의 혁신을 겪게 되기를 바란다. 둘째, 장애와 관련해서 그동안 거의 적용되지 않았던 억압과 저항의 관계와 상황에 대해 생각해 볼 것을 제안하고자 한다. 그렇게 함으로써 나는, 다른 의문점들에 대해서와 마찬가지로, 왜 그렇게 많은 사람들이 억압에 대해 묵묵히 참고 살아왔는지, 그리고 왜 몇몇 사람들은 이러한 상황을 바꾸고자 개인적으로 저항했을 뿐만 아니라 그것들을 변화시키기 위해 활동을 조직화하기에 이르렀는지에 대해 답하고자 한다. 셋째, 최근 출현하고 있는 장애인권에 대한 국제적인 인식과 운동을 더욱더 이해하고 지지하기 위해서 정치적, 경제적, 문화적 맥락을 제시하고자 한다. 여기서 중요한 것은 모든 장애인들이 동일한 장애 억압을 경험하고 그에 동일하게 저항한다는 것이 아니라, 장애인들이 개별적으로나 총체적으로 억압받거나 또는 그러한 억압에 저항하는 방법이 공통적 경험으로 일반화되어 있다는 사실이다.

    내가 이 책을 집필하게 된 동기는 간단하다. 장애인들이 어떤 취급을 당하는지, 나는 봐 왔고 느껴 왔다. 이러한 상황들은 자신들에게 주의를 기울여 줄 것을 아주 분명하게 그러나 미묘한 방식으로 호소하고 있으며, 그 상황들 자체가 현존하는 세계 질서에 대한 본질적 비판이기도 하다. 이 책은 동정을 구하려는 호소가 아니다. 동정은 이미 충분할 정도로 받았다. 도움의 손길을 희망하는 것도 아니다. 희망은 환상이 아닐 때 비로소 유용한 것이며, 도움은 역량 강화를 이끌어낼 수 있을 때 의미 있는 것이다. 이 책은 장애에 관한 낡은 생각을 타파할 것을 설파하는 것이며, 동시에 수억 명의 장애인들에게 강요되는 의존의 굴레가 이제는 종결되어야만 한다고 외치는 것이다.

방법론과 고려 사항

이 책은 장애인들의 일상생활에 근간을 두고 있다. 우선 무엇보다도 미국에서 활동하는 장애인권 운동가이자 장애 당사자인 나 자신의 개인적 경험에서 시작된 것이기 때문이다. 둘째로는 대화와 토론, 인터뷰와 기존 문헌에 대한 연구를 통해 다른 장애인들의 경험을 끌어낸다. 그에 따르는 "증거"들은 자기 반추의 과정에서 나온 것들이다. 이러한 연구 방법을 우리는 "인간의 감각에 근거한 실천Human Sensuous Practice" 또는 "일상에서 얻는 교훈Lessons from Life"이라고 명명한다. 내가 이야기하고자 하는 것은, 이러한 경험들이 비록 부분적이기는 하지만, 결국 장애인들의 일상생활에 대한 일반적인 서술과 밀접하게 연관되어 있다는 사실이다.

일상에서 얻는 교훈은 주로 제3세계의 내용을 다루고 있다. 장애 억압이 일반화된 현상임을 보이기 위해서는, 전 세계 장애 인구의 80% 이상이 살고 있는 이 지역에 초점을 맞춰야 하기 때문이다. 이를 위해, 다른 곳에서 살고 있는 운동가들이나 정치 이론가들뿐만 아니라 제3세계 지역의 장애인권 운동가들이 내놓은 분석이나 개인적인 사연들을 많이 활용했다. 장애 억압에 대한 사람들의 저항이나 조직은 물론이고 장애 억압의 정치적-경제적·사회문화적 측면 역시 이러한 기준으로 이야기했다.

관심 내용과 한계점

일단, 에릭 홉스봄이 자신의 저서인 『극단의 시대 The Age of Extremes』 서문에서 "지독히 불균등한 토대curiously uneven foundations"

라고 했던 바로 그 불균등한 토대에 이 책이 기반하고 있음을 고백해야 할 것 같다. 각기 다른 유형의 장애를 가진 채 각기 다른 문화권에서 살아가는 각기 다른 장애인들의 일상생활에 많은 공통점과 유사성이 있는 것이 사실이라 할지라도, 내가 그것을 일반에게 설명할 때는 고려하지 않으면 안 될 한계점이 많이 있다는 것 또한 사실이기 때문이다. 지정학적으로나 문화적으로 중요한 많은 나라들, 예를 들어 [동]북 아시아(한국, 중국, 일본)와 중동 지역 같은 곳들이 제외되었다. 유럽, 특히 동유럽과 남유럽에 대한 이해에도 한계가 있다. 홍콩에서 장애인권 운동을 이끌고 있는 중국인들과 인터뷰를 함으로써(그리고 2차 자료들을 통해서) 중국 문화의 일부 측면을 다루기는 했지만, 중국 자체의 정치적, 경제적, 사회적 영향을 보여 주지는 못했다. 인도네시아에서의 조사와 2차 자료 연구를 통해 장애인에 대한 이슬람교도들의 관점이나 태도가 부분적으로 다루어지기는 했지만, 중앙아시아 문화와 관련된 내용 역시 없다. 아랍인들의 사회인 중앙아시아에서의 연구 결과와 인도네시아에서의 연구 결과가 비슷한지조차도 알 수가 없다.

또한 다른 유형의 장애들에 대해서도 충분하게 다루지 못했다. 정신 장애나 인지 장애는 장애 "범주" 안에서도 가장 큰 부분을 차지하고 있기 때문에, 그와 관련된 내용이 빠진 것은 특히 눈에 띈다. 이에 대해 미국의 자료를 포함시키기는 했지만, 결국 개략적인 내용에 불과하다. 국적을 막론하고, 정신 장애인들을 위한 장애인권 운동을 펼치고 있는 운동가들은 정신 장애인들이야말로 가장 차별당하고 고립된 채 살아간다고 확신하고 있었다. 이는 매우 의미 있는 발언이다[이는 장애 유형에 따른 장애인 내의 서열화를 언급하고 있기 때문에 특히 의미 있는 것으로 생각된다: 옮긴이].

청각 장애인들의 입장 역시 마찬가지이다. 특히 제3세계에서는 그들의 고립 상황이 정신 지체 장애인들과 비슷하다. 수화 통역사가 부족하여 상황은 더욱 악화되고 있고, 심지어 정치 활동을 하는 사람들조차도 자신의 입장을 밝히거나 인터뷰를 하는 데 어려움을 겪고 있다.

마지막으로, 이 책의 영역을 제한하기 위해 에이즈와 관련된 논의들은 제외하였다. 아프리카 전역과 브라질 그리고 아마도 태국을 포함하는 수많은 나라와 지역에서 에이즈가 가장 중요한 장애 관련 내용이라는 것에는 이론의 여지가 없다. 에이즈 감염자들이 겪는 사회적·이데올로기적 경험들이 여타의 장애, 특히 암이나 정신 질환, 당뇨병 등의 질환과 관련된 장애를 가진 사람들의 경험과 아주 유사하다는 것은 분명한 일이다. 각종 장애에 관한 형상화되고 이미지화된 "감정"을 다룬 수잔 손택의 두 권의 책, 『은유로서의 질병 Illness as Metaphor』과 『에이즈와 그 은유 AIDS and its Metaphor』 ['에이즈와 그 은유'라는 말은 에이즈가 단순 의료적 차원에서의 질환이 아니라 사회적 의미를 갖는, 그리고 그러한 차원에서 장애와 같은 맥락으로 바라볼 수 있는 대상이라는 의도를 표현하고 있다: 옮긴이]가 이에 해당될 것이다. 일반적인 경제적 상황과 특화된 사회문화적 상황에서 발견되는 유사성을 통해 장애의 경험은 동일해진다. 우리는 거의 직관적으로 이를 알 수 있다. 도처에 존재하는 빈곤 상태나 그것을 둘러싼 지위 강등의 문제와 더불어, 장애인이 된다는 것은 그 또는 그녀가 즉각적으로 "부족한" 사람 — 빌헬름 라이히가 "생명 에너지의 위축 bio-energetic shrinking"이라 언급했던 상태 — 이 된다는 것을 우리는 알고 있다. 이것이 바로 손택이 『은유로서의 질병』에서 탐색했던 현상이며, 장애 그 자체와 가장 밀접하게 관련되어 있는 생각이기도 하다. 한 사람이 내과 정기 검진을 받으러 의사를 찾아간다. 검진 과정이 끝난 후, 의사는 확연히 다른 태도를 취하며 "환자"에게 암이라는 진단을 내린다. 그 사람은 즉각적으로 아프거나 의기소침한 느낌을 받게 되며, 정신적으로 위축된다. 자신이 건강하며 완전하다고 생각했던 바로 전의 순간, 즉 진단을 받기 전과 비교해 보았을 때 전혀 달라진 것이 없음에도 불구하고 이 사람은 갑작스레 불완전한 사람이 되는 것이다. 이러한 사회 심리학적 현상들은 암과 에이즈, 척수 손상, 절단 수술에서 시청각 상실에 이르는 모든 종류의 장애에서 명백하게 공통적으로 나타난다.

용어, 정의 그리고 통계

이번에는 용어와 정의의 문제를 다루겠다. 제일 먼저 정의해야 하는 용어는 "장애disability"이다. 나의 의도를 이야기한다면, 장애는 사회적이며 기능적인 기준에 근거하는 것이다. 즉, 장애는 의료적 범주가 아니라 사회적 범주에 속한다는 뜻이다. 장애는 사회적으로 만들어지는 것이다. 예를 들어, 어느 특정 문화에서 한 개인을 '장애'를 가진 존재로 취급한다면, 그 사람은 장애인이 된다. 둘째, "장애"의 범주에는 사회적으로 규정된 기능상의 제약을 가진 사람들이 포함된다. 예컨대 많은 청각 장애인들은 자신들에게 장애가 없다고 주장하지만 장애인으로 간주되는 것과 마찬가지이다. 장애를 가진 사람이냐 아니냐 하는 것은 개인이 선택할 사항이 아니다. 대부분의 장애인권 운동가들은 장애를 "사회가 개인에게 부여한 상황"이라고 정의한다. 이러한 정의는 1990년에 제정된 미국장애인법에도 그대로 반영되었다. 이 법에서는 장애 또는 장애인을 이렇게 규정하고 있다. "(a) 개인이 일상생활을 영위함에 있어 실질적으로 하나 또는 그 이상의 제약을 수반하는 정신적 또는 신체적 손상, (b) 그러한 손상에 관한 기록, (c) 위와 같은 손상이 있다고 판단되는 경우를 말한다."

이렇게 (광범위하게 고려되는) 정의에 근거하여 장애인의 수를 추정하는 작업이 지난 20여 년간 계속되어 왔으며, 현재도 계속되고 있다. 존 노블은 1981년 『국제재활협회』에서 이렇게 기술한 바 있다. "1975년에 전 세계에서… 모든 종류와 정도의 장애로 고통 받는 인구는 4억 9천만 명(전 세계 인구의 12.3%)으로 추산되었다. 2000년이 되면 8억 4,600만 명(전 세계 인구의 13%)에 달하게 될 것이다. 1975년에는 장애 인구의 3/4 이상이 개발도상국에 살고 있었지만, 2000년에는 전체 장애 인구의 4/5 이상이 개발도상국에서 살고 있을 것이다." 10년 후, 미국의 연방회계감사원은 전 세계 5억에 달하는 장애 인구 중 80%가 개발도상국 — 개발도상국developing countries은 유엔의 표현이다 — 에서 살고 있다고 추정한 유엔의 자료를 인용했다. 1995년 유네스코는 「장애인 통합에 있어서 장애물 극복Overcoming Obstacles to the Integration of Disabled People」이라는 보고서를 통해, 영국의 장애인식개선단체는 [개발도상국의 장애인 비율이] 이보다 더 많을 것으로 추산하고 있다고 발표했다. 이 보고서에 따르면, 아시아 지역에는 3억 명의 장애인들(그중 7천만 명은 아동이다)이 있고, 아프리카에는 5천만 명이, 라틴아메리카에는 3,400만 명이 있다고 한다.

정의해야 하는 또 하나의 용어는 "억압oppression"이다. 억압이란 한 개인이 그 사회 집단에 속해 있다는 이유만으로 체계적으로 정치적, 경제적, 문화적, 또는 사회적 지위 강등을 당하는 것을 가리킨다. 인간에 대한 억압은 지배와 복종의 구조에서, 또는 그에 상응하는 우월과 열등의 이데올로기에서 비롯되는 것이다. 아이리스 영은 『정의와 다름의 정치학Justice and the Politics of Difference』에서 억압의 5가지 "얼굴," 즉 노동 과정에서 나타나는 억압인 착취exploitation, 자신들의 정치적, 경제적, 문화적 삶 속에 특정 집단을 포함시킬 수 없거나 포함시키기를 바라지 않는 경제 체계인 주변화marginalization, 집단의 권력과 권위의 결여인 권력 부재powerless, 지배 문화의 가치에 따른 특정 집단의 행동 양태인 문화적 제국주의cultural imperialism, 그리고 특정 집단에 대한 조직적인 공격을 의미하는 폭력violence을 이야기하고 있다(1990: 48-65). 올바로 해석되기만 한다면, 이러한 범주들은 억압을 규정하는 데 유용할 것으로 생각된다.

무엇보다도 중요한 것은, 모든 사회적 과정들이 그러하듯이, 억압 또한 실제 생활에서 경험되고 조건지어지는 것임을 이해해야 한다는 점이다. 정치적, 경제적, 문화적 맥락에 따라 장애인들의 경험상의 유사성과 차이점이 규정되는 것이다.

정의해야 할, 아니 적어도 설명되어야 할 용어가 두 개 더 있다면, 바로 "저발전 국가underdeveloped country"와 "제3세계Third World"이다. 이 두 용어는 서로 뒤엉켜 있는데다 많은 사람들은 이 말들을 그다지 좋아하지 않는다. 유사한 용어로는 "과도기적 사회transitional society," "개발도상국," "저개발 국가undeveloped country," "주변부 국가the periphery," "신흥 산업국newly industrialized country" 등이 있다. 사람들마다 이 용어들을 각기 다른 의미로 받아들인다. 나는 값싼 노동력과 자원을 착취하는 식민화 과정이 함축되어 있다는 이유에서 "저발전underdeveloped"이라는 단어를 선호한다. 그 국가들은 저발전된 상태였다. 즉, 나는 "저발전underdevelopment"이라는 말을 후일 제3세계로 알려진 지역에서 벌어졌던 거대한 규모의 '징발과 약탈'을 내포한다는 의미로 사용한다. 어떤 이들은 "미발전maldevelopment"이라는 단어를 선호하기도 한다. 이 두 용어 모두 이 지역들의 정치적-경제적 환경의 근본 원인을 제국주의와 식민주의에 두고 있다. 토착 엘리트들이 제국주의와 식민주의 세력과 공모하고 있음을 인식함에도 불구하고 그들에 대해서는 비방하지 않으면서 말이다. 또한 그것이 내가 뜻하는 바이기도 하다. 많은 이들은 "개발도상국"이라는 용어의 사용을 선호한다. 문제는, 전부는 아닐지라도, 그중 대부분의 나라들이 현재 그다지 개발되고 있는 상태가 아니라는 사실이다. 그 나라들은 위기 속에서 앞으로 나아가지 못한 채 정체된 상태였으며, 지금도 마찬가지이다. 내 책에서 사용되는 "저발전"은 정치적-경제적 상황을 의미하는 것이지 역사나 문화가 아님을 부디 기억해 주기 바란다. 경제적으로 가난한 나라들이 오히려 특별할 정도로 풍부한 문화와 역사를 보유하는 경우가 많기 때문이다.

마지막으로 나는 "제3세계" 혹은 "주변부 국가"라는 말을, 정치경제학의 맥락에서 제1세계(미국), 제2세계(일본과 유럽)와 관련하여, 아프리카, 라틴아메리카, 아시아 그리고 중동의 일부 지역에 대하여 사용하고 있다. 예전에는 제1세계와 제2세계가 자본주의 세계와 공산주의 세계로 나뉘기도 했었지만, 이제는 그 구분이 의미 없어지고 말았다. 하지만 군사력의 우열에 따라 미국과 나머지 세계를 구분하는 방법은 정치적-경제적으로 상당히 의미 있는 일이다. 어떤 이들은 1인당 국민 소득이 1,000달러 이하인 나라를 "제4세계"로 명명하자고 제안하기도 한다. 하지만 이는 쓸데없는 구별이다. 왜냐하면 제3세계 국가들은, 그 나름의 서열을 매겨 소득 수준이 상위에 속하든 하위에 속하든 간에, 모두 가난하기 때문이다(대부분 1인당 국민 소득이 200~4,000달러 사이라고 알려져 있다). "제3세계"와 "주변부 국가" 모두 경제적 중심부와 경제적 주변부를 구별한다는 의미에서, 나는 이 책에서 이 두 단어를 같은 뜻으로 사용했다.

이론에 대하여

마지막으로 이론과 관련해서 언급하고자 한다. 제아무리 잘 짜여 있다 할지라도 억압에 대한 이론이나 그에 대한 대응이 나타낼 수 있는 것은 부분적인 설명일 뿐이라고 생각한다. 물론 이론적 돌파구는 있다. 그리고 내가 바라는 것도 포괄적인 이론을 확립하는 데 조금이나마 보탬이 되는 것이다. 다른 방법은 없다고 본다. 다른 모든 억압과 마찬가지로, 장애 억압은 복잡하고 다층적이다. 장애 억압 자체는 대부분의 경우 억압의 부분적 경험이다. 장애인들은 성별, 계급, 인종에 따라 다른 종류의 억압 역시 경험하게 된다. 그리고 지역을 막론하고 그 억압들이 장애인들의 생생한 경험이라는 특수성에 많은 영향을 미친다는 사실에는 의심의 여지가 없다. 나는 주된 내용에 곁들여 언급했을 뿐이지만, 일부 지역에서는 이미 예전에 문헌적 연구가 시작되었다. 이렇게 많은 한계가 있음을 알고 있었지만, 나는 그래도 이 작업을 추진해 왔다. 부유한 백인 남성 장애인이 겪는 억압의 정도를 두고 토론할 수 있다면, 수억 명에 달하는 빈곤한 장애인들은 어떻게 살아가고 있고, 그리고 무엇으로 그들의 존엄성과 자립을 보장할 수 있는가 하는 좀 더 중요한 문제들에 대해서도 충분히 이야기할 수 있을 것이라 생각하였기 때문이다.

장애인의 생생한 경험과 의식의 전환

앞에서도 언급했듯이, 장애를 아프고 비정상적이며 연민을 불러일으키는 조건으로 간주하던 전통적인 인식들에 대해 역사적이라 할 만한 패러다임 변화가 일어나게 된 것은 아주 최근의 일이다. 이 변화는 장애인의 이데올로기적 억압에 대한 근본적인 도전이라고 할 수 있을 것이다. 이 새로운 개념 하에서는 장애를 열등함이 아닌 정상의 상태로 간주하며, 또한 장애인들이 필요로 하는 자원에 대한 자기 결정권을 요구한다. 이러한 새로운 관점은 장애에 대한 낡은 사고와 대처 방식에 도전해 온 극소수의 정치적 장애인권 운동가들로부터 나온 것이다. 이들의 이야기는 패러다임 전환에 있어 방향과 기초가 되어 줄 강력한 증거이다. 장애인으로서 살아온 경험들은 패러다임의 전환을 제대로 설명하거나 억압과 저항의 논리적 개념들을 발전시켜 나가는 데에도 중요하기 때문에, 나는 이 책 전체에 걸쳐 지난 10년 동안 수행했던 인터뷰 자료들에서 골라낸 짧은 발췌문을 계속 수록했다. 아래에 나와 있는 축약 발췌문은 두 명의 장애인권 운동가, 국제장애인연합의 전前 의장이자 남부아프리카 장애인연합의 총서기인 조슈아 말린가와, 리우데자네이루에 있는 남아메리카 최초의 자립생활센터 대표이자 1980년대 이래 브라질 장애인권 운동의 역사를 이끌어 온 운동가인 호사엘라 베후만 비엘레흐를 인터뷰한 것으로서, 그들의 인생에 큰 영향을 미쳤던 일들과 관련된 내용이다. 이 내용을 실은 것은 인터뷰 그 자체의 성격을 보여줌과 동시에 적극적인 저항으로 가는 의식 변화와 반대되는 생생한 억압을 보여 주고자 하는 목적에서다.

짐 찰튼: 내가 관심을 갖고 있는 것은 장애 억압과 장애인권 운동가들의 정치의식 사이의 관계이다. 특히 당신의 개인적 경험들과 장애인권 운동가가 된 이유를 알고 싶다.

조슈아 말린가: 나는 불라와요에서 100킬로미터 정도 떨어진 곳에서 1944년에 태어났다. 당신도 알다시피 짐바브웨 사람들은 대개 집을 두 군데 갖고 있는데, 하나는 자라온 마을에 있는 집이고 또 하나는 일자리를 찾아야 하는 도시에 있는 집이다. 우리 아버지는 마을의 대표였으며 6명의 아내와 38명의 자녀를 두었다. 그중에서 소아마비를 앓는 아이는 나뿐이었다. … 아주 어렸을 때부터 형제자매들이 학교에 가면 나는 혼자 집에 남겨진 채 들짐승들을 쫓거나 잔심부름 등을 해야 했다. …

지금의 내가 있는 것은 순전히 우연히 마주하게 된 몇 번의 행운 덕분이다. 1956년에 그 첫 번째 행운이 찾아왔다. 형들 중 한 명이 팔이 부러지는 바람에 병원에 갔다가 그곳에서 자우로스 지리를 만나게 되었던 것이다. 그 당시 그는 ― 지금은 25~30개가량의 기관들로 이루어진 대형 자선단체로 발전한 ― 사회복지 네트워크를 만들고 있었다. 그 이야기를 들은 내 형은 나에 대해 이야기했고, 자우로스 지리는 내가 시설에 갈 수 있게 해주었다. 부모님은 내가 그곳에 가는 것을 원치 않으셨지만, 집에 있어 봐야 내가 할 수 있는 일이 아무것도 없다는 사실은 분명했다. 무척 어렸고(당시 13세였다) 학교에 가본 적도 없었기 때문에 내게는 모든 것이 새로웠다. 자우로스 지리 기관에서 나는 가죽 다루는 기술을 배우기 시작했고, 읽기와 수학 수업도 들을 수 있었다. 그들이 내게 바란 것은 내가 구두 수선공이 되는 것뿐이었다. 1959년, 나에게 또 다른 행운이 찾아왔다. 그해에 자우로스 지리는 훈련된 교사를 영입할 수 있도록 정부로부터 지원금을 받게 되었다. 그때 오신 선생님이 내게 교육적 재능이 있다는 것을 알아채고 나에게 학교에 가라고 권해 주었던 것이다. 그 선생님 한 사람을 제외하고 시설에 있는 그 누구도 내가 학교에 가는 것을 바라지 않았지만, 결국 나를 막을 수는 없었다. … 사실 처음부터 나는 시설 사람들의 태도를 순순히 받아들이지 않겠다는 분명한 태도를 취하고 있었다. 그들의 생각은 옳지 않았다. 예를 들어, 장애인들은 언제 먹고 언제 잘 것인지를 지시받아야 했고, 금지되어 있다는 이유만으로 사랑 역시 할 수 없었다. … 특히 1965-67년에 걸쳐 나는 장애에 대한 의식을 키워 갔다.

1970년대 중반 무렵, 나를 포함한 몇몇 사람들은 이런 사고방식들을 거부하고 우리 스스로가 조직을 구성하기로 했다. 이런 상황은 옳지 않다는 것을 알고 있었기 때문에 1965년경에 장애인 조직화를 시작했던 것이다. 처음에는 우리 모임을 시설입소자대표자협의회라고 했고, 그

다음에는 훈련생대표자협의회라고 불렀다. 나중에는 장애인복지협의회로 했다가 전국장애인복지협의회가 되었다. … 사실 나는 자우로스 지리의 시설에서 초·중학교에 진학한 최초의 인물이었다. 나중에는 기술전문대학에도 다녔는데, 아마도 불라와요에서 전문대학에 간 최초의 흑인이었을 것이다. … 대학을 마쳤을 때, 자우로스 지리 기관 이외에서는 직업을 구할 수가 없었다. 내 직업은 경리에서 장부 기입원을 거쳐 자우로스 지리 기관의 프로젝트 중에서도 가장 큰 프로젝트의 관리자로 변해 갔다. 1980년에 그곳을 떠날 무렵, 나는 자우로스 지리 기관의 최고경영자였다. … 그 무렵 또 다른 행운이 찾아왔다.

짐바브웨가 독립 국가가 된 해라는 점에서도 1980년은 매우 중요한 해였다. 그 무렵 국제개발재단인 옥스팜OXFAM에서 프로그램 자금 지원 여부를 결정하기 위해 사람을 파견했는데, 그가 자우로스 지리 기관을 방문했다. 회의 도중에 나는 그가 자선금을 내놓고 싶어 하지 않는다는 사실을 깨닫게 되었다. 내 생각에 그가 관심을 두는 것은 봉사가 아닌 개발이었다. 회의를 하던 중에 나는 그에게 회의가 끝난 후 따로 만날 생각이 있는지를 슬쩍 떠보았고, 그는 승낙했다. 그렇게 그를 만났을 때, 나는 그에게 그가 자우로스 지리 기관에 대한 자금 지원을 망설이는 걸 알고 있다고 이야기했다. 그리고 내가 조직한 장애인 모임에 대해 설명하면서, 조직화는 시작했지만 자금이 없다고도 말했다. 우리가 필요로 하는 것은 종이, 사무실과 같은 일할 장소, 비서, 그리고 그 밖의 몇 가지 비품들이었다. 또한 우리 조직은 세상을 바꾸는 일과 시민권에 관심을 두고 있으므로 옥스팜은 우리에게 자금을 대주어야 한다고 주장했다. 이번에도 그는 승낙했다. 또한 캐나다에서 곧 열리게 될 국제 학술대회에 대해 알고 있는데, 그곳에 갈 자금도 지원해 줄 수 있는지 물었다. 그렇게 해서 나는 위니펙에서 열린 국제재활협회 학술대회에 참석할 수 있었다.

알다시피 1981년은 장애인의 완전한 사회 참여를 위한 세계 장애인의 해였다. 그러나 국제재활협회는 이를 실천하지 않았다. 대회장에 모인 대표단은 5,000명에 달했지만, 그중 장애인은 200명에 불과했다. 그래서 장애인 대표단은 함께 모여 집행위원회의 50%를 장애인으로 구성할 것을 요구했다. 결과는 전면 거부였다. 그에 따라 내분이 일어나면서 200명의 장애인 및 몇몇 사람들이 국제장애인연합을 조직했는데, 거기서 나는 여러 가지 직위를 맡게 되었다. 지금은 1994년에 임기가 만료되는 의장직을 맡고 있다. 돌아왔을 때, 나는 완전히 다른 사람이 되어 있었다. 떠날 때까지는 수동적이었지만, 돌아온 후에는 급진적인 성향을 띠게 되었다. 1981년 위니펙에서 돌아오자마자 우리는 전국장애인복지협의회였던 조직의 이름을 짐바브웨 전국장애인협의회로 바꾸었다. 그때부터 우리는 장애의 문제를 인권과 사회 변화, 우리 스스로의 조직화와 연관해 인식하기 시작했다. 우리가 강조하고 싶은 것은 복지가 아니라 조직화였다.

호사엘라 베후만 비엘레호: 나는 19살이던 1976년에 자동차 사고를 당했다. 그 무렵 나는 신문학을 공부하던 대학생이었다. 사지마비였기 때문에 1년 동안은 재활 치료를 받아야 했다. 그때 나 자신에 대한 자기 연민을 버리고 나를 집단의 일원으로 느끼도록 도와준 훌륭한 동료 상담자를 만나면서 장애인권에 대해 생각하게 되었다. 우리는 술집이나 극장에도 함께 다녔다. 그 무렵 리우 지역에서는 휠체어를 타고 다니는 사람을 거의 볼 수 없었다. 그러니 대여섯 명이 동시에 휠체어를 타고 다니는 모습은 꽤나 충격적이었을 것이다. 어쩌면 혁명적인 일이었는지도 모르겠다. 동료 상담은 나에게 매우, 매우 중요한 일이었다. … 사고를 당하기 전의 나는 아주 활동적인 십대였다. 나는 기타를 쳤고, 술집에 드나들며 새벽에 귀가하는 젊은이였고, 친구도 무척 많았다. 방금 이야기한 친구들을 만나기 전까지, 그 교통사고는 내 삶을 송두리째 뒤흔들어 놓았다. (휠체어로) 대학에 다니기가 너무나 힘들었기 때문에 우리 가족들은 건물로 들어가는 경사로 설치를 도왔다. … 나에게는 장애에 대한 나만의 의식이 있었지만, 그 또한 국가적 규모의 대형 정치 운동의 일부에 불과한 것이었다. … 나는 여행을 하고, 스포츠를 즐기고, 여러 가지 사회적 일들을 하고 싶었기 때문에 재활센터에서 조직화를 시작하였다. 1979년에 우리는 국내 조직 설립을 논의하였고, 1980년에 무엇을 할 것인지를 이야기하기 위해 첫 모임을 가졌다. 그 무렵은 조직화 과정이 좀 더 자유로운 시기였는데, 우리는 그 이점을 활용해야만 했다. 그 시기에는 특히 학생들 사이에서 수많은 일들이 일어났다. 예를 들어, 나는 1982년의 학생 운동에는 예술학교 대표 자격으로 정치 활동에 연루되었다. 나의 모든 정치의식은 학생 운동을 통해 얻은 것이다. 운동에 참여했던 학생들은 모두 제각각의 영역을 발전시켜 나갔다. 나의 영역은 장애였다. 1982년, 우리는 처음으로 선거에 참여하게 되었다. 당시 나는 학생 및 화가 대표로서 노동자당에서 활동하고 있었다. 우리는 매우 조직적이었고 또한 투쟁적이었다.

짐 찰튼: 당신 나라에서는 장애에 대한 태도나 오해들이 어떻게 표현되는가? 나는 일상생활의 정치적·문화적 측면들이 어떻게 관계되어 있는지에 관심이 있다. 오늘날 장애에 대하여 가장 광범위하게 퍼져 있는 태도는 무엇인가? 시간이 지나면서 태도상에 변화가 나타나는 것을 본 적이 있는가? 그리고 지방과 도시 지역에서 장애에 대해 보이는 태도에 차이가 있는가?

조슈아 말린가: 현재 아프리카에서는 장애에 대해 매우 후진적인 생각들이 주류를 이루고 있다. 이는 특히 지방에서 행해지는 주술이나 역사

적으로 억압받아 온 사람들의 삶과 관련되어 있다. … 짐바브웨에서 장애인이 된다는 것은 제대로 된 사람 대접을 못 받게 된다는 걸 뜻한다. 사람들은 우리의 활동을 정상적인 것으로 간주하지 않으며, 우리가 성인으로서의 역할을 해낼 수 있다고 기대하지도 않는다. 작은 변화들은 있지만, 아직도 갈 길이 멀다. 1981년에 우리는 [장애에 대한] 태도를 활동 목표로 삼게 되었다. 태도야말로 핵심이 되기 때문이다. 결국 우리가 깨닫게 된 것은 우리 스스로가 장애인들을 움직이고 조직화해야 한다는 사실이었다. … 부정적인 태도가 낳는 것은 자선이지 운동이 아니다. 그러므로 태도를 바꾼다고 하는 것은 관련 법안을 바꾸는 행동에 한정된 것이 아니다. 입법이나 법안 개정이 수단이 될 수는 있겠지만, 우리의 운동은 그것으로 끝나는 것이 아니다.

호사엘라 베후만 비엘레흐: 브라질 문화의 주요 특징으로는 온정주의적인 면모와 포르투갈의 식민지였던 역사를 들 수 있을 것이다. 브라질에서 온정주의가 어떻게 작용하는지를 분석할 때 고려해야 할 점은, 그것이 믿을 수 없을 만큼 대조적인 성격을 보인다는 사실이다. 브라질 남부는 다른 국가라 해도 과언이 아닐 정도이다. 온정주의는 사람들이 장애에 대해 생각하는 방식에 영향을 미친다. 온정주의가 확대된 데에는 군부 독재만큼이나 교회의 역할도 중요했다고 본다. 우리 브라질이 처해 있는 상황, 즉 많은 사회문제들이나 빈곤, 무관심 등은 모두 군부 독재 때문이다. 독재 정권은 우리 아버지 세대나 내 세대의 의식 형성 과정에서 엄청난 힘을 발휘했다. 이는 브라질의 정치적 지도력 결여라는 현실 속에서 더욱 두드러졌다. 약 15년 동안 정치에 연루되기를 원하는 사람이 거의 없었으니까 말이다. 사람들은 두려워했고, 그 때문에 정치를 해본 경험이 있는 사람들의 수는 한정되었다. 또한 진정으로 훌륭한 수많은 정치 지도자들은 죽임을 당하거나 외국으로 망명했다. … 그러나 온정주의라는 문제는 독재정권 이전에도 존재했다. 유럽의 식민 통치에도 불구하고, 우리의 정체성은 유럽인보다는 아메리칸에 가깝다. 그러므로 장애에 대한 우리의 후진적 태도는 라틴아메리칸들의 고정관념에서 나온 것이라 할 수 있다. 우리가 장애인들은 자기 조직화, 즉 자기 통제 및 자율적 학습을 하지 못한다고 생각하는 것도 온정주의의 결과이다. … 리우 지역은 다른 지역에 비해 매우 자유로우며 편견도 없는 곳임을 말하고 싶다. 그 덕분에 나는 십대의 나이에 스스로의 장애를 좀 더 쉽게 대할 수 있었다. 사람이라면 모두들 성과 성욕에 대해 이야기한다. 나는 브라질에서는 장애인들이 이런 내용을 논의하고 구체화시키기가 좀 더 쉽다고 보고 있다. 사실 내가 방문했던 다른 나라들에 비해 결혼 생활을 하고 있는 장애 여성들의 수는 브라질이 훨씬 많지 않나 생각한다.

짐 찰튼: 장애인들의 조직에는 어떤 종류가 있으며, 그들의 정치 철학과 전술은 무엇인가? 또한 당신에게 그 기관들과 관련된 개인적인 경험이 있는가?

호사엘라 베후만 비엘레흐: 우리는 재활 센터에서 조직화를 시작했다. 『카미노Camino』[경향 또는 행로]와 『클란데스티노Clandestino』[지하조직 또는 비밀의] 같은 소식지도 만들었다. 클란데스티노라는 제목은 우리가 그 모임을 더 클란The Clan[계보 또는 가문]이라고 불렀기 때문에 거기서 파생된 것이다. 운동의 초창기부터 연관되어 있었기 때문에 그 당시의 정치 모임들이 나에게는 너무나 멋진 일들이었다. 나는 국가적으로나 국제적으로 지도자적인 입장에 서 있었다. 우리는 또한 『에타파Etapa』[단계, 계단]라는 소식지도 만들었다. 이는 거의 정보 전달용의 소식지였고, 구독자 수는 12,000명에 달했다. 돈은 광고주들에게서 받았고, 일하는 이는 모두 무보수였다. … 이 시기에 활동했던 많은 장애인들은 카타르시스를 경험했다. 우리는 정치적인 내용, 즉 정강을 발전시켜 갔고, 이전에는 브라질에 존재하지 않았던 형태의 조직을 만들어 갔다. … 1983년이 되었을 때, 그것은 강력한 국내 조직이 되어 있었다. 초기에 나는 매우 급진적인 사람이었다. 그런데 시간이 지나면서 그런 기질도 조금은 변했다. 당시 내가 장애와 관련된 그 어느 기관과도 타협하지 않으려 했다는 의미에서 급진적이었다는 말이다. 또한 나는 어떤 모임이나 회합에서든 장애인만이 의결권을 가져야 한다고 생각하고 있었다. 지금은 기관이나 모임의 대표자는 장애인이어야 한다고 생각한다. 하지만 분명 비장애인의 역할도 있다고 믿고 있다. 우리는 보다 폭넓은 단체가 될 필요가 있다. … 지금 나는 라틴아메리카 국제재활협회(RI)의 대표를 맡고 있다. 이 조직은 원래 장애인들을 대변하는 것을 목적으로 하는 단체로 시작된 것이다. RI가 전문가들의 입장을 대변하는 것은 분명한 사실이지만, 그들도 자신들이 영향을 미치고자 하는 새로운 조건들을 받아들여야만 한다. 지금은 뉴질랜드 RI의 대표인 사지마비 장애인을 조직 전체의 의장으로 선출하였으니까 말이다. 이와 관련하여 내가 역설적이라고 느끼는 점은, 나보다 먼저 라틴아메리카 RI의 부대표를 지냈던 사람이 장애인 조직화를 이유로 나와 내 친구들을 재활 센터에서 쫓아냈던 바로 그 의사라는 사실이다. … 최근에 운동에 대한 내 태도는 많은 면에서 달라졌다. 이것이 내가 리우 지역에서 자립생활센터(CIL)를 시작한 이유이기도 하다. 12년이라는 세월을 국내 운동에 바쳤다. 이제는 장애인 지도자들 사이의 경쟁에 지쳐 버렸다. 이런 일들은 다른 나라에서도 일어나고 있다는 걸 알고 있다. 이런 내분에는 정말이지 신물이 난다. 『에타파』는 많은 사람들에게 무척 중요한 존재였다. 장애 관련 정보를 지방에까지 전하는 소식지는 이것이 처음이었기 때문이다. 우리는 8년 동안 『에타파』를 만들었다. … 장애와 관련된 일을 하면서 여러 나라를 방문하고 또 많은 장애인권 운동가들을 알게 된 것은 행운이었다고 생각한다. 언젠가 미국의 메릴랜드 주에 있는 자립생활센터를 방문한 적이 있다. 메릴랜드 주로 여행을 가기 전까지 나는 자립생활이라는 것을 전혀 들어본 적이 없었다. 다른 이들이 『에타파』 발행을 중지하자 이 운동에서 더 이상 내가 할 일은 없었고, 그래서 다른 몇몇 이들과 함께 리우 자립생활센터를 구성하게 되었다.

짐 찰튼: 지역에서 어떤 일들이 진행되고 있는지 말해 줄 수 있는가? 장애인권이 가장 강력한 곳은 어디인가?

조슈아 말린가: 위니펙에서 돌아왔을 때 내가 맡은 일은 아프리카 지역의 조직화였다. 우리 짐바브웨 사람들은 남부아프리카 전역에서 만들어지고 있던 장애인 조직들을 보고 큰 충격을 받았다. 남아프리카공화국에서 일어난 운동은 짐바브웨에서 일어난 운동만큼이나 거세지 않았을까 싶다. 인종 차별 정책Apartheid에 대한 저항에 힘입은 탓인지 장애인 집단도 더욱 정치화되어 있었고, 그 진행도 순조로웠다. 가장 최근에는 앙골라에서 운동이 일어나기 시작했다. 미국 정부와 남아프리카공화국 때문에 일어난 정치적 불안 덕분에 조직화가 가장 어려웠던 곳이다. 우리 지역 문제의 90%가 미국의 역할과 직접적으로 관련되어 있다는 사실은 굳이 말할 필요조차 없으리라 생각한다. 모잠비크에서도 3년 전에 조직이 하나 만들어졌는데, 앙골라에서와 비슷한 어려움은 있었지만, 매우 훌륭하게 조직되었다. 나는 집권당의 역할이 중요하다고 보고 있다. 우리는 언제나 우리의 활동과 조직을 정부의 개입 없이 독자적으로 운영해야 한다고 강조한다. 이는 모잠비크에서와 마찬가지로 현재 나미비아에서 겪고 있는 문제이기도 하다. 그곳에서 우리와 함께 일하고 있는 장애인들은 집권당과 가깝거나 현 집권당의 일원으로 있는 과

거의 투사들이다. 그러니 우리가 할 일은 일단 이러한 유착 관계를 깨부수는 것이다. 왜냐하면 우리가 정부를 포함한 그 누군가를 비판하기 위해서는 우선 독립적이어야 하기 때문이다. 조직의 독자적 역할을 강조하는 것은, 우리는 언제나 우리 자신을 위해 우리 스스로를 옹호해야만 하기 때문이다. 우리를 해방시키기 위해 정당에 의존해서는 안 된다. 나라에 따라 운동의 진행 속도는 제각각이다. … 장벽은 많지만 무엇보다도 가장 중요한 것은 각 지역에서의 발전 정도이다. 하지만 어떤 사회 체계가 더 나은지에 대해서 우리는 확언할 수 없다. 어떤 정부든 장애인을 기분 나쁘게 취급하기 때문이다. 그들은 우리를 부담으로 간주한다. 자본주의든 사회주의든 관계없이 모든 정부는 우리를 사회로부터 격리시켜 왔다. 최후 심판의 날이 오면, 인간은 무엇을 했는가에 따라 심판받을 것이다. 우리가 장애인이기 이전에 사업가이고 정치인이며 공동체의 지도자나 그밖에도 온갖 종류의 사회 구성원일 수 있는 그날이 올 때까지 우리는 사회적으로 무시당하고 차별받게 될 것이다.

장애인 공동체에서 우리가 목도하고 있는 현저한 변화는 조슈아 말린가와 호사엘라 베후만 비엘레호와 같은 장애인권 운동가들의 이야기에서 그 전형을 찾아낼 수 있다. 지금까지 장애인들은 언제나 생존을 위해 투쟁해 왔다. 하지만 지금은 많은 이들이 세상을 바꾸기 위해 그만큼 투쟁하고 있다. 자기 연민이나 무력함과 같은 조작된 의식 false consciousness을 존엄과 분노와 역량 강화라는 고양된 의식 raised consciousness으로 대체한다는 것은 많은 장애인들이 개인적으로나 정치적으로 사회와 관계를 맺는 방식에 심대한 영향을 미쳐 왔다. 양산된 이미지나 투사되는 가치, 지배 문화의 관심 같은 것이 아니라 자기 자신, 즉 스스로의 이미지와 가치 그리고 관심을 진정으로 깨닫고 있었다는 점에서, 내가 인터뷰했던 사람들이 겪어 온 개인적 경험들은 각기 다른 방식과 각기 다른 이유에서 고양된 의식을 보여 주고 있다. 마지막 장章에서는 고양된 의식이 역량 강화된 의식empowered consciousness, 다시 말해 자신의 고양된 의식에 따라 행동하는 개인들과 관련된 의식으로 발전해 가는 양상을 탐색해 보려 한다. 고양된 의식을 가진 장애인들은 상당히 많지만, 정치적으로 활동하거나 다른 사람들의 역량을 강화시킬 만큼의 위치를 확보하고 있는 이들은 거의 없다. 바로 그들이 장애인권 운동을 만들어 온 조직가이자 선동가이며, 교육자들이다.

우리 없이 우리에 대한 것은 없다: 역량 강화의 정치학과 조직

장애인권 운동은, 인간적인 삶을 유지하기 위해 필요한 자원의 통제와 자기표현을 주장한다는 점에서 봤을 때, 다른 사회 운동들과 그리 다르지 않다. 남아프리카공화국에서 "우리 없이 우리에 대한 것은 없다"라는 슬로건을 들은 지 2년이 지났을 때, 나는 멕시코시티에서 일간지 『라 호르나다La Jornada』의 제1면에 실린 한 장의 사진을 보게 되었다. 소유한 토지가 없는 소작농들이 "다시는 우리를 배제하지 말라Nunca Mas Sin Nosotros"라는 깃발 아래 행진하는 사진이었다(1995년 3월 19일). 그때부터 나는 우리 없이 우리에 대한 것은 없다를 내 작업의 표제로 쓰기 시작했다.

장애인들은 정치적 욕구와 개인적 욕구에 맞추어 수많은 조직을 만들어 왔다. 각각의 조직들은 저마다의 동기와 안건, 소통 수단과 리더십, 그리고 기대와 전망을 갖추고 있다. 그 범주는 사소한 정치 활동이나 자조 집단, 사교 모임, 소득 창출 모임에서부터, 장애 관련 집단의 국가적·지역적 연합에까지 이른다. 이 조직들은 각자가 속한 공동체가 단시간 안에 전반적인 진보를 이룰 수 있도록 환경과 역사에 따라 조직의 전략 및 양식을 개발해 왔다. 그리고 그런 조직들은 다른 장애인들과의 일체감이나 장애 문화disability culture라고 불리게 된 것에 대한 관심을 증진시켜 왔다. "우리 없이 우리에 대한 것은 없다"라는 구호는 여러 가지 이유에서 이러한 발전의 핵심을 잡아내고 있다. 첫째, 장애인을 그리고 장애인권 운동을 이해하기 위해서는 장애인들이 생각하는 개별적이고 집단적인 필요를 인식해야만 한다. "우리 없이 우리에 대한 것은 없다." 이 구호를 통해 사람들은 정치적-경제적 및 문화적 맥락에서 "[아무것도] 없다nothing"라는 말이 안고 있는 폭넓은 의미를 생각해 보게 된다. 둘째, 장애 인구가 늘어나면서 그들의 의식은 (장애에 대한 관념과 개념을) 의료적 조건에서 정치적·사회적 조건으로 변모시키는 쪽으로 계발되고 있다. "우리 없이 우리에 대한 것은 없다"라는 구호를 통해 장애인들은 스스로의 삶을 책임지고 통제할 필요성을 깨닫게 된다. 또한 이 구호는 장애인들이 의사 결정 과정에 참여해야만 한다는 사실을, 그리고 정치적-경제적·문화적 체계 내에서 장애인들의 삶에 영향을 미치게 될 결정을 내릴 때 그들의 삶을 통한 경험적 지식이 무엇보다도 중요한 것임을 인식해야 한다는 사실을 강조하고 있다. 셋째, 이러한 인식의 전환을 통해 영향을 받은 사람의 수가 상대적으로 소수라 할지라도, 그래도 장애인권 운동은 세상에 나타났다. 장애인권 운동은 나름의 이데올로기와 정책들을 발전시켜 왔다. 이는 분명 현실 정치가 범지구적으로 맞닥뜨리고 있는 해방 운동인 것이다. "우리 없이 우리에 대한 것은 없다"라는 구호는 자기 결정권에 대한 요청이며, 해방으로 가는 길에서 해방에 앞서 필요한 필수 요소에 대한 요구인 것이다. 넷째, 국제적인 장애인권 운동이 안고 있는 철학과 조직에는 자립independence과 통합integration, 역량 강화 empowerment와 인권human right 그리고 자조self-help와 자기 결정selfdetermination이 포함되어 있다는 점이다. "우리 없이 우리에 대한 것은 없다"는 위와 같은 원리들의 핵심을 단언하는 말이다. 마지막으로, 장애인권 운동은 지금 태동하고 있는 새로운 태도나 세계관 속에서 나타난 수많은 운동들 중 하나라는 사실이다. 그러한 투쟁을 통해 요구하는 것은 우선권과 자원의 분배 질서에 대한 근본적인 재정립을 요구한다. "우리 없이 우리에 대한 것은 없다"는 장애 억압을 이해하며, 그에 저항하는 방식에도 현저한 변화가 있어야만 한다고 제안하는 것이다.

II
장애 억압과 일상생활

장애를 논할 때, 우리는 브라질 사람들을 괴롭히고 있는 중대한 사회적·경제적 문제들을 고려해야 한다. 이 나라는 치안과 교육, 위생의 결여라는 문제들은 물론이고 궁핍과 영양실조로도 고통 받고 있다. 이 땅에서의 사회 부정의는, 인구의 1%가 가난한 사람들 모두보다 더 부유하고, 거주 인구의 60%가 벌어들이는 수입이 주당 40달러에도 미치지 못하는 불공정한 소득 분배 상황으로 대표된다. 브라질에 있는 1,500만 장애인들이 비참한 생활을 벗어날 수 없는 이유는 바로 이 때문이다. 그들의 주된 삶의 전장에서 생존하기에는 정보와 자원이 결핍되어 있기 때문에, 장애인들은 가족과 공동체와 정부로부터 잊혀져 있는 것이다. 그들은 사회적 삶을, 인간으로서의 존엄성을, 그리고 시민권을 박탈당한 버려진 존재들이다.

호사엘라 베후만 비엘레흐
리우데자네이루 자립생활센터 대표

2장
장애 억압의 범위: 개관

과거에 그래 왔듯이, 지금도 대다수의 장애인들은 가난하고 무기력하며, 지위 또한 낮다. 장애 억압은 과거와 현재, 모두의 산물이다. 장애 억압의 어떤 측면은 정치와 경제, 관습과 신념 같은 구체제의 잔재이지만, 다른 면들은 근대적 발전 과정에서 비롯된 것들이기 때문이다. 따라서 그 결과와 관련성을 이해하기 위해서는 지배적인 사회 구조가 이러한 경향에 어떤 식으로 영향을 미치고 있는지를 분석해 볼 필요가 있다. 이는 특히 장애인들의 상황이 더욱 악화되고 있다는 유엔의 논점과 상응한다. "살아가는 데 필요한 자원뿐만 아니라 사회의 이해라는 측면까지 결핍되어 있다는 점에서, 비참한 사람들 중에서도 더욱 치욕스럽고 처참한 삶을 살아가고 있는 장애인들은 세계 어디에서나 버려진 존재들로 남아 있다. 또한 그 수가 급속히 증가함에 따라 그들의 처지는 더욱 악화되고 있다. … 장애 아동에게는 아무것도 해줄 수 없다는 것이 일반적인 생각이다. 여기에는 신이나 악령 또는 주술에 의한 천벌이라는 편견과 낡은 생각이 깔려 있다. 인권이라는 측면에서 보면, 이는 절망적인 상황이다. 그들[장애인들]은 권력을 조금도 가지지 못한 집단인 것이다."[1]

장애 억압에 대해서는, 그것이 복합적이고 다차원적일 뿐만 아니라 우리가 그 내용을 현상학적으로나 논리학적으로 개념화해 본 경험이 너무나 적기 때문에 다루어야 할 내용이 아주 많다. 최근까지도, 장애인들이 과거로부터 현재에 이르기까지 언제나 가난하고 무력하며 낮은 지위에만 머물렀던 이유를 밝힌 연구들의 대부분은 일탈deviance이나 낙인stigma과 같은 단어를 통해 장애인의 "현상"을 이해하려 했던, 시대착오적인 학문적 전통에 매몰되어 있었다. 이런 현상은 장애인 당사자들이 분석에 참여하지 못했던 데서 연유했다. 다행히도 변화가 일어나기 시작했다. 최근에 장애인권 운동가들이 장애 억압을 규정하기 위해 중요하고도 유효한 노력을 기울여 온 덕분이다. 예를 들어, 마타 러셀은 장애 관련 잡지 『장애 단편Disability Rag』의 기사 「말콤이 우리에게도 가르쳐 준다Malcolm Teaches Us, Too」에서 이렇게 쓰고 있다.

> 말콤의 가장 중요한 메시지는, 자신이 흑인임을 사랑하고 흑인 문화를 사랑하라는 것이었다. 말콤은 흑인임을 사랑하는 것 자체가 백인 지배 사회에 대한 저항 행위라고 주장했다. 그는 흑인이 정신적으로 새로 태어나고 바뀌기 위해서는 미국 흑인들의 정신을 깊이 관통하고 있는 내재화된 인종적인 자기혐오를 드러내는 과정을 통해, 즉 스스로가 흑인으로 돌아감으로써 그 마음을 탈식민화시켜야 한다고 가르쳤다. 그는 흑인들이 마땅히 누려야 할 평등을 얻기 위해서는 단결해야 한다고 믿었다. … 몸에 가치를 두는 사회, 즉 신체적 민첩성에 가치를 두는 사회에서 장애인으로 살아간다는 것의 의미를 장애인들이 깨닫는 것 또한 중요하다. 우리 몸이 비장애인들의 몸만큼 움직이지 않을 때, 우리는 가치가 떨어지는 존재가 된다. 비장애인들이 우리를 억압할 때 거기에는 이런 의미가 가득 내포되어 있다 — 어딘가 잘못된 거야, 뭔가 불완전해. 왜냐하면 우리가 장애를

가졌기 때문이다. … 우리는 스스로의 정체성을 되찾아야 한다. 그리고 우리 스스로에게 하듯이 다른 이들과도 관계를 만들어 가야 한다. 말콤이 인종 문제에 접근했던 것처럼, 우리 장애인들도 스스로를 단합시키고 인권을 획득할 수 있게 해줄 문화를 정립해야만 한다(1994: 11-2).

마타 러셀이 말한 내용에는 장애인권 운동의 가치들이 상당 부분 내재되어 있다. 예를 들어, 인식과 정체성, 자기혐오와 자기 존중과 같은 용어를 사용하여 장애인을 말콤 X의 논리에 대입시킨 점은 분명 옳다. 그러나 말콤 X와 마찬가지로, 그녀는 억압의 근원이 어디에 있느냐 하는 문제에서 오류를 범하고 있다. 양쪽 모두 장애인권 운동가들 사이에서도 꽤나 우세한 관점, 즉 억압을 '타자'와 관련짓는 관점을 받아들이고 있기 때문이다. 러셀이 생각하는 타자는 비장애인이고, 말콤이 생각했던 타자는 백인이었다(암살당하기 직전에 이러한 생각을 바꾸기 시작했지만 말이다). 이 두 사람은 억압을 타자의 영역에 한정지었을 뿐 정치적-경제적 이유나 사회문화적 이유로 사람을 소외시키는 구조나 체계의 관점에서 바라보지 않았다. 멕시코의 위대한 소설가 훌리오 코르타사르는 자신의 소설 『홉스코치 Hopscotch』에서 이렇게 쓰고 있다. "탄핵의 대상이 소속된 체계 안에서 행해지는 탄핵은 탄핵일 수조차 없다"([1966]1987: 99장). 따라서 내가 하는 이 작업은 장애인권 운동의 영역은 물론이고 일반 대중들에게 있어서도 논쟁할 만한 내용인 것이다. 즉, 장애 억압의 논리 역시 다른 집단이 처해 있는 억압의 문제와 마찬가지라는 말이다. 억압의 논리는 정치적-경제적 욕구와 지배의 신념 체계와 관련 있다. 이러한 우선권과 가치에 따라 세계 체제는 계속 자본과 이윤의 법칙, 이미지 숭배와 개인주의의 에토스에 의해 지배되는 상태를 향해 나아왔다. 이러한 관점은 일반 대중 그리고 특히 국제 사회에 대한 나의 외침, 즉 전前 유엔 사무총장인 하비에르 페레스 데 퀘야르가 "침묵하는 위급 상황silent emergency"이라고 말했던 비정상적인 인권상의 비극을 인식하고 그에 대처하기 위한 나의 외침만큼이나 중요한 것이다.

정치경제학과 세계 체제

장애인들의 경험에서는 빈곤과 무력함이 종속의 기반이 되기 때문에 장애 억압의 이론을 정립하려 할 때 정치경제학은 매우 중요하다. 정치와 경제가 어떻게 일상생활을 제약하고 또한 거기에 어떠한 영향을 미치는가에 관한 사회과학이라는 점에서 봤을 때, 정치경제학은 무엇보다도 경제적 생산과 교환, 정치권력과 특권의 관계에 따라 사람을 구분 짓는 계급과 연관되어 있다. 오늘날의 계급은 노동자, 소작인, 일반 농민, 지식인, 영세 사업자, 정부 관료, 군 장성, 은행가, 기업가 사이의 정치적이며 경제적인 관계를 구조화할 뿐만 아니라, 인간의 경제적 생존능력economic viability[2]에도 영향을 미친다는 점에서 가족과 공동체까지도 조정하는 역할을 하고 있다. 정치적-경제적 용어를 빌리자면, 일상생활은 개인과 가족과 공동체가 생산수단과 권력을 통제하는 극소수 집단이 지배하는 세계 체제와 어디에서, 어떻게 결합되는가에 따라 형성되는 것이다. 아주 오래 전부터 그래 왔다. 이러한 체계의 논리는 누가 간신히 생존하고 번영하는지, 누가 통제하고 통제당하는지, 그럼으로써 누가 권력의 내부에 있고 외부에 있는지를 단순한 은유가 아닌 명백한 정리를 통해 설명하고 있다.

장애인들을 사회경제적 조건으로 가장 적절하게 특징짓는다면 그것은 버려진 존재outcasts라는 점이다. 이 장의 시작 부분에서 인용했던 유엔 보고서에 나와 있는 그대로이다. 또한 내가 인터뷰를 했던 많은 장애인권 운동가들도 반복적으로 이 내용을 언급했다. 왜 이러한 묘사가 이렇게도 일반적인 것일까? 이 지점에서는 그 질문을 던지는 것이 온당할 것이다. 그리고 사회문화적 측면과 정치적-경제적 측면에서, 동전의 양면과도 같은 대답을 얻게 될 것이다. 그것은 한편으로 기존의 장애에 대한 태도에 반동적이며 인습타파적인 내용인데, 이에 대해서는 다음 장에서 짧게 논한 후 4장에서 깊이 있게 다룰 생각이다. 그것은 다른 한편으로 내부의 생산과 교환, 재생산에 참여하고 있는 거대한 성원 전체를 수용할 필요가 없는, 또한 실제로 수용할 수도 없는 정치적-경제적 구조에 대한 내용이다. 장애인을 다른 이들과 별개로 취급하는 것은 ― 제임스 오코너가 잉여 인구surplus population라고 언급(1973: 161)[3]하였고, 이스트반 메사로스가 과잉 인구superfluous people라고 언급(1995: 702)했던 현상의 일부로서 ― 전 세계에서 압도적인 우위를 차지하고 있다고 할 수 있다.

이러한 현상의 정도와 그 함의含意는 사람에 따라 다르게 경험된다. 예를 들면, 경제적으로 발전된 지역에서 살고 있는 사람들은, 장애인이라 할지라도, 제3세계에서 살아가는 비슷한 입장의 다른 사람들보다는 더 나은 "생활수준"을 누리며 살아간다. 유럽과 미국은 기초 생계가 위협에 직면하기 전에 "버려진 존재들"을 걸러내고 찾아내는 안전망을 갖추고 있다. 그러나 제3세계에서는 전혀 그렇지 못하다.

주변부 국가에 살고 있는 3-4억 명의 장애인들은 그 지역의 다른 이들과 마찬가지로 이루 말할 수 없는 빈곤에 시달리지만, 나는 거기서 한 발 더 나아가, 그들의 삶이 더욱더 힘든 것은 사회적-문화적 이유임을 말하고자 한다. 그들은 지구상에서 가장 권력 없고 가장 가난한 사람들이다.

세계 경제의 발전에 따라 남유럽의 방랑 집시와 남미의 불법 거주자posseiro들은 더욱 많아졌다. 세계 경제의 발전은 마르크스가 노동

예비군reserve army of labor, 즉 경제 팽창기에 이용될 수 있는 자원이라고 언급했던 집단과는 전혀 다른 막대한 수의 버려진 자들을 양산해 냈다(비록 마르크스는 『정치경제학 비판 요강 Grundrisse』에서 이 두 단어를 동일한 의미로 사용했지만 말이다). 수억 명의 버려진 존재들, 즉 거지와 생존을 자선에 의존하는 사람들, 매춘부나 마약 상인들처럼 범죄 행위를 통해 살아가는 사람들, 노숙자나 난민과 같이 고향이나 집 이외의 곳에서 살 수밖에 없는 사람들[4] 및 그 외의 많은 이들은 정치적·경제적 재화와 용역을 생산하고 교환하며 재분배하는 일상적 환경에서 살아본 적이 없거나 살아갈 수가 없다. 이들은 본질적으로 계급 밖의 계급인 것이다. 그래서 그들 중 많은 이들은, 미국의 경제학자들이 이들을 언급하기 위해 만들어 낸 용어인 "하위 계층underclass"에 포함된다. 심지어 유엔에서는 그중에서도 그나마 유복한 이들의 상황을 묘사하기 위해 "허용 가능한 수준의 빈곤층admissible levels of poverty"이라는 터무니없는 범주를 만들어 내기도 했다.

적어도 하나의 집단으로 봤을 때, 지금까지 장애인들은 하위 계층에 포함되는 제일순위의 집단이었을 것이다. 봉건 제도 이래, 아니 그 훨씬 이전[5]부터 장애인들은 경제와 정치적 과정으로부터 소외된 채 살아왔다. 물론 전前자본주의 경제 시기에는 신체장애를 지닌 사람들이 오랫동안 생존한 경우가 드물었다는 사실에도 주목해야 할 것이다.

자본주의의 출현과 발전이 장애인들에게는 특이하게도 깊이있고 긍정적인 영향을 미쳤다. 처음으로, 아마도 1700년대 중반 유럽의 일부 지역에서, 그때까지 생산과 교환의 영역 바깥에서 살아가던 사람들, 즉 "잉여 인간들"이 살아남기 위해 다른 사람들에게 의존할 수 있게 되었다. 겨우 생계를 유지할 수 있는 최소한의 물품보다 더 많은 것을 가지게 된 가족이나 친구들이 다른 사람을 보살피는 "사치"를 누리게 되었던 것이다. 1세기가 지났을 때에는 정치적-경제적 여건에 따라 많은 수의 사람을 보조하는 자선의 정신이라는 것이 생겨났다. 이러한 자선의 정신 하에서 도움을 받는 대상은 대부분 정신 장애인, 시각 장애인, 알코올 중독자, 또는 만성 질환자들이었다. 이 책 전체를 통해 나는 이 시기에 태동한 정치적-경제적·사회문화적 관계와 그 관계들이 다른 경제 지역과 다른 문화 속에서 어떻게 발전해 왔는지를 분석하는 데 초점을 맞출 것이다. 특히 오드르 로드가 『이방인 자매 Sister Outsider』에서 이야기했듯이, "이 구조는 진보를 막는 장벽으로 서 있을 뿐만 아니라 사람들에 대한 억압의 토대로서 존재하는 것"이라고 주장하고자 한다. 즉, "잉여 인구로서의 이방인을 필요로 하는 이윤 추구형 경제 제도에서는 다름에 대한 제도화된 거부가 절대적으로 필요하다는 것이다. 그런 경제 체계의 구성원으로서 우리는 모두 우리들 사이에서 발견되는 인간의 다름human difference을 두려워하고 꺼림칙하게 여기도록, 그리고 그것을 세 가지 중 한 가지 방법으로 해결하도록 프로그램화되어 있다. 첫째, 무시하라ignore. 무시할 수 없는가? 그렇다면, 둘째, 그것이 지배적일 때는 모방하라copy. 만약 부차적이라면, 셋째, 파괴하라destroy. 그러나 우리에게는 인간의 다름을 동등한 것으로 연관시킬 수 있는 틀이 없다. 그렇기 때문에 결과적으로 이런 '다름'들은 분열과 혼란의 와중에 잘못 이름 붙여지고 잘못 이용되어 왔다"(1984: 77).

문화(들)와 신념 체계

현대 사회는 사람, 자연, 가족 그리고 공동체, 사회 현상 또는 그 밖의 것들에 대해 독자적인 사유 방식을 갖는 수천 가지의 문화로 구성되어 있다. 문화는 관습, 종교 의식, 신화, 기호와 상징, 종교나 매스미디어와 같은 제도를 통해 유지된다. 그리고 그 각각의 문화가 장애 억압의 기반이 되는 신념과 태도를 뒷받침한다. 여기서 말하는 장애에 대한 태도는 세계 어디서나 대부분 경멸적인 성격을 보인다. 장애인은 불쌍한 존재로, 장애 자체는 비정상적인 것으로 여겨진다. 그리고 이것이 교육, 주택, 교통, 의료와 가정생활을 포함하는 모든 계급 체계로부터 장애인을 격리시키는 데 사용되는 사회적 기준의 하나가 된다.

초기 인류학자들에게 있어 "문화"는 가치value가 신념 체계belief system와 어떤 방식으로 유착되어 있는가를 의미했다(Kroeber and Kluckhorn 1952: 180-2). 그때 이후로 "문화"라는 용어의 의미는 그 단어의 사용 자체를 포기하자고 주장하는 이들이 등장했을 정도로 치열한 논의의 대상이 되었다. 어떤 이들은 그것을 단순히 "살아온 경험lived experience" 혹은 "살아온 적대적 경험lived antagonistic experience"으로 간주한다. 저명한 인류학 이론가 중 한 사람인 클리포드 기어츠의 설명에 따르면, "문화는 상징 속에서 역사적으로 전승되는 의미의 한 전형이며, 각각의 사람들이 가진 삶에 대한 지식과 태도를 소통하고 영속시킴으로써 발전시켜 온 수단이 상징적 형태를 갖추었을 때 그 안에서 표현되는, 대물림되는 개념의 체계이다"(1973: 89). 이 설명에 대해서는 지지자들도 많지만 비난의 여지 또한 그만큼 많다. 대부분은 이 이론이 정치와 권력의 영향을 배제하고 있다는 점을 그 비난의 근거로 삼고 있다. 『이데올로기와 현대 문화Ideology and Modern Culture』에서 존 톰슨은 좀 더 합리적인 입장을 표명하고 있다. 그의 논리 구조에 따르면, 기호와 상징이 생산되고 계승되고 수용되는 일상생활의 경험을 권력 문제가 지배한다는 사실을 인식함으로써, 문화를 해석하는 방법으로서 상징 연구는 맥락에 따라 수행되어야 한다.

상징적 개념은 문화적 현상 연구에 대한 구조적 접근 방법을 발전시키기에 적절한 출발점이다. 그러나 기어츠의 글에 드러나 있듯이, 상징과 상징적 행동이 언제나 내재되어 있는 구조적인 사회관계에 충분한 주의를 기울이지 않는다는 점이 이 개념의 약점이다. 그런 이유에서 나는 내가 문화의 구조적 개념이라고 언급하는 것의 내용을 명확히 하고자 한다. 문화의 구조적 개념에 따르면, 문화적 현상은 구조화된 맥락 속의 상징적 형태로 이해될 수 있으며, 문화적 분석은 상징적 형태의 유의미한 구조와 사회적 맥락에 대한 연구로 파악될 수 있다(1990: 123).

문화(들)에 대한 나의 생각은 톰슨의 이론과 비슷하다. 인류학의 여러 전통과는 달리, 문화는 독립적이거나 정적인 구조물이 아니다. 그것은 일상의 세계 속에서 역사, 정치와 권력, 경제적 조건과 제도, 자연 등과 소통하고 상호 작용한다. 이렇게나 중요한 영향을 무시하는 것은 문화가 발생하고 표출되는, 그리고 무엇보다도 경험되는 그 중요한 틈새를 놓치는 일이라 생각한다. 하나의 문화가 사람들에게 이렇게 행동하라거나 저렇게 생각하라고 시키는 것은 아니지만 그러한 신념과 발상은 문화에 의해 그리고 문화 속에서 형성되는 것이며, 그 문화라는 것은 결국 지배/복종, 우월/열등, 정상/비정상이라는 이원성이 가차 없이 강화되고 정당화되는 이 세상의 아주 작은 부분을 표현하는 것일 뿐이라는 말이다. 언젠가 인류학자들이 이러한 이원성이 그다지 중요하지 않은 뭉뚱그려진 어떤 문화를 발견해 낼 수 있을지도 모르지만, 그렇다고 해서 기존 문화의 이원성이 갖는 영향력이 줄어든다고 할 수는 없다.

문화와 장애에 관한 최근의 인류학 연구가 안고 있는 근본적인 문제는 인류학이 시대에 뒤떨어진 신념들을 영속시키는데다가 삶 속에 녹아 있는 억압lived oppression과는 거리가 먼 연구들을 계속하고 있다는 것이다. 『장애와 문화Disability and Culture』의 논자들은 이상하게도 장애인들이 빈곤이나 지위 강등을 유난히 많이 겪고 있다는 점은 전혀 염두에 두고 있지 않은 듯하다. 이 책은 장애가 어떤 상징화와 개념화를 통해 지금의 상황에 이르렀는지에 대한 이해를 돕고 있으나 그 용어와 관점은 여전히 과거에 머물러 있다. 책의 40쪽까지만 보아도 재난suffering, 절름발이lameness, 이익 집단interest group, 부적격자 incapacitated, 신체 불구handicapped, 기형deformities이라는 단어들이 발견된다. 하지만 억압이나 지배 문화, 정의, 인권, 정치적 움직임 또는 자기 결정권과 같은 단어들은 전혀 언급되지 않는다. 이 책의 본문은 수백 쪽에 달하지만 아무리 들여다보아도 장애인의 지위 강등에 관한 내용은 간단한 언급조차도 찾아볼 수 없다. 인류학자들은 물론이고 그와 비슷한 생각을 가진 사람들은 수없이 많다. 그러나 지금 여기서 내가 주장하고자 하는 것은 장애에 대한 후진적 태도가 장애 억압의 기초가 되는 것이 아니라 장애 억압이 그러한 후진적 태도의 기반이 된다는 사실이다.

(조작된) 의식과 소외

장애 억압의 세 번째 요소는 장애에 대한 심리적인 내면화이다. 이를 통해 사람들을 분절시키고 개인을 고립시키는 (조작된) 의식과 소외alienation가 생겨난다. 대부분의 장애인들은 자신이 정상이 아니고 다른 사람들보다 능력이 떨어지는 존재라고 진심으로 믿고 있다. 자기 연민, 자기혐오, 수치심 또는 이러한 과정에서 나타나는 또 다른 발현 요인들 때문에 장애인들은 실제 자아와 자신의 실제 욕구 그리고 자신의 실제 능력을 깨닫기 힘들며, 사실은 자신이 갖고 있는 선택 기제들마저 쉽게 알아차리지 못하게 되는 것이다. 이러한 조작된 의식과 소외를 통해 장애 억압의 원천 또한 모호해진다. 장애인들은 스스로가 비루하다고 지각하고 있는 삶이 사실은 비루한 세계 질서를 반영하고 있는 것에 불과하다는 사실을 알지 못한다. 이런 관점에서 보면 장애인들은 자신에게 가해지는 억압을 자기 안으로 내면화시켜 온 다른 이들과 많은 공통점을 보인다. 마르크스는 이것을 "노동자의 자기 무화self-annihilation of the worker"라고 했고, 프란츠 파농은 "식민화된 사람들의 정신적 소외psychic alienation of the colonized"라고 했다. 또한 이와 관련하여 산드라 리 바트키는 『여성성과 지배 Femininity and Domination』에서 여성 억압에서의 소외와 자기애 그리고 수치심의 역할을 기술하고 있다. 이 각각의 예들은 논의하고 있는 억압의 대상이 다르면서도 언제나 의식consciousness의 문제에 주안점을 두고 있다는 공통점을 보인다. 문화와 마찬가지로, 의식 역시 사람에 따라 제 각각의 내용을 의미한다. 카를 융은 의식을 가리켜 "무의식이 아닌 모든 것"이라 했다. 사르트르는 "존재하는 것" 또는 "그 자체로 실재하는 것"이라 했다. 이집트의 소설가 나귀브 마푸조는 "숨겨진 측면의 인식"이라 했다. 최근에는 의식에 대한 신경 생물학적 이론을 발전시키기 위한 시도들이 있는데, 그중에서는 제럴드 에델만의 『기억된 현재 The Remembered Present』가 가장 유명하다.

    모든 철학 체계나 심리학 학파들은 의식의 개념을 기반으로 한다. 물론 대부분은 의식의 원형archetype마저도 단계나 유형으로 파악하곤 한다. 하지만 융의 입장에서, 중요한 것은 모두 내부에 있었고, 사고thought였다. 최고 수준의 의식은 개체화individuation 또는 자기실현self-realization(정점summit)이다. 이를 위해서는 네 가지 사고 기능, 즉 지각, 감각, 생각, 그리고 직관에 대한 지휘 체계를 획득하는 것이 요구된다. 이 네 가지 사고 기능의 교차점에 이르렀을 때, 그 누군가는

"눈을 뜨게 되는 것이다"(Campbell 1988: xxvi-xxx).

마르크스주의에서는 의식을 실천(경험)과 이론(생각)이 서로 뒤얽힌 은유적 나선이라고 이해했다. 이 소용돌이는 점진적이며 양적으로 이동한다. 그러나 의식은 선형으로 진행하는 것이 아니다. 어느 시점에 이르렀을 때 이 양적인 축적물은 단절되고 경직되거나 또 다른 나선형 현상이 시작되는 의식의 다른 단계로 질적인 도약이나 형태 변형적인 도약을 이룬다. 의식은 그 자체로 존재하는 것being-in-itself(그 상태 그대로 존재하는 것)에서 자신을 위해 존재하는 것being-for-itself(의식적으로 변화를 소망하는 것)으로, 즉 마르크스가 이야기했던 자기실현에서의 도약과 같은 변화를 이룰 수 있다. 융과, 그 이전에 프로이트가 무의식의 중요성을 발견했다는 점에서는 현대 심리학에 기여했지만, 그들의 체계에서는 정치적·사회적 조건들이 배제되어 있었다. 그들이 이야기한 무의식은 비사회적이고 비정치적이었다. 그리고 바로 이 점에서 관념론(예를 들어, 융, 헤겔)과 유물론(예를 들어, 마르크스, 사르트르)이 가장 극적으로 나뉘게 된다. 심리학에 대한 사르트르의 비판 역시 이 차이에서 시작된다. 사르트르에 따르면, "자아Ego는 의식이 아니라 ― 그것은 전적으로 분명하다 ― 세계에 속하는 것이다"(Sartre [1943]1957: 12). 사르트르에게 있어 의식은 그 자체로 존재하는 것(그 상태 그대로 존재하는 것)과 자신을 위해 존재하는 것being-for-itself, 그리고 타인을 위해 존재하는 것being-for-others이라는 세 가지 단계로 구성되어 있었으며, 그 각각은 의식의 성장을 반영하는 것이다. 그는 의식이 의도적이며 방향성을 갖고 있다고 주장한다. 전통적인 심리학에 대한 비판에서, 사르트르는 실재Reality가 의식에 전적인 영향을 미치고 있기 때문에 우리는 한 걸음 물러나 현실에 대해 숙고해야만 한다(그리고 거기에는 "퇴보로서의 권력"이 있다)고 말하고 있다.

의식은 자신과 세상에 대한 인식이다. 더욱이 의식에는 깊이가 있으며, 누군가가 이 의식이라는 공간을 통해 행동할 때면 자신과 세계에 대한 그의 개념도 변화한다. 그렇다고 해서 그러한 움직임을 통해 자동적으로 보다 나은 자기 명증성을 얻게 되는 것은 아니다. 이러한 "공간-깊이"를 통한 움직임은 지성, 호기심, 성격, 개성, 경험, 기회와 같은, 또는 정치적이거나 문화적인 구조(계급, 인종, 성별, 장애, 연령, 성적 선호도)와 같은, 그리고 사회제도와 같은 요인들에 따라 우발적인 결과를 낳게 된다.

의식의 진화는 개인이 어떻게 지각하는가, 그리고 개인이 무엇을 의문으로 여기는가에 달려 있다. 아인슈타인에 따르면, 살아가면서 얻는 수천 개의 자극과 인상을 통해 개인이 내리는 결론은 관찰자가 어디에 있는지 그리고 어떤 방식으로 관찰하는지에 따라 다르다. 일몰日沒을 예로 들어보자. 우리는 일몰을 "본다." 하지만 우리가 일몰을 어떻게 보는가의 문제는 날씨가 어떠했는지(예를 들어, 구름), 그때 누구와 함께였고 마음이 어떤 상태였는지, 그리고 장소가 어디였는지(예를 들어, 배, 해안, 고층 건물) 또는 그 밖의 요인들에 따라 다르다. 또한 우리가 일몰을 어떻게 보는가는 우리가 일몰을 무엇으로 생각하는가에 달려 있다. 대부분의 사람들에게 일몰은 지각 가능한 지평선 아래로 태양이 떨어지는 것을 의미한다. 태양이 사라지기만 하면 관광객들이 즉각 관광버스에 승차하는 모습을 통해 나는 이 결론을 개인적으로 확신하고 있다. 하지만 태양빛이 어두워져 가는 하늘을 비추며 장엄한 광휘를 남기는 시기까지를 일몰이라 생각하는 사람들도 있는 것이다.

결국 내가 말하고 싶은 것은, 의식은 실제 세계와 그리고 정치, 문화와 분리될 수 없다는 점이다. 존재와 의식 사이에는 중요한 관계가 있다.[6] 사회적 존재는 의식 세계를 형성하고, 의식은 존재를 형성한다. 거기에는 공통된 상호 작용이 있다. 의식은 단순히 생각과 경험을 쏟아 넣은 그릇을 담아둔 상자가 아니다. 의식은 사회적 조건과 기회, 타고난 인식의 영향을 받는 인식의 과정process of awareness인 것이다.

때때로 의식이 없는 것으로 묘사되는 사람들도 있다. 하지만 그렇지는 않다. 모든 사람에게는 의식이 있다. 부분적으로 조작된 의식을 갖고 있는 몇몇, 아니 아마도 대다수의 사람들 역시 마찬가지이다. 어린 시절부터 사람들은 끊임없이 쏟아지는 지배 문화의 가치관의 폭격 속에서 살아왔다. 그리고 이 가치는 우월과 평등, 지배와 복종의 "자연스러움"을 반영하고 있다.

권력과 이데올로기

어떤 종류의 억압을 개념화함에 있어 가장 어려운 문제는 그것이 어떻게 형성되고 또 어떻게 재생산되는지를 이해하는 것이다. 빈곤, 지위 강등, 배제 등의 일반적 특징을 개괄하는 일은 상대적으로 쉽다. 하지만 이 질문에 답하기 위해서는 우선 권력과 이데올로기가 퍼져 나가는 경로를 조사해 보아야만 한다. 권력과 이데올로기를 통해 개인들이 정치, 경제, 문화를 경험하는 방식이 구성될 뿐만 아니라, 동시에 어떻게 해서 (장애) 억압이 재생산되는지가 모호해지기 때문에 이 문제는 특히 어려운 내용이 될 것이다.

억압oppression은 개인과 개인 그리고 집단과 집단 사이의 관계가 지배와 복종, 우월과 열등의 형태로 나타나는 권력 현상을 말한다. 이 현상의 중심에 있는 것이 통제control이다. 권력을 가진 사람이 통제력을 갖고, 그렇지 못한 사람들은 통제력을 갖지 못한다. 권력power의 전제 조건은 정치적, 경제적, 사회적 계급 제도, 인간 집단의 구조화된 관계, 그리고 권력의 체계나 체제이다. 이 체계, 즉 현존하는 권력 구조는 몇몇 개인들 또는 집단들이 다른 이들을 지배하는 수천 가지 방식들을 포함하고 있다.

권력은 확산되는 것이고 모호하며 복잡하다. "권력은 힘force보다 일반적이며, 보다 넓은 세계에서 작용하는 것이다. 권력은 힘보다 더 광범위한 내용을 포괄하지만 덜 역동적이다. 권력은 힘보다 더욱 격식화된 것이며, 심지어는 어느 정도의 인내심마저 내포한다. … 공간, 희망, 경계심, 파괴적 의도야말로 권력의 실체라고, 더 간단하게는 권력 그 자체라고 지칭할 수 있다"(Canetti [1962]1984: 281). 그것은 단순히 억압하는 자와 억압당하는 자의 체계가 아니다. 그 일부에만 이름을 붙이려 해도 고용인과 피고용인, 남성과 여성, 지배자와 복종자, 부모와 자녀, 교장과 교사, 교사와 학생, 의사와 환자 등 권력의 종류와 경험은 수없이 많다. 더 엄밀히 말하자면, 권력이 아니라 권력(들)로 간주되어야 한다. 이러한 권력 관계들은 역사의 환원 불가능한 산물이다. 권력(들)의 역사는 다스리는 양식을 형성하는 권력의 체제를 총체적으로 만들어 낸다.

그러나 권력과 통치rule를 혼동해서는 안 된다. 정치적·경제적 요소에 의해 꾸며지기는 했지만, 어쨌든 통치 계층은 행정적인 면을 다스리는 것이다. 하지만 통치 계층이 아닌 특권 집단이나 개인들도 권력을 갖거나 행사한다. 애매모호한 프랑스 철학에서는, 특권을 가진 자와 그렇지 못한 자 사이의 권력 관계는 계급 통치에 의해 **중층 결정된다**overdetermine는 것이다.[7]

명확하게 권력을 부여받은 계급과 집단이 그 권력을 행하고 유지하는 방법은 많다. 정치 철학과는 무관하게, 모든 체제는 힘과 강제력coercion, 정당화legitimation와 동의consent의 적절한 결합을 통해 통치해 왔다. 서구 민주주의 국가들과 몇몇 제3세계 국가들에서는 국민적 동의의 개념이 널리 퍼져 있으며, 무력은 거의 사용되지 않는다. 하지만 대다수의 제3세계 국가에서는 국가에 의한 강제가 일반적이다. 제3세계 독재 정권의 억압에 대해서는 잘 알려져 있으며 문서화되어 있다. 이러한 나라들을 살펴보면, 군부 통치와 국민적 동의 사이에 병리학적 관계가 존재한다. 이 제도 자체가 국민들을 지속적으로 괴롭히고 강제함으로써 국민들의 두려움을 증대시키기 때문에 국민들이 국가와 군부를 두려워하게 된다는 의미이다.

권력 관계가 재생산되는 가장 기초적인 방법은 군부의 힘이나 국가적 강제력 같은 물리적인 것이 아니라, 기존의 권력 구조에 대한 국민적 동의라고 하는 추상적인 기반을 통해서이다. 이는 전 세계 수억 명에 달하는 장애인들의 경우에도 똑같이 해당되는 이야기이다. 이 책의 5장은 장애인들이 삶 속에서 경험하는 억압에 대해 수동적으로 묵인하고 있다는 내용을 담고 있다.

억압에 대한 수동적 묵인은 부분적으로는 영국의 문화 역사학자인 레이먼드 윌리엄스가 권력의 "정신적 특징"이라고 했던 것에 기초하고 있다. "특히, 특정 계층의 경제 활동을 어떤 식으로 정당화하고 활성화시키는지를 알아내기 위해서는 이데올로기 문제를 연구해 볼 필요가 있다. 이데올로기를 연구함으로써 차별화된 계층들의 의도와 특정 계급의 규정이 갖는 정신적 특징을 알 수 있기 때문이다"(1973: 6). 윌리엄스가 제안하고 있는 것은, 지배 계급과 문화는 그들의 권력과 특권의 당연성 또는 정상성을 사람들에게 언제 어디서나 믿게 만든다는 것이다. 윌리엄스는 안토니오 그람시의 뒤를 이어 이 과정을 헤게모니 *hegemony*[8]라고 명명했다. 헤게모니는 다차원적이며 다각적이다. 그러므로 영화 화면에서 영상이 투사되는 것과는 다르다. 충격과 자극, 신념과 가치, 기준과 습관이 투사되는 방식은 태양빛에 좀 더 가깝다. 헤게모니는 확산되고 어디에나 자연스럽게 나타난다. 헤게모니는 (무장) 국가만이 아니라 가족, 교회, 학교, 작업장, 사법 기관, 행정 그리고 문화와 같은 사회 전반을 통해 그 지배를 (재)강화한다.

수많은 [계급상의] 경계선과 접해 있으면서 장애인을 포함해 다른 많은 이들에게 영향을 미친다는 점에서 본다면, 이러한 과정들 중에서도 학교 교육은 특히 두드러지는 예라고 할 수 있다. 우리가 믿도록 한 바에 따라, 학교 교육의 임무가 순수하게 학문을 가르치고 배우는 것이라고 생각해 보아도 그때 제기되는 논리적 의문은, 누가 가르치는가, 무엇을 가르치는가, 학생들은 어떤 방식으로 배우는가, 그리고 가장 중요한 문제인 왜 배우고 가르치는가 등일 것이다. 우선 학교 교육은 두 가지 기본적인 "정치적" 기능을 갖는다는 사실을 제안하고 싶다. 좁은 의미에서의 목적은 교육 영역 내의 권력 구조에 대한 묵인을 가르치는 것이다. 넓은 의미에서의 목적은 더 큰 현상태, 특히 노동 인구에 대한 묵인을 가르치는 것이다.

어떻게 이러한 일들이 일어나는 것일까? 우선, 교사의 훈련이다. 그들은 일련의 (지식) 훈련 과정을 통해 자격을 부여받는다. 교육은 "전문화"된다. 교사는 교육의 전문가이다. 학생들은 지식의 저장고인 교사를 향해 줄지어 앉는다. 교사는 학생의 "텅 빈" 머리에 자신의 지식을 쏟아 넣는다. 교사와 학생 사이에 지식의 공유는 거의 존재하지 않는다.[9] 교사들은 교육을 일방적인 것이라고 배워 왔기 때문이다. 교과 과정 자체는 표준화되어 있고, 국가의 교육 공무원들에 의해 공인을 받는다. 교과 과정을 공인하는 이들이 교사들에게 자격을 부여하는 이들과 일치하는 경우도 흔하다. 게다가 이 행정 책임자들은 교실과는 아주 멀리 떨어진 곳에 있다. 학생과의 정기적인 접촉이 행정 지침이 될 정도로 먼 곳에 말이다. 그들은 혁신도, 유연성도 거의 용납하지 않는다. 수십 년간 수많은 행정가들이 같은 내용과 같은 규칙을 유지하고 있다. 권력은 위에서 내려온다. 학교의 교육 과정 안에 있는 모든 사람들과 모든 것들이 권위적이다. 하버마스의 말에 따르면, 학생들은 조종당하고 있다. 교사의 성별과 무관하게 여학생이 남학생과는 다른 취급을 받는다는 연구 결과들이 수없이 존재한다. 가정환경에 따라 학생들은 독려를 받기도 하고 단념하라는 말을 듣기도 한다. 예를 들어, 장애 학생들은 다른 교실이나 학교로 격리되기도 한다.[10]

이데올로기와 권력이 장애와도 연관되어 있는 한, 그것들 사이의 근본적인 관계를 이해하는 것은 특히 중요한 일이다. 장애 내용이 학교 공무원에 의해 인식되기만 하면, 장애를 가진 학생들은 특별 취급을 받게 된다. 그들은 즉각 (이런 식으로 분류되어 본 적이 단 한 번도 없는) 권위 있는 (자격증을 가진) 전문가들에 의해 LD[학습 장애, Learning Disability], ED[감정 장애, Emotional Disability], EMH[정신 장애, Educable and Mental Handicap] 등의 꼬리표를 달게 된다. 이 꼬리표의 의미와 정의는 각기 다르지만, 결국은 그들의 얼굴에 열등하다는 글씨를 써 두는 것과 마찬가지인 셈이다. 게다가 이런 꼬리표를 달게 된 바로 그날부터, 이 학생들은 (잠재적으로 혹은 앞으로) 무엇을 할 수 있고 또 무엇을 할 수 없는 사람이라는 말을 끊임없이 듣게 된다. 이런 일들은 교실 안에서 극히 자연스럽게 일어난다.

내가 인터뷰했던 운동가들 중에서, 초·중·고등학교 시절에 장애가 있었던 이들은 한결같이 구금과 억류, 위협과 모욕, 신체적·감정적 학대 등, 끔찍하지만 다들 비슷한 이야기들을 털어놓았다. 시카고에는 휠체어 사용자라는 이유로 선생님이 될 수 없었던 친구들이 있다. 청각 장애가 있는 친구들은 수화를 할 수 있는 교사가 단 한 명도 없는 상태에서 12년간 학교생활을 했다고 한다(어차피 독순법讀脣法을 배워야 하니 그게 더 낫지 않겠느냐는 말도 들었다고 한다). 나는 (무엇보다도 학생들이 병에 걸린 상태임을 스스로 알아야 한다면서) 모든 교직원들이 흰색의 실험복을 입는 장애 학교를 방문해 본 경험도 있다. 또한 장애 학생들이 의사가 되는 등 "비현실적인 직업"을 갖는 모습을 묘사했다는 이유로 전시회가 취소된 경험을 가진 학생도 한 명 알고 있다.

장애 학생들이 통제 받는 방법, 자신의 처지를 알라고 교육받게 되는 수많은 방법을 여기서 명시해 보자. (1) 분류 꼬리표 달기, (2) 상징(예를 들어, 흰색 실험복, "장애인용" 화장실 표시), (3) 구조(선별된 학습 과정, 분리된 교실, "특수" 교육, 접근성이 없는 공간들), (4) 장애 학생을 위해 특별히 고안된 교과 과정들(정서 장애 아동을 위한 행동 수정, 지식이라곤 전혀 들어 있지 않으며 정신 지체나 자폐증 학생을 위해 만들어진 기술 훈련 등) 또는 그런 학생들을 위해 심도 깊은 관계 맺기, (5) 지배 문화의 기능적 요구에 따른 편견이 포함되어 있는 시험 내용과 평가 방법(예를 들어, 비네 기준Stanford-Binet이나 웩슬러 테스트Wexler test), (6) 신체 언어 및 학교 문화의 성향(교사는 장애 학생과 똑바로 눈을 맞추는 일이 거의 없고, 비장애 학생과 함께 할 때에 비해 장애 학생을 온정적이거나 우월한 듯한 태도로 대한다), 그리고 (7) 방침(신체적 구속, 고립/잠긴 휴게실, 할로페리돌[haloperidol. 항정신분열병 약물로서 조증, 투렛증후군, 정신병적 장애의 증상에 효과가 있다. 순환기 장애, 혼수, 불안, 운동 장애가 부작용으로 나타날 수 있다: 옮긴이] 및 진정제의 사용).[11]

민중의 투쟁으로 얻어낸 다른 개혁들과 마찬가지로, 제대로 된 교육을 받을 수 있는 가능성을 높이는 방향으로 변화해 온 특수 교육은, 장애 학생들에게 열등하다는 표식을 붙인 후 지배 문화가 필요로 하지 않는 수백만의 젊은이들을 격리시켜 창고 속으로 몰아넣던, 관료주의적이고 규정 투성이인 과정을 떨쳐버리게 될 것이다. 하지만 이러한 진보가 그리 균등하게 이루어지고 있는 것도 아닐 뿐더러, 통합 과정에 필요한 소소한 금전적 이해관계 및 인종과 계급의 압도적인 영향에 의해, 여전히 중요하고도 의미 있는 교육 기회의 균등화는 가로막혀 있는 형편이다.[12]

이러한 과정의 사회정치적 함의는 많은 장애인권 운동가들에게는 분명한 것이다.

다닐로 델핀: 동남아시아에서 장애인권 운동을 외치는 일은 매우 힘들다. … 아이들은 선생님과 동등하게 논쟁해서는 안 된다고 배운다. 그런 식의 오랜 사회화 과정이 있었다.

시카고에서 활동하는 교육가이자 장애인권 운동가인 캐롤 길과 래리 보스는 특수 교육을 받은 사람들 21명을 인터뷰했다. 인터뷰 결과에 따르면, 응답자들은 특수 교육을 통해 더욱 수동적인 태도를 취하게 되었으며, 살아가면서 자신이 할 수 있는 일과 없는 일을 시도도 해보기 전에 미리 수긍하게 되었다고 믿고 있었다.[13]

여기서 우리는 권력과 헤게모니의 유사성을 볼 수 있다. 엘리아스 카네티가 상기시켰듯이, 권력은 "보다 일반적인 것이며, 힘보다 광범위한 영역에서 작용하는 것"이다. 레이먼드 윌리엄스에 따르면, 헤게모니는 "삶 전반에 걸친 실천과 기대practice and expectation의 총체로서, 근원적 힘에 대한 우리의 인지와 그에 대해 할 일, 우리 자신과 우리가 살아가는 세계에 대한 인식이 형태로서 드러나는 것"이다. 그것은 "의미와 가치를 품고 살아 숨 쉬는 체계이지만, 또한… 특정 계급의 지배와 복종으로 나타나는 문화이다"(Eagleton 1989: 110). 사회의 의미와 가치는 권력을 가진 사람들에 의해서 결정된다. 헤게모니는 어디에나 존재하는 것이다. 또한 인생이라는 이름의 사회적 구조 속에 내재되어 있는 것이다.

헤게모니의 아이러니들 중 하나는, 지배 문화가 나름의 가치 체계를 일반인에게 계속 주입하는 데 성공하려면 일반적인 세상의 관점에서 그것이 타당해 보여야 한다는 것을 전제하고 있다는 점이다. 이 부분은 나중에 더 자세히 다룰 테지만, 아무튼 묵인과 동의에 의한 지배 문화의 정당화는 현실 세계에서의 경험을 바탕으로 만들어진다. 그리고 바로 이 내용이 엘렌 멕신스 우드가 『계급으로부터의 후퇴 The Retreat from Class』에서 의미했던 것이다.

> 정치적 형태에 특정한 헤게모니적 권력이 주어진다는 것은… 지배 계급이 요구하는 피지배 계급의 동의라는 것이, 이미 알려진 지배 계급에 대한 복종이나 그들의 통치권에 대한 묵인으로 결정된다는 의미는 아니다. 대의 민주주의 정부는 지배 계급의 존재 자체에 의혹을 던지고 있기 때문에 아주 독특한 형태의 계급 통치라 할 수 있다. 이 역시도 순수하게 신비화시킴으로써 그렇게 되는 것이 아니다. 언제나 그렇듯이 헤게모니는 양면성을 띤다. 그럴싸하지 않으면 불가능한 것이다(1986: 149).

이를 장애의 문제에 적용해 보면 분명하게 알 수 있다. 장애인들은 병든 사람이나 비참한 사람으로 생각되게 마련인데, 실제로 많은 이들이 질병을 통해 장애를 얻고 비참한 환경에서 살아간다. 게다가 대부분의 사람들은 장애인들이 도움을 받으며 길을 가로지를 때나 방해물 사이를 걸어갈 때 또는 계단을 오를 때에만 그들의 존재를 깨닫게 마련이다. 역사적으로 장애인들은 사회와 격리된 채 살아왔다. 대다수의 사람들은 교실, 일터, 극장 등에서 장애인과 정기적으로 교류해 본 경험이 별로 없다. 질병과 절망의 원인이 되는 사회 환경을 개선하는 대신, 지배 문화는 장애인들이 살아가는 불우한 현실이 강요된 것이라는 점을 감추고, "태생적으로" 불우한 사회 계층일 뿐이라고 변명한다. 지배 문화는 드러나는 현실만을 이야기한다.

    오늘날에는 노암 촘스키와 에드워드 허만이 "대량 생산되는 동의 manufacturing consent"라고 언급했던 중요한 역할을 [정보를 선별하고 형성하는 여과 장치의 기능을 수행함으로써] 매스미디어가 해내고 있다. 실제로 이미지를 만들어 내고 퍼뜨리는 일은 이미지를 투사하는 기술력의 성장과 함께 최근 급속도로 커져 왔다. 철학자 로저 고틀리브도 사회 질서를 유지함에 있어 매스미디어가 수행하는 역할을 "공인된 현실authorized reality"을 창조하는 일과 연결시켰다. 그는 이 창조된 진실이 현실의 어떤 측면을 반영해야 한다는 우드의 논점을 강조한다.

> 이렇게 복합적인 의미에서 매스미디어 역시 의사나 정부와 마찬가지로 권위를 갖춘 대상으로서 존재한다. 중세 교회의 권위가 대성당의 규모에서 비롯되었듯이, 매스미디어의 권위는 매스미디어가 생산하는 이미지의 힘에서 나오는 것이다. … 그리고 우리가 그러한 이미지들을 그토록 진지하게 받아들이게 되는 것은 어리석음이나 바보스러움 때문이 아니다. 사실은 우리의 실제 욕구가 왜곡된 욕망으로 조작되었기 때문이다. 우리의 성욕, 사랑, 공동체, 재미있는 인생, 가족 존중, 자기 존중 등에 대한 욕구는 도처에 깔려 있는 이미지들에 의해 성취될 수 없는 것들이라고 조작·변형된다. 그리고 이것이 더 이상 합법적이라고 믿을 수 없는 현 사회의 권위가 유지되는 방식이다(1987: 156, 159).

매스미디어에서 가장 보편적인 장애의 이미지는 무엇일까? 텔레비전이 보여 주는 것은 사랑과 구원에 관한 가슴 뭉클한 이야기의 반대급부로서 존재하는, 의지할 데 없고 분노한 '병신cripple'이다. 약물이나 폭력 때문에 한 사람의 삶이 얼마나 "망쳐지는지"를 그가 장애인이 되는 것으로 보여 주는 이야기, 온갖 어려움을 극복하고 "기적적으로" 성공한 사람이 되어 심지어 "정상"이 되거나 적어도 "정상적"인 삶을 살게 되는 영웅적인 장애인의 이야기 등이 매스미디어에서 장애인을 보여 주는 방식이다. 그중에서 가장 참혹한 것은 병신들을 "위한," 특히 가난하고 감상적인 장애 아동들을 "위한" 자선 프로그램 telethon이다. 이런 프로그램에서는 시청자들의 돈을 한 푼이라도 더 우려내기 위해, 예를 들면 제리 루이스 같은 유명 인사가 등장해 사람들의 선의와 동정심을 자극하면서, 카메라 앞으로 장애 아동들을 내보내곤 한다. 미국에서의 설문 조사 결과는 사람들이 다른 무엇보다도 자선 프로그램을 통해 장애에 대한 태도를 형성하게 된다는 사실을 보여 준다.[14]

이러한 이미지들은 장애인을 묘사하기 위해 사용되는 언어에 멋지게 녹아든다.[15] 예를 들어, "병신cripple," "불구자invalid," "멍청이retard"라는 단어들을 생각해 보자. 짐바브웨에는 치레마chirema라는 말이 있는데, 말 그대로 "쓸모없다"는 뜻이다. 브라질에는 페나pena라는 단어가 있는데, "처벌로서 주어진 고난"을 의미하는 속어이다. 이 단어들은 장애인들이 어떤 방식으로 비인간화dehumanization 되는지를 보여 주는 증거이다. 언어와 기호와 상징을 통한 "의미" 결정 과정은 아주 냉혹하며, 가족, 종교 집단, 지역 사회나 학교에서 가장 두드러지게 발생한다.

(여기서 언어는 그저 한 가지 예에 불과하지만) 언어를 통한 장애인의 비인간화는 의식에 중대한 영향을 미친다. 억압받는 다른 사람들과 마찬가지로, 장애인들은 자신들이 무엇을 할 수 없고 사회 안에서 자신들의 위치가 어디인지를 지속적으로 이야기하는 지배 문화의 목소리를 들어야만 한다. 작동중인 이데올로기적 권력을 고려해 본다면, 억압받는 이들이 자신들의 자리(다시 말해 억압)를 수용하는 것이 이해하기 어려운 일도 아니다. 그들의 조작된 의식에 지성적 근거라고는 없다. 조작된 의식은 상호 작용적이며 상호 의존적인 두 가지 근거를 바탕으로 형성된 것이다. 우선, 애매한 이야기와 잘못된 방향(희생자에 대한 비난), 자연스럽게 받아들이게 된 열등감, 제도화된 권위를 통

해서 대중들에게 그 가치들을 정착시키는 통치 체제의 능력이다. 이것이 헤게모니다. 둘째는 사람들로 하여금 자기 연민과 자기 무화를 만들어 내고, 자기나 동료에 대한 인식, 그리고 자신의 인간성에 대한 인식을 극도로 어렵게 만드는 심리적 황폐화이다. 이것이 소외이다. 헤게모니와 소외의 문제는 똑같은 현상, 즉 이데올로기적 지배의 양면이다.[16]

장애에 있어서, 지배는 억압적인 권력과 이데올로기의 순환을 통해 지속적으로 조직되고 재생산된다. 이는 지배의 정상성을 강화하는 방식으로 이루어진다. 그리고 열등성과 비정상성에 반대되는 개념으로서의 우월성과 정상성의 규범으로 (상징과 범주를 통해) 장애인의 다름을 억압하는 것이다.

3장
정치경제학과 세계 체제

어느 수준까지는 장애에 관한 정치경제학적 상황을 말하기가 쉽다. 장애인들이 권력이 없고 가난하다는 사실에는 논의의 여지조차 없다. 모든 사회경제적 지표들이 그렇게 말하고 있다.

정치경제학 일반과 마찬가지로, 장애에 관한 정치경제학을 이야기할 때는 계급을 집중적으로 고려해야만 한다. 장애인의 절대 다수가 적절하고 자립적인 삶을 영위하기 위해 필요한 최소한의 필수품도 없을 만큼 가난한 것은, 기본적으로 사회에 존재하는 계급 때문이다. 다른 관점에서 본다면, 이렇게 표현할 수 있다. 즉, 충분한 재정적 자원을 가진 장애인이라면 최신 휠체어와 보장구를 사거나 재활 치료와 정신과 치료를 받거나 활동 보조인, 운전기사, 책 읽어 주는 사람을 구하는 일에서 아무런 문제도 겪지 않는다고 말이다. 사람에 따라 차이는 있겠지만 이것은 전 세계에 걸쳐 일어나고 있는 일이다.

에드 로버츠: 우리들 중에서도 미국과 유럽에 살고 있는 사람들에게는 제3세계에는 존재하지도 않는 사회 안전망 제도가 있다. 내가 말하고자 하는 것은 그나마 선진국이라고 하는 나라에서도 우리가 얼마나 편

안하게 살 수 있는가 하는 문제는 소득이 얼마이고, 가족의 재산이 얼마나 되는가에 달려 있다는 점이다. 예를 들어, 나는 개인적으로 접근이 불가능한 일이나 사람들의 부정적 태도를 귀찮은 일 정도로 취급할 수 있지만, 소득이나 직업이 없는 장애인들에게는 그런 일들이, 즉 집을 구하거나 도우미를 찾거나 교통수단을 이용하는 일들이 이른바 삶의 기본적 요소를 위협하는 주된 문제가 되는 것이다.

마리아 다 콩세이사우 카우사트: 브라질의 경우, 돈을 가진 사람과 갖지 못한 사람 사이의 격차는 크다. 우리나라에서는 이 격차를 근거로 하는 두 가지 문화적 관점을 통해, 장애를 포함한 많은 것들을 보고 평가한다. 돈을 가진 장애인에게는 편견이 문제가 된다고 하지만, 브라질에서 살아가고 있는 대다수의 장애인들과 달리 그들은 고품질의 휠체어나 도우미를 구할 수 있고, 대학에도 갈 수 있으며, 자가용 같은 것들도 이용할 수 있다. 가난한 장애인들은 기본적인 의료 서비스와 재활 서비스를 포함하여 그 무엇 하나도 누릴 수 없는데 말이다.

라젠드라 비야스: 인도에서는 모든 사람들이 고용 문제를 고민한다. 이는 경제적인 문제이며 생존의 문제이다. 오늘날에도 인도에서는 수백만의 장애인들이 기아에 시달리고 있다. … 나의 가족이 고등 교육을 받았다는 것만으로도 나는 행운아였다. 우리 집안에는 지난 몇 대에 걸쳐서 의사가 있었을 정도니까 말이다. 그러나 가난한 집안에서 태어났더라면, 나는 부담스런 존재였을 것이다. 다수의 인도인들처럼, 가난한 사람들에게는 모든 것이 그대로 경제적 문제로 고려된다. 공부를 하기 위해 봄베이에 온 시각 장애 아동의 89%는 학교에 갈 수 없을 정도로 가난한 시골 마을 출신이다. 봄베이에 있는 시설에 의탁하고 있는 집 없는 시각 장애인들은 전원이 시골 출신이다. 그들의 말에 의하면, 가족들이

집을 떠날 것을 강요했다고 한다.

장애인들의 계급적 지위는 그들의 인생에서의 가능성을 제한한다. 학교에 갈 수 있는 기회를 가질 수 있는가, 아니면 살아남기 위해 어린 나이에 구걸을 할 것인가? 안전하고 편안한 집에서 살 것인가, 아니면 빈민촌에서, 요양원이나 수용소에서, 그도 아니면 길거리에서 살아갈 것인가? 장애의 정치경제학에 미치는 계급의 영향은 순수하게 시장과 상품에 대한 경제적 관계가 아니다. 계급은 인종과 성별, 장애, 사회적 지위에 의해 형성되는, 사회적으로 구조화된 관계이다.

코르넬리오 누녜즈 오르다즈: 멕시코의 장애인들은 대부분 가난하기 때문에 그들을 구분하는 것이 더 놀라운 일인지도 모르겠다. 여성에 비하면 신체장애가 있는 사람들이 오히려 결혼이나 고용의 기회를 더 많이 가질 수 있다. 멕시코에서 가장 빈곤한 집단은 토착민들이다. 오악사카에 사는 우리 같은 이들에게는 올메크라는 유산이라도 있지만, 진짜 토착민들은 너무나 가난하다.

누녜즈의 말이 특히 눈에 띄는 이유는, 얼마나 많은 요소들이 겹쳐지면서 정치경제학적인 측면들을 만들어 내는지를 지적하고 있기 때문이다. 안타깝게도, 여기서 암시된 계급에 대한 견해가 지금까지도 정치경제학적 분석에서는 제외되는 경우가 많았다. 국제적으로는, 남부아프리카 지역의 경우, 계급적 지위가 인종에 따라 달라진다는 사실을 가장 명백하게 보여 주는 예라고 할 수 있다. 짐바브웨와 남아프리카공화국과 같은 나라에서 계급은 테러를 자행함으로써 막대한 토지와 자원을 전유했던 유럽인들의 식민 통치의 결과이다. 일반적으로 이 지역에서는 백인 장애인들이 백인 비장애인들과 비슷한 수준의 생활을 영위한다. 그들은 해외로 유학을 가는 경우도 많고, 활동 보조원이 나 책 읽어 주는 사람, 운전사를 고용하기도 하며, 장애 특성에 맞게 특별히 제작된 자동차를 소유하기도 하고, 고도의 기술력으로 개발된 보장구, 컴퓨터, 휠체어를 이용한다. 대부분의 경우 흑인들에게는 불가능한 일이며, 그 차이는 충격적일 만큼 대조적이다.

프라이데이 만들라 마부소: 내가 장애를 입은 것은 1974년의 일이었다. 아무런 이유 없이 아프리카계 경찰의 총에 맞았다. … 나는 범죄자로 취급당했고, 나의 가족은 이틀 동안이나 그런 사실조차 알지 못했다. 예전에 동료 축구 선수였던 경찰을 통해 내가 누명을 쓴 상태이며 변호사가 필요하다는 이야기를 듣게 되었다. 3개월 후에는 재판에 회부되었다. 나는 여전히 병원에 있는 상태였다. 그 무렵 내가 가장 두려워했던 것은 암살이었다. 이야기를 들어 보니 내 혐의는 강도 행위와 저항 및 위험 무기 소지였다고 한다. 시간이 지난 뒤 나는 결국 증거 부족으로 풀려났다. 남아프리카공화국에서는 경찰이 하는 말과 다른 내용의 증언을 하는 흑인이 무죄로 방면된다는 것은 거의 불가능에 가까운 일이기 때문에 나는 무척이나 운이 좋았다고 할 수 있다. … 4년간 병원 신세를 졌다. 2년은 극심한 욕창에 시달렸고, 욕창이 나은 후에는 말도 못하게 구식인 휠체어조차 구할 수가 없어서 2년을 더 기다려야 했다.

윌리엄 롤랜드: 나는 네 살 때 사고로 시력을 잃었다. 그리고 케이프타운에서 75마일 떨어진 맹인 학교에서 초 · 중 · 고교 과정을 마쳤다. 다행히도 내 고향은 남아프리카공화국에서 가장 아름다운 시포인트인데, 바닷가를 따라 케이프타운과 맞닿아 있는 곳이다. 나는 그 생생한 풍경과 아름다움을 정말 사랑했고, 어린 시절에 보았던 생생한 기억들은 시간에 따라 달라지는 바다의 색깔까지 떠올릴 수 있을 정도로 고스란히

남아 있다. 자라면서는 아주 빠르게 자립 생활에 익숙해져 갔다. 지팡이 없이 걷는 방법 같은 것들은 아주 쉬웠다. 물론 신문을 읽을 수 없었기 때문에 남아프리카공화국의 그 수많은 사회적 현실에 대해서는 알 수가 없었다. 때문에 종종 경찰들이 흑인이나 다른 유색 인종들을 인종 문제로 괴롭힌다는 소식을 들을 때면 충격을 받곤 했다. … 남아프리카공화국에서는 모든 것이 인종 차별 정책의 역사에 의해 결정된다. 폭력에서 빈곤에 이르기까지, 이에 대해서 들 수 있는 예는 수도 없이 많다. 만약 당신이 백인이라면 삶의 모든 이익을 가질 수 있고, 흑인이라면 그 무엇도 가질 수 없다. 이 나라에서는 이러한 이익과 불이익이 법적으로 정해져 있다. … 고등학교를 졸업한 후, 나는 물리 치료를 공부하기 위해 런던으로 갔다. 런던에서는 모든 것을 완전히 나 혼자서 꾸려가야 했다. 지하도를 찾아야 했고 쇼핑을 가야 했으며 청소를 해야 했다. 나는 3년 동안 런던에 머물렀다. 나중의 2년은 내 생애에서 가장 행복한 시간 중 하나였다. 연주회에 가거나 근교를 여행했으며, 비틀즈가 알려지기 1년 전에는 작은 술집에서 밴드활동을 하기도 했다. 우리는 버디 홀리, 쉐도우, 클리프 리처드의 음악을 연주하곤 했다. … 박사 학위를 받은 후 나는 남아프리카공화국으로 돌아왔다.

물론 똑같이 중요한 요소이지만, 인종에 따라서 계급이 결정되는 현상은 아시아나 라틴아메리카에서는 조금 희미해진다. 아시아에서는 민족과 국적의 문제가 인종 문제보다 우선시된다. 베트남 사람들은 중국인을 천시하고, 중국인은 필리핀 사람을 헐뜯는다. 태국 사람은 라오스 사람을 무시한다. 그리고 거의 대부분의 아시아 사람들이 일본인을 싫어한다. 내가 말하고자 하는 것은, 미국에서와 마찬가지로 이러한 편견에는 역사적 이유와 동시대의 정치적-경제적 이유가 있다는 사실이다. 이는 결코 억압당하는 집단이 전체 인구의 소수를 차지할 때에만 나타나는 현상이 아니라는 점이다. 예를 들어, 라틴아메리카에서는 흑인들이 심하게 착취당하고 있으며 정치적으로도 대표 집단이 되지 못하는데(Romo, 1995), 이러한 현상은 심지어 흑인 인구가 8-9천만 명에 달하는 브라질에서도 마찬가지이다.

마리아 루이자 카미에라: 바이아의 구성 인구가 거의 전부 흑인이라는 사실을 모른다면, 다른 지역보다도 바이아에 사는 장애인들이 더욱 가난한 이유를 이해할 수 없을 것이다.

라틴아메리카에서는 피부색을 나누는 장벽이 좀 더 유연하다. 인구의 대다수는 혼혈 인종이다. 예를 들어, 모레뇨라는 동일한 단어를, 지역에 따라서 "흑인," "혼혈 흑인," 또는 "지중해 인종"이라는 의미로 사용한다. 그 연속선상에서, 유럽이나 미국에서와는 달리 개인의 경제적 지위가 그 사람의 인종적 지위에 영향을 주기도 한다. 하지만 흑과 백이라는 이분법이 희미해져 버린 라틴아메리카에서도 인종은 여전히 계급 구성에 있어 중요한 역할을 하고 있다. 중앙아메리카 고산 지대와 아마존 일대에서 가장 가난하게 살아가는 토착민들의 수는 수천만 명에 달한다. 극도로 가난해진 끝에 브라질의 대도시 상파울루에서 쫓겨난 일본인의 수는 백만여 명이다. 이렇게 계급의 문제는, 때로는 인종이나 성별과 같은 다른 요소들과 결합하여 혹은 독자적으로, 수백만에 이르는 장애인들의 일상생활에서 정치와 경제에 강력한 영향을 미친다.

특히 저발전 지역의 경우에 더욱 그러하다는 것이 세계 정치-경제 체계의 주요한 특징이다. 1993년에 발표된 유엔 보고서 『인권과 장애인 *Human Rights and Disabled Persons*』을 보면, 장애인은 전 세계 대부분의 지역에서 가난하고 지위가 낮으며 권력도 없다고 기술되어 있다.

특히 그 보고서는 "빈곤과 미신으로 인해 그들[장애인들]의 조건이 개선되는 것이 저지"되는 상황에서 살아가는 장애인 수가 2억 명에 달한다고 추정하면서, "개발도상국" 지역에 초점을 맞추고 있다.[1]

제3세계의 저발전과 장애

나딘 고디머의 소설 『7월의 사람들July's People』은 역사적 전환의 혼란에 대한 안토니오 그람시의 유명한 격언으로 시작한다. "나이든 사람들은 죽어 가고 새로운 세대는 아직 태어나지 않았다. 이 공백기에는 매우 다양한 병적 징후들이 나타난다." 과거와 현재, 미래를 의도하는 듯한 이미지는 혁명이 일어나던 시기에 아프리카의 어느 시골 마을에서 남아프리카공화국의 백인 가족이 생존해 가는 아이러니한 내용을 통해 본격적으로 전개된다. 글을 읽으면서, 독자는 제3세계 국가들이 처해 있는 저발전의 복합적이고도 역설적인 상황을 바라보지 않을 수 없다.

제3세계를 방문해 보면 이런 상황은 즉각적으로 명백하게 드러난다. 예를 들어, 짐바브웨에는 하라레나 불라와요에서의 현대적인 도시 생활과 함께, 수출용 담배와 커피를 재배하기 위해 수백만의 가난한 흑인 농부들이 일하는 극소수 백인 지주들 소유의 거대 농장이 동시에 존재한다. 그와 함께 흑인 대통령이 있고, 민족주의와 사회주의의 역사를 거쳐 온 집권 정당이 있는 이 나라는, 지금은 세계은행과 국제통화기금(IMF)의 요구에 따라 경제 재건 프로그램을 추진하고 있는 중이다.

이러한 가운데 정치적이고 경제적인 위기에 맞서기 위해 노력을 기울이는 개인들을 보면 몇몇 음울한 징후들이 보인다. 1991년에 짐바브웨를 여행하였을 때, 나는 아주 독특한 경험을 했다. 짐바브웨에서 두 번째로 큰 도시인 불라와요에서 노점을 하고 있던 한 장애인과의 짧은 대화를 통해, 나는 그가 요하네스버그로 갈 버스표를 살 돈을 벌기 위해 물건을 팔고 있다는 사실을 알게 되었다. 경제적인 기회가 더 많을 것 같아서 요하네스버그로 가고 싶다는 20대 초반의 흑인을 만났다는 사실에 나는 놀라지 않을 수 없었다(남아프리카공화국에서 인종 차별 제도가 철폐되기 전이었다). 나는 그에게 진심이냐고 물었다. 그는 잠시 생각하더니 미소 지으며 이렇게 대답했다. "뭐…, 아마도 소웨토에서 살아야 하겠지만요." 일 년 후 요하네스버그를 방문했을 때 말라위, 모잠비크, 나미비아에서 온 노점상들을 많이 만날 수 있었다. 정치적-경제적, 사회적 조건들이 이렇게 병적으로 나타난다는 사실은 제3세계 국가들 전체에 걸쳐 이미 명백하게 목격되고 있으며, 그곳에서 내가 인터뷰했던 모든 장애인권 운동가들이 지적했던 사실이기도 하다. 자본가를 중심으로 움직이는 세계 체제의 부속물이라 할 수 있는 이러한 상황들을 정리해 보면 다음과 같다.

- 주요 부문(예를 들어, 식량, 자연 자원, 금융, 교통)에서는 국가 경제가 외국 회사에 의해 통제되고, 수출 지향 생산과 대체물 수입 때문에 국내 농업과 산업 생산에 위기가 닥쳐오면서, 대부분 빠듯하게 살던 농부나 노동자였던 수백만의 국민들이 결국 극빈층이 되어 엄청난 부와 극도의 빈곤이 공존하는 거대 도시 지역(또는 그나마 먹고 살 만한 이웃 나라[2])으로 몰려든다.[3]
- 국가를 (일반적으로 군부 독재의 형태로) 통치하는 사람들은 야만적이고 억압적이며, 부패하고 무능하며, 허풍선이인데다 거만하다. 그들은 횡령과 선거, 그리고 시민을 위협하는 일에 능숙하다.
- 유입되는 것보다 훨씬 많은 돈과 자원의 유출, 감당할 수 없을 만큼

불어나는 외채,[4] 환경오염, 고유문화의 파괴와 외래문화에 대한 모방 등이 그 특징이다.

저발전 국가의 정치경제학에 의해 일상생활에서의 문제의 정도와 범위가 걸러지는 것은 바로 이러한 맥락 안에서이다. 버나드 마그베인은 『남아프리카공화국에서 인종과 계급의 정치경제학 The Political Economy of Race and Class in South Africa』에서 이렇게 쓰고 있다. "사회 구성 과정에서 나타나는 남아프리카공화국의 특징은 현재의 사회 구조까지 이어져 온 역사적 과정과 제국주의적 요소가 가미된 계급들을 표상하는 내적 발전의 상호 작용을 반영한다는 점이며, 바로 이것이 남아프리카공화국의 사회 구성이 자본주의형 사회경제적 구성을 보이는 세계와 관계하는 독특한 방식이라 할 수 있다"([1979]1990: 193-4). 이를 통해 우리는 남아프리카공화국에는 흑인 30만 명당 재활 치료사가 한 명뿐인 이유를, 또는 2만 5천 명의 백인 의사가 5백만 명의 백인을 진료하는 반면에 1,200명의 흑인 내과 의사가 2,500만 명의 흑인을 진료하는 이유를 이해할 수 있다(『워싱턴포스트』, 1994년 5월 24일). 이러한 정치적-경제적 상황이 장애인들에게 어떤 의미를 지니느냐는 나의 질문에 장애인권 운동가들은 굶주림과 부랑, 소외, 지위 강등, 폭력 또는 그에 대한 공포, 유아 살해, 질병을 특징으로 하는 상황을 이야기해 주었다.

제3세계 국가들 중에서 놀라운 경제 성장을 경험해 온 국가라 할지라도 장애인들의 삶은 여전히 불안정하다는 점에 주목할 필요가 있다.

다닐로 델핀: 내가 국제장애인연합에서 일하기 때문에 태국에 살고 있기는 하지만, 나는 원래 필리핀 출신이다. 필리핀이 경제적으로 좀 더 발전했고, 그에 따라 사람들이 가질 수 있는 기회가 더 많아졌기 때문에

필리핀의 장애인들이 처한 상황은 다른 동남아시아 국가들보다는 낫다고 믿고 있다. 태국의 경제적 여건은 필리핀과 비슷할 것이다. 그럼에도 불구하고 태국 장애인들의 대부분은 생존의 문제만으로도 벅차다.

태국은 제3세계 국가들 중에서 경제적으로 가장 발전한 나라에 속한다. 지난 5년간 10-15%의 경제 성장률을 보였고, 국제 무역에서의 힘도 커지고 있다. 역설적이게도, 태국의 경제 성장에 따라 그 나라의 장애인들은 긍정적 영향과 부정적 효과를 동시에 누리게 되었다. 긍정적인 면은 근대화를 통해 장애에 대한 후진적 생각들이 서서히 변화되고 있다는 점이다. 그러나 그 경제 성장이 어떤 이들에게는 경제적 호황을 의미하지만, 장애인들에게는 새로운 기회로부터 끊임없이 소외당하는 것을 의미한다. 그들은 예전부터 팔아 왔던 물건들, 예를 들어 수공예품과 복권, 약물을 지금도 똑같이 팔고 있다. 게다가 발전이라는 것이 장애인들에게는 오염과 폭력, 교통 체증이 심한 도시 환경을 만들어 주었을 뿐이라는 점도 중요하다.

나롱 파티밧사라키크: 태국은 엄청난 발전을 이뤄내고 있으며, 따라서 [장애에 대한] 원시적인 관점도 그리 심한 것은 아니다. 그렇다고는 해도 발전 통계를 유심히 봐 달라. 우리의 경제 성장률은 7-10%에 이르지만, 이는 주로 외국인 투자에 의한 것이다. 결국 모든 이윤이 외국으로 유출되고 있는 것이다. 하지만 우리는 이러한 성장 때문에 많은 문제점들에 직면해 있다. 그렇다. 문제점들이다. 방콕에는 새로 건설된 건물이 많지만, 모두 외국인을 위한 것이다. 시골에는 아무런 변화도 없고, 그래서 많은 사람들이 직업을 구하기 위해 방콕으로 모여든다. 그러나 그런 식의 이동은 결국 도시 빈민가를 확대시키는 결과만 낳을 뿐이다. 또한 방콕에서는 매일 1,000대의 자동차가 팔리고 있는데, 그 때문에 교통이

매우 복잡해지고 있다. 우리에게는 이 정도의 교통량을 소화할 수 있는 도로가 없기 때문이다. 장애 발생의 가장 큰 원인은 교통사고에 있다.

소위 경제적 기적이라고 하는 것에는 장애인을 위해 저발전의 징후를 개선하는 작업은 전혀 포함되어 있지 않다. 다른 지역에서는 사라진 소아마비와 같은 질병이 여전히 존재한다. 산업 재해는 대도시보다 산업화가 덜 된 중소 도시 지역에서 더 자주 발생한다. 고용되기는 어렵다. 수백만의 장애인들은 굶어 죽어 가고, 더 많은 이들이 배를 곯고 있다. 저발전 덕분에 수억의 장애인들은 곤궁함을 떠안게 된다. 장애인들은 소외되고 빈곤한 지역에 사는 사람들 중에서도 가장 소외되고 빈곤한 사람들이다.

이로 인한 결과를 분명히 하기 위해 아래 내용을 생각해 보자.

- 대부분의 제3세계 국가에서 척수 손상(SCI)을 입은 사람들은 마비 후 1-2년 이내에 사망하며, 그 원인은 욕창이나 요로 감염증인 경우가 많다. 1억 명에 가까운 이들이 영양실조로 인한 장애를 겪고 있다. 몇몇 나라에서는 장애 아동의 90%가 20살이 되기 전에 사망하며, 정신 지체 아동의 경우에는 90%가 5세 이전에 사망한다(유네스코, 1995: 9-14).
- 아프리카의 일부 국가에서는 장애 아동을 위한 교육이 불가능하다. 인도에서는 장애 소년의 3% 정도만이 교육을 받을 수 있다(장애 소녀의 경우, 교육의 기회는 거의 없다). 오늘날 인도에는 200만 명의 시각 장애 아동이 있는데, 그중 교육을 받는 아이의 수는 1만 5천 명에 불과하며, 그나마도 도시 지역에 국한되어 있다(ibid., 14).
- 64개 국가에서 사용되는 지뢰의 수는 1억 1천만 개 이상이다. 앙골라의 경우에는 인구 1인당 1.5개의 지뢰가 있으며, 1978년 이래 매

달 120명의 사람들이 신체 절단 장애를 입고 있다. 아프가니스탄에는 1,000-1,200만 개의 지뢰가 있는데, 이는 인구 두 명에 한 개씩인 셈이다. 이집트에는 2,300만 개의 지뢰가 있다. 이 무기의 유일한 목적은 사람에게 장애를 입혀 행동 불능 상태로 만드는 것이다. 지뢰 때문에 신체적으로나 정신적으로 장애를 입는 사람의 수는 매주 500명에 달한다. 1994년에만 지뢰로 인해 장애를 입은 사람의 수가 70만 명을 넘어섰다. 이 지뢰들을 모두 제거하기 위해서는 580억 달러의 비용이 들 것이라 한다(ibid.).[5]

- 아시아에서는 장애를 지닌 채 태어난 아기들이 가족들에 의해 버림받고 고아원에서 사망하는 경우가 많으며, 대만에서 새로 제정한 법안에는 장애아의 출산을 막기 위해 불임 수술을 요구한다는 내용이 포함되어 있다.[6]

- 여아 및 장애를 가진 남아에 대한 영아 살해는 아프리카와 인도에서 널리 행해지고 있으며,[7] 인도에서는 벌이가 좋은 거지로 키우기 위해 의도적으로 장애를 입히는 일도 역사적으로 존재했다.[8]

- 방글라데시의 농촌 개발 전문가들은 방글라데시 사람들이 비록 극빈 상태에 처해 있지만 농촌 빈민들에게서 "고무적인 신호들"을 본다. 물론 예외는 있다. 예외는 전문가들이 "네 번째 집단"이라 부르는 사람들인데, 그들은 "건강의 부재"를 특징으로 한다. 보고서에서는 하향 움직임[빈곤화]은 여성 가장 가구와 장애로부터 나타나고 있다고 지적한다.

- 지난 10년간 브라질에서는 5만 명의 노동자가 산업 재해로 사망했다. 이는 인구가 1억이 넘는 미국의 6배에 달하는 수치이다. 매일 3천 건의 사고가 보고되며, 매년 50만 명의 브라질 노동자들이 직업 관련 사고로 장애를 입고 있다(Williams 1989).

현대 산업 사회와 장애

현대 산업 사회에서 벌어지는 장애 억압의 정치경제학과 주변부 국가에서 벌어지는 장애 억압의 정치경제학을 비교해 본다면 어떨까? 각 지역 내에도 차이가 있기 때문에 이 비교가 복잡하다는 사실만큼은 숙지해야 하겠지만, 어찌되었든 매우 비슷하다는 대답과 전혀 다르다는 대답, 양쪽 모두 답이 될 수 있다.

레이첼 허스트: 내 생각에는, [유럽을] 세 등급으로 구분할 수 있다. 그 중 첫 번째 등급에 포함되는 것이 북유럽 국가들과 네덜란드이다. 이들 국가에서는 오래 전부터 모든 시민에 대한 기회의 평등과 인권이라는 생각을 해왔다. … 대부분의 북유럽 국가들은 사회 복지 분야에서 다른 나라보다 두 배 이상의 돈을 지출해 왔다. … 내가 "식민 지배" 국가[영국, 프랑스, 독일, 스페인]라고 부르는 나라들의 상황은 조금 다르다. 계급과 엘리트주의라고 하는 오랜 전통이 장애인들에게 적대적이며, 그것은 실제로 사회의 기초로서 작용하고 있다. … 발전이 늦은 국가들[포르투갈, 이탈리아, 아일랜드, 그리스]의 경우에는 의미 있다고 할 만한 사회적 분배가 없다. 장애인에게 사용되는 재원은 분리되어, 전문적으로 운영되는 프로젝트나 프로그램으로 흘러 들어간다(Hurst 1955: 529).

비교에 대한 질문으로 돌아가 그 의미를 곰곰이 생각해 보면 알 수 있는 것이, 장애인들은 어디에서나 가난한데다가 권력이 없다는 것이 분명하다는 사실이다. 여기서 나는 미국을 잣대로 이용할 생각인데, 그 이유는 미국의 정치적-경제적 위치가 지배적이라는 점, 그리고 장애인들이 이룩해 온 주목할 만한 진보가 그곳에서 이루어졌다는 점[9] 때문이다. 우선, 전형적으로 장애인들은 비고용 상태라고 말할 수 있다(미국의 경우 66%[NCD 1994]). "경증"이라고 규정되는 장애인들 중 35.3%, 중증 장애인의 87.7%가 고용되지 않았다(USDOE 1992). 1992년에 장애인의 평균소득은 7,812달러였고, 공식적으로는 장애인의 42.3%가 "빈곤층," 즉 빈곤선 대비 125% 이하의 소득 수준으로 분류되었다. 이는 비장애인보다 4배 이상 높은 수치이다(ibid.). 명백한 사회적 함의들이 이 통계 수치에서 도출된다. 예를 들면, 장애인은 9학년 이하의 교육만 받을 확률이 비장애인의 4배 이상이다(NCD 1994). 또한 정치적으로는 장애인들의 영향력이 약해지고, 억압받는 다른 이들, 예를 들어 노동자나 여성, 흑인, 라틴계 사람, 게이 또는 레즈비언 같은 이들보다 투표권자로서의 중요성 역시 떨어진다. 하지만 이 결과들이 제3세계의 장애인들이 당하는 정치적-경제적 억압을 미국의 장애인들 역시 똑같이 경험하고 있다는 것을 보여 준다는 의미는 결코 아니다. 7,812달러의 연간 소득이 주변부 국가에서는 극도로 높은 수준이다. 65세 이하 성인 장애인의 33%가 직업을 갖고 있다는 통계 수치는 제3세계의 어떤 나라보다도 높은 고용 비율이다. 국가 경제라는 것이 본래 성장과 정체의 사이클을 번갈아 오간다고 하지만, 주변부 국가[제3세계 국가들]의 경제 상황은 성장기일 때조차 항구적 위기에 처해 있는 상태이다.

제3세계 국가들에서도 중요한 정치적 진보가 있었다고는 하지만, 그 범위와 힘은 제한적이다. 장애권리법Disability Right Law의 영역이 적절한 예일 것이다. 미국에서도 현존하는 법적 명령의 대부분은 강제 시행되지 않지만, 그래도 일단 법적 의지가 될 만한 가능성은 있다. 미국 사법부, 주정부의 장애 관련 기관, 그리고 주 및 연방 법원은 장애로 인한 차별 사례를 조사하기도 한다. (장애인들의 정치적 영향력이 주변부에 머무르고 있는 탓에) 지금까지 요구해 온 내용에 비하면 이 노력도 턱없이 부족하다고 생각할지 모르지만, 제3세계 국가들의 경우에는 이에 해당되는 법도, 강제력도, 법적 의지가 될 만한 것도 없다. 레이첼 허스트가 내게 말한 바에 따르면, '장애 권리' 문제가 대두되기 시작할 무렵 유럽은 저 멀리로 뒤처져 버리고 말았다.

경제력이 장애인들에게 어떤 영향을 미치는가 하는 예시는, 달리 말하면 장애인들이 어떻게 그리고 어디에서 이익을 만들어 내는가 하는 문제와 관련되어 있다. 복지 국가의 발전과 맞물려 있는 현대 산업 사회의 괄목할 만한 수준의 부유함은, 그 안에서 장애인들도 교환 가치를 얻을 수 있는 경제적 환경을 조성해 왔다. 사람들을 언제든 가져다 팔 수 있는 상품의 하나로 몰아넣음으로써 인간을 통제하고 비인간화시키는 자본의 힘으로 말이다.

약간의 부연 설명을 하겠다. 자본은 기계류나 총투자 — 대다수 경제학자들이 "인간이 만든" 생산 요소라고 정의하는 — 로만 인식되어서는 안 된다. 오히려 넓은 의미에서의 생산과 분배, 교환의 과정에서 사람들이 맺는 관계로 간주되어야 한다. 바로 이것이 마르크스가 『자본』과 『정치경제학 비판 요강』에서 2천 쪽에 걸쳐 주장했던 관점이다.[10] 이스트반 메사로스는 『자본을 넘어서 Beyond Capital』에서 "자본은 역사적으로 창조된 소유 관계"라고 썼으며, 뒤에서는 "통제의 양식"이라고 했다(1995: 13, 368).[11] 게다가 자본은 전 세계 상품의 교환을 규제하는 하나의 "법칙," 즉 가치의 법칙이 작동하는 생산, 분배, 교환의 이러한 과정들 내에 있다.[12] 세계 경제 체계의 발전에 따라 필요한 규제는 냉혹하게도 모든 것을 상품으로 바꾸어 버린다. 가장 중요하다고 할 수 있는 인간의 상품화 문제는 다른 인간에 의한 비인간화 및 착취와 함께 존재한다. 그리고 그것은 분명히 인생의 경제적 진실이 된다.

노동 시장에서 장애인들은 기껏해야 주변적 존재에 불과하지만, 그럼에도 불구하고 그들 역시 노동자들과 마찬가지로 상품화를 경험한다. 노동자들이 임금을 대가로 자신의 노동(력)을 팔 때 상품이 된다고 하면, 장애인들은 그들의 장애가 누군가의 이익으로 치환될 수 있는 교환 가치를 획득하는 순간 상품이 된다.[13] 이것이 바로 미국과 일본, 유럽에서 일어났던 일이다.

모든 산업 사회는 격리된 장애인들에게 제공할 재활, 교통, 교육, 고용, 주거, 서비스라는 "특별한" 장치를 만들어 왔다. 미국에서는 보조 교통수단paratransit, 사립학교, 개발업자, 고용과 서비스 알선 회사들이 장애인들을 격리시킴으로써 수백만 달러를 벌어들이고 있다. 장애인들은 이 자본의 힘에서 벗어날 수가 없다. 그 일례가 미국의 휠체어 산업이다. 자기 회사의 단기 수익을 극대화할 필요가 있었기 때문에 지난 30년 동안 에버레스트-제닝스 사社는 독점을 통해 가벼운 휠체어 개발 움직임에 족쇄를 채워 왔다. 회사의 가장 큰 시장은 보험사와 병원 — 사용하기에 편하든 말든 간에 무조건 휠체어를 사야만 하는 구매자들[환자들]이 오랜 시간 머물러야만 하는 바로 그 병원 — 이었다. 수십만 명의 사람들이 더 쉽게 움직일 수 있는 상황을 차단함으로써 에버레스트-제닝스 사는 수백만 달러를 벌어들였다.

또 다른 예는 더 많은 사람들과 관계되어 있는 요양원nursing home 산업이다. 수많은 연구들은 주택이든 아파트이든 간에 가정에서의 삶이 정신적으로 더 좋고 보다 충만하며, 요양소보다 비용도 적게 든다는 사실을 입증하고 있다.[14] 하지만 지역 공동체 생활을 촉진하던 연방 정부의 프로그램이 줄어들면서 이러한 시설들이 번창하게 되었다. 미국 의회가 메디케어Medicare와 메디케이드Medicade의 재정을 삭감한 것 역시 요양원의 거대 이익을 보장해 주는 결과를 초래했다. 장애 운동가들의 저널인 『마우스Mouth』(1995)에 따르면, 집에서 살면서 활동 보조원의 도움을 받는다면 연간 9,692달러만 지출해도 되는 190만 명의 장애인들이 요양원에서 살면서 연간 40,784달러를 쓰고 있다고 한다. 이 비용의 63%는 납세자들의 세금으로 충당된다. 1992년에는, 만약 집에서 거주했다면 최고가의 재가 서비스를 받은 것으로 계산한다 해도 27,649달러의 비용만을 지출했을 발달 장애인(DD) 77,618명이, 연간 평균 비용이 82,228달러에 달하는 주정부 소유 시설에서 생활했다. 조세 수입에서 재정 지원을 받는 연간 평균 비용이 58,569달러인 보호소에서 살고 있는 정신 질환 장애인들의 수는 150,257명이다. 또한 19,553명의 상이군인들은 1인당 75,641달러라는 엄청난 비용을 상이군인협회로부터 받는 시설에서 살고 있다.[15] 정부가 더 적은 수의 사람들에게 더 많은 비용을 쓰고 싶어 한다는 것은 논리적이지 못한 것으로 생각된다. 적어도 요양원 산업을 로비하면서 썼던 돈을 계산해 보기 전까지는 말이다. 요양원 산업은 정치인들을 포함해서 많은 부유 계층이 현명하게 투자해 온 성장 산업이다. 이 신용 사기의 전모는 단순하다. 몇몇 투자자들이 이익금을 나누어 가지게 될 요양 기관의 재정을 납세자들이 수십억 달러나 부담하고 있는 것뿐이니까 말이다.

요양원이 온정적인 기관이라거나 필수적인 휴식 공간이라는 발상은 최근 들어 그 본연의 의미를 많이 상실하고 말았지만, 그럼에도 불구하고 요양원에 재정을 충당해 주지 않을 수 없는 이유는 인간의 존엄성과는 동떨어진 온정주의 때문이다. 그동안 미국에서 행해진 공공 주택 정책들에서 알 수 있듯이, 그 경향은 일정 지역에 (잉여) 인구를 가둬두는 인간 창고warehouse 역할을 해줄 건물 건설에 편중되어 있다. 이것이 지금까지 노인 및 장애인과 관련된 역사였다. 이러한 시설들은 사회적 통제 방법으로 작용함과 동시에 어떤 이들을 부유하게 해주는 것이다.

우리에게는 이렇게 시설화된 생활 조직이나 요양원을 대치할 수 있는 우수한 대안이, 그리고 그 대안의 우수성에 대한 증거가 있다. 활동 보조원을 두고 집에서 살고 있는 중증 장애인들은 스스로가 통제할 수 있는 환경에서 살아가는 것이 시설화된 관리보다 훨씬 나은 것임을 입증해 보였다. 그러나 세계장애연구소에 따르면, "미국에서 살아가는 장애인들 중 960만 명은 세탁이나 옷 갈아입기 또는 설거지 등의 일상적인 활동에서 다른 이의 도움을 필요로 한다. 하지만 돈을 주고 활동 보조원을 고용한 사람은 200만 명이 되지 않는다. 대부분은 가족이나 친구에게 의존하고 있다"(WID 1995). 그러니 가족과 친구에게 의존하고 있는 760만 명의 장애인들은 언젠가 시설에 들어가게 될 수도 있다.

『장애 사업 The Disability Business』에서 게리 알브레히트는 "재활 치료"에 쓰이는 수십억 달러를 추정해 보았다. 병원이나 재활 기관에서부터 자선 단체나 보험 회사에 이르는 폭넓은 조사를 수행하는 과정에서, 알브레히트는 미국 정부가 국민 건강을 위해 지출하는 전체 비용 6,470억 달러(1988년 기준)의 8.4%가 요양원으로 흘러 들어간다는 사실을 지적해 냈다. 누가 그 돈을 갖는가? 주로 대형 회사들, 즉 후마나Humana, 미국병원조합Hospital Corporation of America(비벌리 엔터프라이즈Beverly Enterprises), 그리고 서미트 헬스Summit Health Ltd.와 같은 곳들이다(Albrecht 1992: 137-49). 장애의 미시적 정치경제학이 큰 사업이 되고 있는 것이다. 이는 선호도나 잘못된 정책의 문제가 아니다. 이는 장애의 정치경제학의 문제인 것이다.

정치경제학과 계급 분석을 넘어서?

이 장은 필히 주시해야 한다. 장애의 한정된 정치경제학에 관해서는 이미 기술한 바 있다. 하지만 나는 정치적-경제적 구조와 체계가 근본적으로 장애 억압 현상의 한 부분임을 보이고 싶다. 어떻게 그리고 어떤 식으로 장애인에 대한 착취와 상품화가 일어나고 있는지에 대한 자료와 분석을 내놓는다 해서 장애인들이 가난하고 무력하다는 단순한 사실이 변하는 것은 아니다. 더군다나 권력과 지배의 시대적 관계 속에서 나타나는 계급의 역할이라고 하는, 내가 보기에 무난해 보이는 제안 역시 시대에 뒤떨어진 쓸데없는 발언이라고 비난받을지 모르겠다. 수많은 구조적, 이데올로기적 변화를 통해, 계급 분석은 자꾸만 파편화되어 가는 세계 속에서 의심할 바 없는 유물이 되어 가고 있기 때문이다.

물론 이 관점에는 몇 가지 정당성이 있다. 계급의 이질적 기원과 비계급적 동질성 덕분에, 다시 말해 기존의 계급 규정은 신분, 자산, 직업 등에 따라 구별되는 사람들의 집단을 가리켰으나 장애의 경우 장애 자체가 하나의 동질성이 되기 때문에, 사회적 범주로서의 장애는 기존의 계급 규정에 맞지 않는다. 게다가 자본의 축적이 일어나는 방식도 포디즘에서 유연 축적으로 변화했으며, 권력 관계가 이데올로기적으로 강화되는 방식 역시 광고 및 대중 매체의 날로 커져가는 역량과 힘에 따라 변화했다.[16] 그렇다고는 해도 최종 분석에서 등장한 계급에 대한 반감이 독자들에게는 전통 사회학과 부르주아 경제 이론의 케케묵은 계급 부정을 반복하는 것처럼 보일지도 모르고, 더 심하게는 정치적-경제적 필요성을 동력으로 한 근본적인 변동에 과민 반응하는 좌절한 좌파주의 학자들의 패배주의처럼 보일지도 모르겠다. 지난 5백 년 동안 축적과 통제에 대한 욕구는 변하지 않았다. 20년이나 50년 전에 비한다면, 오늘날의 이윤 극대화를 위한 냉혹하고 무자비한 돌진은 더 이상 선택의 여지도 없고, 피해 갈 수 있는 길도 아니다. 사실 세계의 정치-경제 체계는 그 어느 때보다도 더 유동적이지만, 동시에 서로 통합되어 있다. 국제화internationalization를 대체한 세계화globalization의 과정에서 외국의 자본이 컴퓨터를 매개로 광섬유를 타고 몇

마이크로 초[1백만 분의 1초]의 속도로 국경을 넘나들 뿐만 아니라, 경제 활동이라는 측면에서는 국제적으로 확산되면서 그것을 기능적으로 통제한다. 나는 이러한 세계화된 정치경제학 때문에, 심지어 아주 먼 곳에 있다 할지라도, 장애인들의 삶에서는 계급의 중요성이 커지면 커졌지 결코 작아지지 않으리라 믿고 있다.

낸시 하트삭의 지적에 따르면, 정치경제학이 중요한 것은 그것을 통해 이러한 발전의 역동성을 이해할 수 있을 뿐만 아니라, 일상적 삶에 와 닿는 다른 중요한 영향들을 이해할 수 있게 해주는 맥락을 제공하기 때문이다. "사람들은 물질적 삶[마르크스 이론에서의 계급적 지위]이 사회관계를 구성하기도 하지만 그 관계를 이해하는 데 제약을 가하기도 하며, 지배 체제 안에서 통치자가 가질 수 있는 전망이란 것이 부분적이며 실제 질서에 역행하는 것일 수 있다는 주장을 포기하지 않는다고 나는 계속 주장하고 싶다"(1990: 172). 정치경제학이 없으면 문화와 이데올로기, 의식 등은 응집력을 잃거나 모호해지는 경우가 많다. 내가 말하고자 하는 것은 그사이의 관계가 정치경제학에서 나머지 모든 것이라는 식으로 일방적이라는 말이 아니다. 이것들은 다각적이며, 상호 형성해 나가는 것이다. 정치적-경제적, 문화적, 가족적, 성별, 인종적, 이데올로기적, 종교적, 합법적 구조들은 모두 상호 의존적이다. 그렇기는 하지만 사람, 집단, 신념 체계, 사회 구조, 이데올로기들을 상호 간의 관계에 따라 자리매김하는 것은 정치적-경제적 구조이다. 억압의 문제로 들어가 보면, 정치적-경제적 구조는 지배와 복종의 체계나 우월과 열등의 이데올로기를 만들어 내는 생산 주체이며, 동시에 그 체계나 이데올로기의 생산물인 것이다.

4장
문화(들)와 신념 체계

문화는 사람들이 사고하는 방식과 내용에 지대한 영향을 미친다. 종교적이든 미학적이든 또는 도덕적/윤리적, 정치적, 철학적이든 간에 개인의 신념이 그들의 세계관을 형성하는 것이다. 여기서 세계관은 의미를 포함할 뿐만 아니라, 의례나 습관, 법률, 어법, 표정, 신체 이미지, 성과 성욕, 가공물, 게임 등과 신념의 관계에 자리 잡고 있는 것을 말한다. 문화는 "상징적인 것들의 영역, 즉 특정 시기와 특정 장소에서 특정 집단의 일원이 됨으로써 내재화하게 된 가치와 신념, 가설, 이상이 무정형으로 얽힌 거미줄 같은 것이다. 우리가 살아가면서 지켜 가는 것들은 모두 우리가 문화라고 부르는 영역 내에서 이루어진다. 무엇이 옳고 그르며 공정하고 자연스럽고 바람직하고 가능한지를 습득하는 것도 문화 속에서이다"(NACLA 1994: 15). 신념이나 신화, 전통과 의례, 제도와 교리에 미치는 문화의 영향력에는 개별적이면서 사회적인 의미가 있다. 첫째, 문화는 지배와 복종의 환경이자 그 매개물이다. 사회의 신념, 사고, 가치는 분명히 지배 문화를 반영하지만, 이를 재생산하는 데 도움을 주기도 하는 것이다. 둘째, 거기서 태어난 신념과 태도는 단순히 종교적 확신이나 교육, 계급, 언어, 상징이나 표현

또는 매스미디어 중 어느 한 가지만으로 결정되는 것이 아니라 이 모든 것의 상호 작용에 의해 형성되는 것이다.

장애에 대한 신념과 태도는 개별적으로 경험되는 것이지만, 사실은 사회적으로 만들어지는 것이다. 거의 예외 없이, 이는 장애에 대해 경멸적인 입장을 취하고 있다. 이 신념과 태도는 온정주의적이며, 가학적이거나 위선적인 경우도 많다. 경멸적인 태도가 노골적으로 드러나지 않을 때 장애인들이 많이 경험하게 되는 것은 장애인에 대해 용감하고 대단한 사람이라는 태도를 취하면서도 "동정"의 대상으로 삼는 역설적인 모습이다. "나라면 저렇게 살 수 없을 거야, 저 사람은 정말 강한 사람이야" 또는 "그녀는 성공하기 위해 너무나 많은 것을 극복해야만 했어"와 같은 태도들은 동정이나 모욕, 수치와 같은 생각에서 나오며, 또 그런 생각들을 증폭시키는 역할을 한다. 장애인이 "성공"했거나 잘 살고 있는 듯해 보이면, 그 사람은 굉장히 무모하고 용감하거나 특별하거나 똑똑한 사람으로 여겨진다. 장애는 본질적으로 두렵거나 비정상적인 것이라는 전제를 배경으로 하는 상황이기 때문에 "정상" 혹은 평범한 삶을 살아가는 이들이라면 누구라도 비범한 사람으로 간주되는 것이다.

태도는 다른 측면에서도 역설적이다. 몇몇 문화권에서는, 예를 들어 나이지리아의 요루바족이나 소말리아의 위베르족의 경우 (그 원인은 비극으로 간주된다 할지라도) '장애'에는 신神에 버금가는 정도의 지위가 부여된다. 예술 사학자인 울리 바이어는 20여 년 전에 이를 지적했다. "요루바 족의 창조 설화에서는 우바탈라가 인류를 진흙으로 빚어 만들었다고 한다. 그는 형상을 다 만들면 그것들을 올로룸에게 가져다주곤 했고, 그러면 올로룸은 그 형상들에게 생명을 불어넣어 주었다. 하지만 어느 날 우바탈라는 술에 취하고 말았다. 그날 그는 알비노albino, 지체 장애인, 시각 장애인 등을 만들었다. 그날을 기리는 의미에서 오리사 신도들에게는 야자수 술을 마시는 행위가 금지되었다. 그리고 심신 장애를 가진 이들은 신께 특별히 바쳐진 존재로 간주되면서 사당에서 다소 중요한 지위를 얻게 되었다"(1969: 12).[1]

장애에 대한 태도의 일반 법칙

브라질 장애인들이 경험하는 문제는 역사와, 그리고 브라질 사람들이 전반적으로 처해 있는 상황과 밀접하게 연관되어 있다. 1) 소수 집단과 다른 사회 집단에 대한 편견이 없고, 2) 이 집단의 사람들은 보다 큰 사회 속에 잘 통합되어 있다는 식의 견해에 대해 책임을 져야 하는 것은 지금까지 브라질의 엘리트들이 취해 온 온정주의적 접근 방식이다.

(브라질) 장애인권 운동 프로그램 중에서

친척들이 주기적으로 우리 집을 방문해서는, 나에게 몸은 어떤지, 살림은 어떻게 꾸려 나가는지를 묻곤 하죠. 하지만 그들의 말투를 들어 보면, 그들은 내가 이제 막 중환자실을 벗어났거나, 지금 죽어 가고 있거나, 혹은 지금 투병중이라고 진심으로 느끼는 듯해요.

란가 무핀두, 짐바브웨 전국장애인협의회 실행위원장

장애 억압의 중심부에 자리하고 있는 것이 바로 온정주의이다. 온정주의가 시작되는 지점은 우월감에 대한 믿음이다. 즉, 이 사람들 대신에, 이들의 개인적 의지나 문화나 전통이나 주권 따위 대신에, 우리가 이 "주체"들을 통제해야만 하고 또 통제할 수 있다는 생각 말이다. 그러니 야만인들은 (자신들의 선의에 따라) 개화되어야 할 필가 있고, 장애인들은 (자신들의 선의에 따라) 보살핌을 받아야 하며, 이 교도들은 (자신들의 선의에 따라) 구원받아야 한다는 것이다. 온정주의를 미묘하다고 느끼게 되는 경우가 많은 이유는 억압의 주체를 자애로운 사람이나 보호자로 위장해 버리기 때문이다. 『롤, 조던 롤*Roll, Jordan Roll*』에서 유진 제노베스는 온정주의에 대하여 가장 잘 알려져 있다고 할 만한 설명을 하고 있다.

> 옛 남부[남북전쟁 전의 미국 남부]에서 흑인과 백인들이 만들어 냈던 것은 역사적으로 독특한 종류의 온정주의 사회였다. … 다른 온정주의들과 마찬가지로 남부의 온정주의 역시 노예 소유자(Ole Massa, 즉 Old Master)가 보여 주는 외견상의 선행이나 친절함, 선량한 격려 따위와는 아무런 상관도 없는 것이다. 이는 훈육에 대한 필요에서 생겨난 것이며, 착취 체계를 도덕적으로 정당화해 주었을 뿐이다. … 노예 소유자들에게 있어 온정주의란 노예제에 내재된 근본적 모순 ― 즉, 인간으로 존재해야 하지만 존재할 수 없는 노예들이 지닌 불가능성 ― 을 극복하고자 하는 시도를 표상한다. 온정주의에 따르면, 노예들의 비자발적인 노동은 주인이 행하는 보호와 관리에 대한 합당한 보상으로 정의된다(1976: 4-5).

온정주의는 그 대상을 어린아이 혹은 어린아이와 같은 수준의 사람으로 치환시키는 경우가 많다. 이는 온정주의가 장애 문제와 관련될 때 가장 눈에 띄는 특징이기도 하다. 길을 건너는 시각 장애인에게 도움이 필요한지 묻지도 않은 채 팔을 낚아채며 "도와주는" 사람에게서 온정주의를 경험할 수 있다. 이는 휠체어 사용자들에게도 마찬가지로 일어나는 일이다. 식당의 웨이터가 장애인 당사자 대신 동행한 사람에게 "이 숙녀 분은 무엇을 주문하실 건가요?"라고 묻는 일 또한 같은 경험이다. 그리고 당사자들의 소망에 역행하는 장애인 시설 수용도 그러하다. 지식과 관계없는 학습 과정을 통해 돈을 벌 수 있는 기능만을 배우거나, 또는 귀여운 장애 아동들이 수공예품 만드는 일만 배우는 것, 또는 그 아이들을 돕기 위한 자비심도 이 온정주의가 만들어 냈다. 그 밖에도 매일 매일의 삶 속에서는 수천 가지의 다른 실제 사례들이 있다. 그러나 다른 무엇보다도 장애인은 본질적으로 열등하며 자신의 삶을 스스로 책임질 수 없다는 가정이 온정주의의 대표적인 특징이다.

여성들 또한 이러한 온정주의를 경험한다. 헨릭 입센은 『인형의 집』에서 이를 보여 주었다. 문학사에서, 입센이 그려낸 노라는 유치하고 유약한 여성과는 반대되는 이미지를 구축해 가면서 남성 중심의 온정주의에 도전한 최초의 인물 중 하나였다

> 노라: 지난 8년 내내, 아니 그보다 더 오래 전에 우리가 처음 만났던 그날부터, 우리는 진지한 이야기를 해본 적이 없어.
> 헬무트: 내가 당신을 배려한 것이, 그것이 당신에게 그렇게 견딜 수 없을 정도로 괴로웠어?
> 노라: 난 지금 그런 배려를 말하는 게 아니라고. 우리가 무엇인가에 대해 끝까지 진지하게 대화를 나누어 본 적이 없다는 말을 하는 거야.
> 헬무트: 대체 왜? 나의 사랑하는 노라, 뭔가 진지해져야 할 일이라도 있는 건가?
> 노라: 당신은 늘 그런 식이지. 당신은 나를 절대로 이해하려 들지 않았어. 난 지금까지 부당한 일을 너무 많이 당했어. 처음엔 아버지에게 그리고 다음에는 당신에게 말이야.
> (Schneir에서 인용, 1972: 182)

여성은 무력하거나 연약하다는 근거 없는 믿음은 항상 여성 억압

의 이데올로기적 기본 틀, 즉 입센보다 100년 전에 메리 울스턴크래프트가 "인류라는 종種의 절반을 격하시키는 일이며, 다른 모든 명백한 장점들을 희생시켜 착하기만 한 여성으로 만드는 것"이라고 썼던 온정주의가 되어 왔다(ibid., 7). 노예들에게 노동의 책무를 맡겼던 노예제에서의 온정주의와는 달리, 여성이나 장애인에 대한 온정주의는 스스로의 책임에 대한 고유의 능력이나 관심을 부정하는 것이다.[2]

다른 지배 이데올로기와 마찬가지로 온정주의는 부분적인 경험들을 바탕으로 만들어진다. 엘렌 맥신스 우드와 페리 앤더슨이 이야기했듯이, 제아무리 지배 이데올로기의 강력한 지지를 받는다 할지라도, 부분적으로나마 사람들의 진정한 경험이 반영되지 않는다면 그 어떤 사고도 확립될 수 없는 법이기 때문이다(Wood 1986: 149). 그리고 이 온정주의는, 아주 최근에 이르기까지, 인정과 존경과 책임을 요구하면서 후진적인 지배 문화에 대항해 본 적이 없는 장애인들에게는 특히 강력하게 작용해 왔다. 장애인들이 개별적으로 온정주의에 의한 비하, 즉 지위 강등degradation에 저항해 왔는지 모르겠지만, 집단적으로 저항했던 적은 없었다.

게다가 많은 신념 체계는 장애를 물리적으로나 형이상학적으로 더럽혀진 상태로 여기는 온정주의와 결합되어 있다. 이런 상황이 특히 현저하게 나타나는 것은 제3세계 중에서도 가장 저발전된 지역에서 그렇지만, 세계 어디에나 존재하는 것이기도 하다. 무엇보다도 중요한 것은 장애인이 애당초부터 열등한 존재로, 그리고 불운, 불행이나 종교적 처벌의 체현體現으로 간주된다는 사실이다. 무엇보다도, 대부분의 사람들은 장애인을 생각할 때 '장애' 자체에만 관심을 둔다. 인간성은 발가벗겨지고, 한 인간으로서의 존재감도 사라지고, 단지 '장애'라는 이름의 조건만이 남는다. 어빙 졸라가 장애인들을 "맹인the blind," "귀머거리the deaf," "장애자the disabled"라는 표현으로 묘사해서는 절대 안 된다고 주장했던 이유가 바로 이것이다. 그는 "어떤 단어를 사용하더라도 개인이 지닌 장애의 특징을 그 사람과 동일시하는 것을 피할 수 없다"(1984: 2)라고 덧붙이고 있다.

페미니스트들이 온정주의에 대해 분명하고 효과적인 비난을 해오기는 했지만, 온정주의는 아직도 강력한 이데올로기로 존재한다. 나는 온정주의에 대해 비슷한 경험적 근거를 갖고 있다는 점에서 여성 억압의 현상학과 장애 억압의 현상학이 맥을 같이한다고 말하고 싶다. 내가 장애인들을 인터뷰했을때, 장애에 대한 태도에서 흔히 나타났던 두 가지 감정은 여성들이 경험해 온 감정인 '동정'과 '수치'였다.

동정pity과 수치shame는 장애에 대한 태도 형성에 있어 가장 중요한 온정주의의 양면이라고 할 수 있다. 수치는 '들여다보는 것'이고 동정은 '바라보는 것'이다.『여성성과 지배』에서 산드라 바트키는 이렇게 기술하고 있다. "수치는 우선적으로 스스로를 열등하고 결함 있는 또는 훼손된 존재로 인식함으로써 생겨나는 정신적 고통의 한 종류라고 특징지을 수 있다"(1990: 85). 수치는 다른 사람과의 관계에서 나타난다. 다시 말해, 장애인이나 그 가족 또는 친구들은 그들 자신이 다른 사람 앞에서 혹은 사회 내에서 장애와 관련될 때 수치심을 느낀다는 뜻이다. 바트키는 사르트르의 말을 인용하면서 이 점을 지적한다. 수치심은 "본래 구조적으로 타자 앞에서의 수치이다"(ibid.). 동정은 그 근원인 온정주의와 마찬가지로 우월성을 전제로 한다. 이것은 사람들에게 투사되는 것이다. 장애인은 우선 동정의 대상이 된다. 장애인의 삶은 부족하(다고 간주된)다. 왜냐하면 장애인은 몸과 마음이 부족하(다고 간주되)기 때문이다. 동정한다는 것은 실제로 바라본다는 것이며, 대상이 꺼려지는 것이다. 동정은 시각에 뿌리를 둔 감정이다. 동정에는 그 외의 다른 요소가 개입되지 않는다. 앞을 보지 못하거나 휠체어를 사용하는 사람이 행복할 수도, 부유할 수도, 그리고 잘 적응해서 살고 있을지도 모르지만, 그런 이들과 마주친 사람들은 대부분 즉각적으로 그들에게 동정을 느끼게 되는 것이다.

장애에 대한 태도의 세 가지 원천

장애에 대한 태도가 전반적으로 부정적인 이유를 이해하기 위해서는, 사회화 과정에서 결정적으로 중요한 역할을 해온 사회문화적 범주 안으로 들어가 장애에 대한 태도의 계보를 추적해 볼 필요가 있다. 여기에서는 몸/이미지, 종교, 그리고 언어라는 세 가지에 집중하고자 한다. 이 세 가지는 그 자체로서 그리고 다른 영향력들과 결합하여 전 세계 절대 다수의 사람들이 갖는 장애에 대한 태도를 형성하고 있다.

― 몸: 과학과 이미지가 만나는 곳

포로, 나 자신의 몸에 의해 멈춰 버린 상태. 나는 여기, 이 부드러운 눈송이를 바라보며, 그것이 뒤에 남긴 무기력함이라는 꿈에 사로잡힌 채 끓어오르는 마음을 억지로 삭이며 앉아 있다. 메인 주에 있을 때는 나 스스로를 위하여 격렬하게 싸웠다. 바람과, 눈과, 뼈를 에이는 추위와, 그리고 물론 고독과도. 희망은 없었다. 나도 알고 있었다. 그러나 나는 맞섰다. 행운은 끝났지만 나는 희망이 없다는 사실을 잊을 정도로 그 투쟁 하나하나에 열중해 있었다. (자기 위안이라, 하.) 이 시간, 나의 적은 나 자신, 암으로 산산이 부서진 성전인 내 몸, 봉제 인형처럼 누더기로 꿰매 놓은 내 몸뚱어리다.

진 스튜어트의 『몸의 기억』에 나오는 독백

역사적으로 볼 때, 장애는 선험적으로 의료적 관점에서 아픈 사람(장애인)으로 간주되어 왔다. 사실 장애는 질병과는 관련이 없지만 의료 범주로 분류된다. 일단 의료 범주에 포함되면, 그 정의에 따라 장애인은 기본적으로 몸과 마음이 건강하지 않은, 아픈 사람이 되고 만다. 장애인들은 그들의 "몸"이나 외견에 따라 분류되고 정의되는 경우가 많다. 과학 — 즉, 의료화medicalization — 과 몸 — 즉, 이미지 — 의 혼합은 강력한 속박이 된다.

오늘날 "몸"은 학계에서 매우 뜨거운 주제가 되었다. 이는 탈구조주의poststructuralism, 특히 미셸 푸코의 이론이 패권을 장악하기 시작한 시기에 일어난 일이다. 푸코의 이론은 권력으로 해석된다. 몇 가지 의문점에 대한 자신의 견해를 축약함으로써 그는 재빠르게 몸에 관한 내용에 도달한다. "내가 정말로 궁금해 하는 것은, 이데올로기에 대한 연구를 시작하기 전에 몸 자체와 그에 미치는 권력에 대한 의문을 공부하는 것이 더욱 유물론자다운 태도가 아닌가 하는 점이다"(Foucault 1980: 58). 몸에 관한 질문은 장애에 대한 태도를 연구하는 데 있어서 너무나도 중요하다. 로즈마리 갤런드 톰슨은 이렇게 쓰고 있다. "전통적으로 우리가 장애에 대해 생각할 때, 장애와 관련된 제반 문제들은 사람들이 처한 환경과 몸 사이에서 일어나는 상호 작용이라기보다는 몸 자체에서 나타나는 문제인 것처럼 여겨졌다. 즉, 논점을 위장해 온 것이다"(1995: 16).

문화에 의해, 우리는 신체적 특징이 우리의 가치와 지위를 결정한다고 여겼다. 존 톰슨은 『이데올로기와 현대 문화Ideology and Modern Culture』에서 이를 가리켜 "가치 결정의 과정process of valorization"이라고 명명했다(1990: 145). 미국인들에게는 기형으로 간주되는 얼굴의 상처가 아프리카의 다호메이에서는 영광스러운 훈장이 된다. 대부분의 문화권에서 뚱뚱한 것은 매력적이지 않은 것이지만, 폴리네시아에서는 아름다운 것이다. 또한 비만을 매력 없는 것이라고 생각하는 문화권 중에서 몇 곳인가는, 바트키의 표현을 따르자면, "마름의 폭정"이라는 것의 영향을 다른 곳보다 더 많이 받았다(1990: 73). 예를 들어, 많은 아시아 문화권에서 몸은 매력적인 사람으로 보이게 만드는 요소의 하나일 뿐이지만, 라틴아메리카나 북아메리카에서는 필수적인 요소이다. 푸코는 장애의 의료화 과정의 역사를 모두 고찰하기에는 다소 제한적인, 그러나 분명 흥미로운 점을 제시하고 있다.[3] 푸코의 패러다임에서는 억압이 일어나고 있음을 실증할 수 있는 유일한 "진실," 또는 억압이 일어나는 장소로서 몸을 바라보고 있기 때문에, 장애를 사회적으로 억압받는 조건으로 가정하는 장애인권 운동의 정치적 입장을 부정하고 있다. 장애인권 운동의 이러한 관점은 또한 인류학자 테렌스 터너의 탈구조주의에 대한 비판을 통해 더욱 발전했다. "현재의 문화 이론에서 벌어지고 있는 몸에 대한 물신 숭배는 역사에 의해 성장한 자의식이라기보다는 오히려 현대 몸 이론의 수많은 선도적 지지자들이 초극하기를 주장해 온 바로 그것의 이데올로기적 물화reification의 한 예로 이해될 수 있다"(1995: 170). 터너가 말하고자 하는 것은, 몸이라는 것 또한 다른 문화들과 마찬가지로 역사적이고도 사회적인 과정, 무엇보다도 실질적인 행동 속에서 형성된다는 점이다. 장애를 가진 개별적 몸에 대한 억압은 장애인에 대한 억압의 기초가 되는 것이 아니라 모든 사람들에 대한 몸의 억압의 기초가 된다.

최근에는 신체화embodiment와 장애disability에 대한 연구와 저술이 많다. 그 범위는 장애인권 운동가인 진 스튜어트의 소설 『몸의 기억 The Body's Memory』에서 인류학자 로버트 머피의 역사 기술서 『침묵하는 몸 The Body Silent』을 거쳐 젤리아 프랭크의 『신체화에 대하여 On Embodiment』에 이를 정도이다. 이 책들은 모두 장애 입은 몸을 주요 내용으로 다루고 있다. 그 내용은 또 얼마나 다양한가! 진 스튜어트의 주인공 케이트는 일련의 시와 편지를 통해 장애를 입은 자신의 몸을 억압당하는 몸으로 전개해 간다. 스튜어트의 경우에는 장애인권 운동에 참여하면서 개인적인 장애 경험을 형성하게 되었다. 그러나 장애인권 운동에 참여해 본 적이 없는 머피의 입장은 눈에 띄게 다르다. 그가 말하는 소외는 장애를 정체성에 대한 일방적 공격이자 가족과 공동체로부터의 필연적인 이동 또는 격리로 인지하는 패배주의 속에 존재하는 것이다. 장애에 대한 머피 자신의 경험의 정확성에 문제 제기를 하지 않은 채 그의 해석을 일반에 확대 적용하는 것은 조금 곤란할 것이다. 개인적인 수준에서 머피는 정체성, 통찰력 그리고 동지애와 같은 말로 표현되는, 장애로 인하여 (잠재적으로) 체득하게 되는 것을 간과하고 있다. 젤리아 프랭크는 장애 입은 몸을 다루는 과정에서 관찰적 접근법을 취한다. 몸 중심적이며 반동적인 방식임에도 불구하고, 다이앤 드브리스의 자의식 성장에 관한 그녀의 연구는 장애 여성이 어떻게 해서 긍정적 자아상self-images을 발전시켜 나가는지를 이해하는 데 있어 중대한 기여를 하고 있다.

    일상생활의 신체적 활동 속에서 장애는 그 자체로 현실을 표방하며, 그렇기 때문에 제약을 이해하지 못하는 경우가 많다. 신체적인 것이든 감각적인 것이든 혹은 인지적인 것이든 간에 이러한 제약들은 특정한 문화 속에 존재하는 이미지, 의미, 의례, 풍속을 생산하고 변형하며 수용하기 위한 자극제로서 기능한다. 대중문화는 몸에 대한 이미지에 심취해 왔다. 몸은 맥주에서 검은 콩 소스에 이르는 모든 것을 팔아치우는 상품이 된 상태이다. 팔 수 있는 몸은 아름다운 몸이고, 아름다움은 지배 문화가 그 이미지를 어떤 식으로 만들어 내고 시장에서 거래하는가에 따라 정의된다. 특히 최근에는 성 관련 문제에서 그렇다. 많은 미래학자들은 조만간 아름다운 몸과 성sex 자체를 구별하기 어렵게 될 것이라고 주장한다.[4]

이것은 장애 억압에 따르는 부수적 현상이다. 미래에는 몸과 성적 이미지의 중요성이, 특히 그것들이 교집합을 이루는 지점에서 장애인들에게 미칠 충격이 점점 더 커지리라는 점에는 의심의 여지가 없다. 장애인권 운동에서는 아름다운 몸을 파는 것, 그리고 그것과 성의 연결 관계가 페미니즘에서 비롯된 통렬한 비판과 함께 존재해 왔음을 잊어서는 안 된다(Galler 1984; Hooks 1992; Morrison 1970; Wolf 1991). 이러한 이미지들이 모두 대중문화로 흡수되면 될수록 사람이 그러한 이미지에 따라 정의되는 일도 늘어날 것이다. 그런 결과는 특히 장애 여성에게 좋지 않다.

호사엘라 베후만 비엘레흐: 장애 여성과 장애 남성이 경험하는 차별의 표면적 유사성에도 불구하고 성적 관심과 애정affection이라는 면에서 보면 분명히 다른 점이 존재한다. 브라질 같은 라틴 국가들에는 완벽한 몸을 가진 여성을 "이상적"이라고 여기는 마초적인 미학의 기준이 있다. 미디어에 의해 철저하게 이용되고 있는 이 기준 때문에 장애 여성과 장애 남성 사이에는 엄청난 차이가 생기는 것이다.

수많은 문화에서 장애 여성에 대한 잔혹한 처우는, 그들이 여성임과 동시에 장애를 가진 여성이라는 이중적인 몸의 지위를 바탕으로 하는 비인간화를 그 근거로 하고 있다. 내가 인터뷰했던 여성들 중 몇 명은 성장 과정에서 가족들이 자신에게 요구했던 것은 집안일을 하는 존재였을 뿐 성적으로 적극적인 여성은 아니었다고 이야기했다. 어릴 적에 집에 몸 전체를 비출 수 있는 전신 거울이 없었다는 여성들도 있었다. 한 여성은 어렸을 때, "네 오빠들이 결혼하면 너는 오빠와 함께 살면서 조카들을 돌보면 되겠구나"라는 말을 자주 들었다고 했다. 게다가 외모, 몸짓, 표정이나 자세처럼 몸과 관련된 일상의 문제들은 거의 모두가 무시되었으며, 특히 성적 관심과 같은 것들은 극단적으로 문제시되었다.

장애 입은 몸에 대한 현재의 이미지가 내포하는 내용은 명백하다. 그것은 비정상이며 추하다는 것이다. 그 이미지에 의해 장애인은 필연적으로 무성無性적인 존재가 된다. 이는 아주 강력한 믿음이다. 이는 장애의 의료화의 산물일 뿐만 아니라 장애인에게 항구적으로 어린아이의 지위만을 허락하는 온정주의의 결과이자 그러한 온정주의를 강화해 주는 근거가 되기 때문이다.

마리아 파울라 테페리노: 내가 결혼했을 때, 많은 사람들은 우리 가정부에게 우리 부부가 성관계를 가졌는지에 대해 물어보았다. 예를 들어, 거리에서 마주치는 이들은 우리가 아기를 가질 수 있는지 묻곤 했다. 바로 그것이 많은 이들이 궁금해 하는 첫 번째 질문이었다.

코르넬리오 누녜즈 오르다즈: 나는 25살이었던 1978년에 결혼했다. 내 아내는 재활 센터로 가는 길에 만났다. 처음에는 친구였고, 나중에 결혼을 하게 되었다. 그녀의 친구들이 장애인과 만나면 안 된다고 생각했기 때문에 우리가 함께 있는 것은 쉽지 않은 일이었다. 확신할 수는 없지만 우리가 성관계를 가지지 않거나 혹은 가질 수 없다고 생각했던 것 같다. 아내가 첫 임신을 했을 때, 수많은 친구들과 가족들은 아기가 장애를 가지고 태어날까봐 염려된다고 말했다.

장애인들에게 있어서 성이라는 문제는 장애에 대한 근거 없는 믿음과 성의 관계를 명확하게 보여 준다. 여기서는 성적 관심, 여성 차별주의, 온정주의, 그리고 성적 억압이라는 문제들이 미치는 영향력들이 함께 온갖 역설적인 상황을 만들어 낸다.

마리아 파울라 테페리노: 브라질에는 몸에 대한 맹목적 숭배 같은 것이 존재한다. 우리 말로는 그것을 쿨투 아우 코르푸Culto ao Corpo라고 한다. 우리나라 사람들은 아름다운 다리와 엉덩이를 진심으로 바란다. 사내다움이 너무 강한데다가, 이는 많은 남자들이 여자를 생각하는 방식에 영향을 미치고 있다. 이런 강력한 마초 문화 때문에 많은 남성들은 장애 여성이 남성을 만족시킬 수 없다고 믿고 있다. 심지어 장애 여성은 아이를 가질 수 없다고 믿는 사람들도 많다. 브라질 사람들에게 아들을 낳는 것은 필수적인 일이다. … [내가 자랄 때] 우리 어머니는 늘 나를 잘 차려 입히고 예쁘게 보이도록 꾸며 주셨지만, 한 번도 내가 결혼을 할 것이라고는 생각하지 않았을 것이다. 내가 지적이고 자립적인 삶을 살 것이라고 믿으셨음에도 불구하고 데이트나 성적 관심에 대한 이야기를 어머니와 함께 해본 적이 전혀 없었다는 것은 참 이상한 일이다. 혼란스럽고 이중적인 말이라고 생각되지만, 과거를 돌이켜보면 놀랄 필요도 없을 것이다. 우리의 마초 문화에 근거하고 있는, 장애와 성에 대한 잘못된 믿음과 고정 관념들 때문에 나의 어머니 역시 그런 생각을 갖게 된 것이다.

많은 운동가들에 의하면, 장애를 입게 되었을 때 마초적 세계관에 길들여진 남성일수록 더욱 심하게 스스로를 부정적으로 인식하게 된다.

페데리코 플라이슈만: 멕시코 남자가 당신과 같은 사고를 당했다면, 그리고 그때의 나이가 40세 정도라면, 이는 끝장이라고 할 수 있다. 내가 아는 한, 이런 종류의 문제점을 극복해 낸 사람은 단 한 사람도 없다. 그들은 집 안에 머무르면서 자신을 반쪽짜리 인간이라고 생각하게 된다. 마초 이미지가 너무 강한 문화 때문에 상황은 매우 어렵다. 축구를 할

수 없다면, 그 삶은 어떤 가치도 없는 것이다. 멕시코의 마초적 문화에서 남자가 장애인이 된다는 것은 너무나 부정적인 결과를 낳게 된다.

이러한 관념들은 라틴아메리카를 넘어 더 넓게 퍼져 있다.

리지 맘부라: 짐바브웨의 경우, 장애 여성에 대한 태도는 매우 후진적이다. 예를 들면, 내 고향마을이나 불라와요에서 나는 장애가 있기 때문에 어떤 남자도 나를 여자로는 보지 않을 것이라는 말을 여러 번 들었다. 사실, 내가 자신의 아내라고 말하고 다니는 이상한 남자가 있었는데, 그건 굉장히 화나는 일이었다. 결국 수많은 노력 끝에 나는 아주 차분하게, 그에게 그런 행동을 그만둬 줄 것을 요구했다. 그는 누구도 나를 원하지 않기 때문에 자기가 호의를 베푸는 것이라고 했다. 그때 나는 과감하게 그에 맞섰고, 그 일 이후로 내가 조금 더 강해졌다고 느끼게 되었다. 뭐랄까, 스스로를 위해 하는 말의 힘을 느낄 수 있었다. 내가 이끌고 있는 여성 프로젝트 역시 이것을 최종 목표로 삼고 있다. 즉, 지도자나 그 밖의 사람들이 자기주장을 할 수 있도록 훈련시키는 모임이나 연수회를 여는 일 같은 것들 말이다. 말을 한다는 것은 우리의 권리, 즉 일할 권리, 결혼할 권리, 아이를 가질 권리를 분명히 표현한다는 것이다. 불행하게도 우리는 극소수에 불과하다. 가장 큰 문제는 장애 여성이 결혼을 하고 일을 갖는 것이 무척 어렵다는 점이다. [장애 여성과] 결혼하고 싶어 하는 남성이 나타나도 남자의 부모가 허락하지 않는다. 아들이 장애 여성과 결혼을 하는 것은 가정에 불행이나 불운을 불러들인다고 믿기 때문이다. 또한 광범위한 실업 문제 때문에 직장을 구하는 것이 원래 어려운 데다가, 짐바브웨의 문화적 풍토가 여성들이 고향 마을에 머물 것을 기대하는 편이기도 하다. 그렇게 마을에 머무르게 된 장애 여성은 마을 사람들에게서, 심지어는 가족들에게서도 배제되기 때문에,

이는 장애 여성들에게는 이중으로 좋지 않은 상황이다.

파딜라 라가디엔: 내가 여성 문제에 참여하게 된 것은 차별 문제보다는 오히려 성 문제 때문이었다. 장애 운동을 하면서, 장애 여성은 아이를 가질 수 없다거나 무성적인 존재로 간주되거나 불임을 강요받는 일도 많다는 이야기를 듣고, 인간의 권리를 위해 싸우게 된 것이다. 남아프리카공화국에서는 그 누구도 장애 여성을 위해 볼라[결혼 지참금]를 지불하려 하지 않기 때문에, 가족들은 장애 여성을 교육시키거나 교육을 지원해 주지 않는다.

서구 문화도 비슷한 상황이라는 사실을 간과해서는 안 된다. 하릴린 루소는「장애를 가진 딸들Daughters with Disabilities」에서 이렇게 쓰고 있다. "우리 사회에는 장애인은 무성적 존재라는 낭설이 있다. … 여성으로서의 성 정체성의 대부분이 육체적으로 드러나는 외모에 초점을 맞추고 있기 때문에 특히 장애 여성은 무성적인 존재로 취급되기 쉽다"(1988: 140). 실제로 장애를 무성無性과 등가로 보는 것은 장애인들이 사회적으로나 감정적으로 자신들의 성욕sexuality을 경험할 준비를 갖추지 못했다는 것을 의미하는 것이었다. 다시 한 번 루소의 말을 인용하겠다.

장애가 있는 딸이 사회적, 성적 잠재성을 인식하고 확신하는 과정에서 부모가 겪는 어려움은 부모와 가족의 개인적 역량이나 보다 넓은 사회적 가치라는 차원에서 이해될 수 있다. 특히 어머니에게 있어 딸이 성적 잠재성과 아름다움을 깨달아 가는 과정은, 딸 안에서 자신의 모습을 발견하고 딸과 자신을 동일시할 수 있는 능력이 요구되기도 한다. 각각의 역량이나 역사에 따라 어떤 어머니들에게는 딸의 장애가 너무 심각하게 느껴져서 딸을 자신과는 공통점이 없는 존재라고 여기게 될 수도 있다. 그런 어머니들은 딸과의 동일시에 어려움을 겪으면서 거리를 유지하려 들지도 모른다. 예를 들어, 딸의 장애가 불완전함이라는 느낌만을 상기시킬 수도 있고, 자기 안의 그런 부분들을 알아가는 과정을 꺼리게 될지도 모르는 것이다. 또는 장애 아동을 가졌다는 사실을 잘못된 행동이나 원죄에 대한 벌로서 인식할지도 모른다. 아버지 역시 장애를 가진 딸이 이성애를 확립하는 과정에서 중요한 역할을 수행한다. 딸이 이성애를 확립하기 위해서는 동반자로서 남성을 만날 수 있는 딸의 가능성을 아버지가 인정해야 한다. 여기서도 역시 불충분함, 죄책감 또는 다른 역학에 따라 아버지는 자신의 딸을 이러한 견지에서 바라보는 데 어려움을 겪을 수 있다(ibid., 152-3).

장애 자체는 그 몸, 분명히 말한다면 어느 누구도 성적인 관계를 맺고 싶어 하지 않는 몸이라는 불쾌한 이미지의 구현이다. 장애인을 무성적 존재로 보는 온정주의적 생각 때문에 장애인은 무가치하거나 비장애인에 비해 상대적으로 가치가 낮은 존재로 평가된다. 선천적으로 무성적인 사람이 존재한다면, 그 사람은 무엇인가 덜 갖고 있거나 무엇인가가 되기에 부족한 존재인 것이다.

장애를 입은 몸에 투사되는 이러한 의미는 수많은 이데올로기적 매개체들, 특히 매스미디어에 의해 정의되고 또 강화된다. 성, 가족의 삶, 그리고 개인의 삶에 대한 묘사를 통해 광범위하게 전개되고 비춰지는, 매스미디어가 가차 없이 생산해 낸 이러한 이미지들은 몸이 얼마나 중요한가에 대한 전제와 함께 창조되고 포장되며 거래된다. 이에 대한 대답을 내놓기 위해, 장애인권 운동에 참여하고 있는 북미와 유럽 학계의 수많은 운동가들은 나름의 분석과 비평을 하기 시작했다. 예를 들면, 할란 한(1989)과 폴 롱무어(1987)에 의해 중대한 연구가 수행되었다. 장애 이미지를 다루는 작가의 한 사람으로서 북아메리카에서 아주 저명한 인물인 롱무어는 매스미디어가 장애를 보여 주는 방식을 이렇게 요약한다. "지난 수십 년 동안 영화와 특히 텔레비전에서 비춰 주는 가장 일상적인 이미지는 세상에 적응하지 못하는 장애인이었다. 이러한 이야기들은 정신 지체보다는 신체장애나 지각 장애를 입은 주인공에 관한 것들이었다. 줄거리는 항상 똑같다. 즉, 장애를 입은 주인공이 비참해 하면서 자기 연민에 빠져 있는 것이다. 장애를 입은 기간이 얼마이든 간에 그들은 결코 자신의 장애에 적응하지 못했고, 자기 자신을 있는 그대로 받아들이지 않았기 때문이다"(1987: 70). 현실에는 비참하고 자기 연민에 빠져, 적응하지 못하는 장애인들도 물론 있다. 그러나 이런 이미지에 대한 이데올로기적 함의는 한 발 더 나아간다. 여기서는, 억압이나 사회적으로 생성된 장벽 따위는 모두 잊은 채 장애인이 극복해야 할 모든 "문제"들을 개인적인 이유로 간주하고 있기 때문이다. 제3세계의 수많은 운동가들은 미국의 미디어에 대한 롱무어의 평가를 되풀이해서 이야기하고 있다.

마리아 파울라 테페리노: 브라질의 문화는 미디어에 의해 형성되는 부분이 매우 크다. 미디어에서는 장애인이 성관계를 갖거나 행복해질 수는 없다는 듯한 모습을 강압적으로 쏟아 놓는다. 과거에 있었던 소아마비와 바이러스 백신 캠페인을 예로 들 수 있겠다. 브라질에서는 10년인지 20년쯤 전에 소아마비 바이러스가 사라졌다. 하지만 4년 전까지도 백신 주사 맞기를 권장하던 텔레비전 광고의 내용은 언제나 주사를 맞는 게 더 낫다, 그렇지 않으면 병에 걸리고 장애를 입게 될 것이다, 그리고 남은 인생 동안 계속 병으로 고통 받다가 결국 인생 전체를 망치게 될 것이라는 식이었다. … 우리나라의 멜로드라마에 등장하는 성난 얼굴의 인물들은 휠체어를 사용하는 사람이 많다. 그들이 비열한 행동을 그만두었을 때 그들의 장애가 치유된다. 이때의 장애가 바로 사람들이 생각하는 장애이다. 드라마 속의 많은 장애인들은 장애를 갖지 않은 것으로 판명되며, 그것은 그들의 생각 속에서만 장애였을 뿐이다. 그래서 그들이 행복해지거나 기분이 나아지게 되면, 장애는 낫게 된다.

세상의 지배 문화는 정상성과 비정상성이라는 이미지, 아름다움과 추함이라는 이미지, 우월과 열등이라는 이미지를 생산한다. 이 이미지들은 그들의 생산자에 의해 투사됨으로써 사람들의 의견과 선호도에 영향을 미치게 된다. 아픈/변형된 몸이라는 것은 결국 과학과 이미지가 만나는 교집합의 산물인 것이다.

― 신, 부처, 그리고 조상

> 캄보디아는 최악이다. 가장 가난한 곳이기도 하고, 우리를 대하는 태도가 최악이기도 하다. 그들이 믿고 있는 불교 신앙에 따르면, 신체 기능이 손상된다는 것은 완벽함이 결여된다는 것, 그 사람이 더러워졌다는 것을 뜻한다.
>
> 다닐로 델핀, DPI의 동남아시아 지역 개발 담당관

1993년 나는 태국에서 가장 큰 사회 서비스 기관의 회의실에 앉아 있었다. 회의실에는, 그 나라의 온갖 장애인 단체의 대표자들이 모여 있었다. 각기 다른 장애를 가진 사람들이 모여 모든 유형의 장애를 잘 대표하고 있었다. 회의 주제는 장애에 대한 태도와 사회적 진보로 가는 장벽 사이의 관계였다. 한 시간가량 지났을 때, 모인 이들은 장애를 불쌍하거나 슬프거나 아프거나 짐이 되는 등, 아무튼 무엇인가 나쁜 것으로 여기는 태도를 변화시킬 필요가 있다는 입장을 명확히

했다. 휴식 시간이 끝난 후 나는 약간 방향을 바꾸어 사람들에게 그들의 종교적 신념에 대해 물어 보았다. 참석자 11명 가운데 한 사람을 제외하면 모두 불교도였다. 태국인의 97%가 불교도라는 점을 감안하면 이는 예상 가능한 결과였다. 많은 이들이 불교에서의 환생 개념을 설명해 주었다. 그들은 영적으로 훌륭한 삶을 살기 위해 노력해야 하는 이유로 다음 생애에 고난 받는 존재로 태어나는 일을 피하기 위해서라고 확신하고 있었다.

나는 그 10명의 불교도들에게 이전 생애에서 저지른 죄 때문에 장애를 가지게 된 것이라 믿는지 물었다. 한 명을 제외하고는 그렇다고 응답했다. 이번에는 그러한 종교적 신념과 장애에 대한 사회의 태도를 바꾸려는 집단적 노력 사이에서 모순을 느끼지는 않는지 물어 보았다. 그들은 당황하면서 서로를 바라보았다. 방은 침묵에 휩싸였다. 그들은 자신의 종교적 신념이 정치적 · 사회적 신념과 충돌한다는 사실을 그제야 깨달았던 것이다.

이 예를 통해 우리는 종교적으로 신실한 장애인권 운동가들이 직면하는 딜레마를 볼 수 있다. 그들은 종교적 신념의 기본적 측면을 거부하거나 그 보수적인 성격을 부정해야만 한다. 환생은 장애에 대한 생각에 영향을 미치는 수많은 사회종교적 낭설 중 하나를 보여 줄 뿐이다. 장애를 신이나 조상의 영혼 또는 주술적인 힘이 내린 것으로, 또는 조상에게 바치는 공물이 부족했거나 죄가 있기 때문에 받는 벌로 생각하는 경우도 있다. 문화권이 달라지면 그러한 신념에 대한 대답 역시, 골칫거리에서부터 사람을 격리시키거나 심지어 중상 모략하는 사회적 구속에 이르기까지 매우 광범위하게 걸쳐 있다. 예를 들어, 아프리카의 시골 지방이나 아프리카계 종교가 확산되어 있는 라틴아메리카의 몇몇 지역, 특히 브라질과 카리브 해안 지역에서는 주술이 매우 강력한 영향을 미치고 있다.

조슈아 말린가: 지금도 아프리카에서는 [장애를] 주술이나 역사적으로 억압받는 사람으로서 살아가는 일과 연관 짓는 등, 장애에 대한 생각이 아주 후진적이다.

알렉산더 피리: 우리 문화권에서는 장애가 장애인 자신뿐만 아니라 가족에게도 수치스러운 것으로 여겨진다. 이런 생각은 주술, 그것도 가족이 전통적인 방법을 따르지 않았거나 조상을 잘 모시지 않았기 때문에 조상들이 화를 낸다는 생각과 연관되어 있다. 심지어, 교회도 그 구성원들을 잃을까 두려워서 이런 생각을 바꾸려는 시도조차 하지 않는다.

란가 무핀두: 미신을 믿는 사람들은 악령이 나를 저주했다고 믿고 있다.

아프리카에서 조상의 영혼은 무척이나 존경을 받는다. 많은 아프리카 사람들은 조상의 영혼[스와지어로는 lidlotis]을 달래기 위해 주술사와 계약을 맺는다. 그와 비슷한 역할을 하는 주술사들은 다른 곳에도 존재한다. 예를 들어, 멕시코에는 쿠란데로, 브루호가 있고, 인도네시아에는 두켄이 있다. 무당, 마법사, 예언자와 같은 것들 모두는 장애를 포함하는 많은 것들을 공동체가 인지하고 관계하는 데 있어 영향을 미치는 역할을 한다. 이 사람들은 치료사로 여겨지는 경우가 많다. 장애가 의료적 차원에서 인식되기 때문에, 장애인들이 이 치료사들의 영역으로 들어가는 일도 많다. 서구 문화와 과학의 진보에 밀려 그 영향력이 약화되고 있기는 하지만, 지방에서는 아직도 그들의 영향력이 매우 강하다.[5]

종교와 영성은 주로 두 가지 방식으로 장애와 상호 관계를 맺고 있다. 첫째, 종교는 장애의 기원을 죄악, 주술, (흑)마술, 과거의 부당함에 대한 불만, 업보,[6] 불충분한 조상 숭배 등과 연관시킨다. 그때 장애는 무엇인가 부정적인 것, 심지어 악惡과 동일시된다. 둘째, 종교, 특히 영성은 천국이나 해탈解脫과 같은 별개의 세계에 자리 잡고 있으며, 그에 이르기 위해서는 개인의 순수함이나 허심탄회함, 기도, 보시라는 매개체가 필요하다. "팔라우에서는 장애의 원인이 무엇인가 하는 문제가 무엇보다도 중요하다. 의료적인 이유가 아니라 영적인 이유에서 그렇다. 그들은 모든 장애가 전통을 따르거나 책임을 다하거나 조상을 달래는 일에서 일으킨 작은 실수에 의한 것이라고 믿고 있다"(Mallory 1992: 14).

호사엘라 베후만 비엘레흐: 브라질 사람들은 장애인을 대단한 영웅이 아니면 아주 불쌍한 인간으로 생각한다. 이러한 태도가 만들어진 데에는 교회의 역할이 지대하다. 전 세계에서 가장 큰 가톨릭교회가 그것이다. 그러나 현재는 우리나라에서도 가톨릭은 쇠퇴하고 복음주의가 확산되고 있다. 가톨릭교회가 아프리카계 종교의 전통과 맞서는 반면, 복음주의는 그렇지 않다. 복음주의는 신이 당신의 몸에서 악귀를 몰아낸다고 강조하는데, 나에게 있어 그 말은 내가 다시 걷게 된다는 뜻이다. 정말이지 역겨운 인간들이다. 매일같이 누군가가 나를 붙잡고, 주님을 찾으라 그러면 행복할 것이라고 이야기한다. 그러나 나는 그들에게 이미 행복하다고 대답한다. 그들은 휠체어를 타는 이들은 그 누구도 행복해질 수 없다고 말한다. 나는 단지 그들을 바라보며 웃어 줄 뿐이다. 가톨릭교회는 연민을 강조하기 때문에 여러 면에서 후진적이지만, 그래도 우리들 안에 악마가 있다고 생각하는 이 복음주의자들만큼 나쁘지는 않다.

종교라는 것이 장애에 대한 후진적인 생각으로 무장하고 있다지만, 자선 사업을 벌이는 제도화된 교회는 더 나쁘다고 할 수 있다. 역사적으로 볼 때, 전 세계적으로 교회의 역할은 식민지의 부와 관련해 기존의 사회 질서를 지지하는 일이었다. 아메리카 대륙에서 스페인과 포르투갈의 식민주의 정책과 결합했던 가톨릭교회, 아프리카 대륙을 "문명화하는" 구세주 역할로 위장했던 북유럽의 식민주의, 그리고 아시아에서 영국 성공회 등이 모두 그러했다.

100만 명에 달하는 인디언들이 페루의 광산에서 죽었지만(Galeano 1985: 172, 224) 가톨릭교회는 그 사실을 단 한마디도 언급하지 않았다. 1960년대 후반, 오십만 명의 인도네시아인이 수하르토 정권 아래서 죽어갈 때 이슬람 교회는 겨우 자기 앞가림이나 하는 판이었다. 인도에서는 하루에도 수천 명이 굶고 있지만 힌두교가 강조하는 것은 개인적인 명상뿐이다. 어떤 내용의 변화이든지 간에, 누군가 변화를 원하는 이가 있다 해도 그는, 전통적 종교 제도 내에서는 아무런 지원 세력을 찾을 수 없을 것이다(해방 신학을 지지하는 가톨릭교회의 일부 분파는 예외일 수 있겠지만). 그들은 과거에도 그랬듯이, 현재 역시 현상 유지를 표방한다. 주디 커글머스는 자바 서부에서 정신 장애에 대한 가족의 적응을 연구하였는데, 정치적, 종교적 낭설과 결합되어 형성된 장벽들을 지적하고 있다.

> 자바 사람들이나 수단 사람들은 직접적인 질문에 대해 직접적이거나 정확한 대답, 즉 조화를 깨트릴 수 있는 대답을 하는 경우가 거의 없다. … 충돌, 그리고 모순되는 듯해 보이는 신념들 사이에서 조화를 이루는 것은 오랜 전통으로 추정된다. 이러한 신념 체계는 대부분이 인도네시아의 종교적 신념과 우주론에 그 기원을 두고 있다. … 판카실라의 "국가 이데올로기" … 사람들이 알아야 하고 그 안에서 살아가야 하는, 권위주의와 계급 구조 내의 신념, 사회적 지위에 걸맞은 행동 그리고 개인의 운명이라 할 만한 고정된 특징들과 같은 것들은 [자기] 발전의 반대편에 서 있게

마련이다(1989: 24-5).

많은 아시아 문화는 수동성을 강조한다. 인도의 거리는 구걸하는 장애인 또는 비장애인으로 가득하다. 문제는 사람들이 구걸을 한다는 사실이 아니라 구걸을 할 수밖에 없도록 만드는 사회적 조건이다. 종교, 교회 그리고 그들이 조장해 내는 수동성이 이러한 사회 조건의 본질이 아닐까 싶다.

프란츠 하르사나 사스라닌그라드: 우리[인도네시아 사람]들은 충돌을 좋아하지 않는다. 우리의 종교에 따르면, 우리가 무엇보다도 우선시해야 하는 것은 조화이다.

라젠드라 비야스: 우리 종교는 이 세상에서 우리가 존재하는 위치, 카스트에 대처하도록 해준다.

종교와 장애의 관계는 두 가지 차원에서 분석되어야만 한다. 첫째, 다양한 종교적 교리들은 장애에 대해 어떤 종류의 메시지를 전달하고 있는가? 다시 말해서, 그것들은 장애에 대한 고정관념과 근거 없는 믿음을 깨뜨리는 데 기여하는가, 아니면 더욱 강화시키는가? 둘째, 하나의 제도로서 종교의 사회적 · 정치적 역할은 무엇인가? 즉, 교회는 사회 정의를 위한 운동을 방해하는가, 아니면 추구하는가? 예외가 있기는 하지만, 결과적으로 말해서 장애에 대한 태도와 인식에 있어서 가장 이데올로기적 영향력이 강한 종교는 위의 두 가지 질문에 대해 모두 낙제점을 받고 있다.

— 언어와 묘사의 힘

우리는 언어를 아주 진지하게 봐야 한다. 언어는 언제나 태도를 반영한다는 것이 내 생각이다. 장애인권 운동의 진보와 더불어 언어에서도 변화가 일어났음을 알 수 있다.

마이클 마수타, 사회경제적 권리회 회장
인권변호사회, 남아프리카공화국 요하네스버그

언어는 태도와 신념을 형성한다. 언어는 생각과 표현의 매개체이기 때문이다. 말이나 생각이 표현될 때 이미지가 만들어진다. 러시아의 언어학자 볼로시노프에 따르면, "경험은 조작된다"([1930] 1973: 85). 하나의 용어가 사용되고, 사용되고, 또 사용될 때, 그것은 의미를, 이미지를, 실제를 구축하게 된다. 장애의 어원을 연구해 보면 장애에 대한 후진적 생각들이 문화적으로 기반하고 있는 원천을 추적해 낼 수 있을 것이다.[7] 린다 니콜슨이 지적했듯이, 언어는 사회적 산물이기 때문이다. 그러므로 "예를 들어 생산production, 근행(覲行, mothering), 성sex과 같이 우리 언어에 존재하는 많은 용어들은 엄격하게 한정된 물리적 의미와 좀 더 문화적으로 부여되는 의미 사이에서 모호해지는 것이다"(1993: 55). 언어는 사회와 문화의 영향을 받을 뿐만 아니라, 사회와 문화에 영향을 미치기도 한다. 병신cripple, 쓸모없는 놈invalid, 늦된 사람retard, 휠체어에 틀어박힌 사람confined to a wheelchair, 박쥐만큼 눈이 먼 사람blind as a bat, 귀머거리와 벙어리deaf and dumb와 같은 용어들은 이데올로기적인 의미를 만들고, 그럼으로써 사회적, 문화적 영향을 미치게 된다. 즉, 장애를 묘사할 때 사용되는 단어들에는 사회적인 의미가 내포되어 있다는 것이다. 많은 이들이 모든 "사회적 사실들" 중에서도 언어를 "가장 사회적인 것"으로 간주하는 이유도 바로 여기에 있다(Schmidt 1985: 53).

　질병 혹은 기형이라는 의미에서 장애의 역사는 길다. 이 역사는 언어의 힘과 언어를 통한 묘사에 대한 증언이다. 쓸모없는 놈, 치레마chirema, 페나pena, 미나스발리다minasvalida, 아이 두안ai duan과 같은 말들은 모두 부족한 인간, 태생적으로 열등한 존재를 의미하고 있다. 이 말들은 미묘하지만 확실하게 장애인을 비인간화시키는 메커니즘을 제공하고 있는 것이다.

　란가 무핀두: 우리 아프리카 문화에서는 "병신"이라는 끔찍한 용어조차도 거의 사용하지 않는다. 그게 더 나쁘다. 쇼나어로는 이 말을 치레마라고 하는데, 이는 전혀 쓸모없음 또는 실패를 의미한다. 그러니 장애인은 치레마로서 인생을 시작하게 되는 것이다.

　짐바브웨에서 가장 일반적으로 사용되는 두 가지 언어는 쇼나Shona어와 은데벨레Ndebele어이다. 은데벨레어로 장애인을 일컫는 일반적인 단어는 이시고가isigoga인데, 이는 '무력하다'는 뜻이다. 이 말은 혼자서는 아무것도 할 수 없고 도와줄 사람을 기다려야만 하는 사람을 의미한다. 쇼나어로 시각 장애인을 일컫는 단어인 보푸bofu는 '자유가 없는 사람'이라는 뜻이다. 은데벨레어로 시각 장애인을 가리키는 이시포푸isiphofu 역시 무력함을 뜻한다. 청각 장애를 뜻하는 단어는, 쇼나어로 마트시matsi, 은데벨레어로 이사쿠데isacuthe이다. 쇼나어인 마트시의 경우에는 경멸적인 의미가 그리 강하지 않지만, 둘 다 '도움을 필요로 하는 사람'을 뜻한다. '고치기 힘들다'는 의미의 온게즈와요ongezwayo는 은데벨레어에서도 사용된다. 모든 언어에서 이와 유사한 예들을 찾아볼 수 있다는 사실에는 의심의 여지가 없다. 베르나르트 헬란더는 남부 소말리아의 위베르족이 특정 장애를 설명하기 위해 사용하는 단어들은 모두 질병과 관련되어 있다고 쓰고 있다 (Ingstad and Whyte 1995: 77-87).

장애에 대한 묘사는, 장애에 대한 태도에 부정적인 영향을 미치는 단어에만 한정되는 것이 아니다. 묘사의 힘은 속담, 속어, 관용어구, 풍속, 전설 등을 통해 표명된다. 특별한 용어 외에도, 쇼나어와 은데벨레어의 수많은 속담들은 문화 특유의 관용구를 이용하여 장애를 표현한다. 그것은 설명적인 문장들이다. 쇼나어로 "chirema chinemazano chinotamba chakazendama kumadziro"라는 말은, "벽에 기댈 수만 있다면 장애인도 영리하게 행동하거나 춤을 출 수 있다"라는 뜻이다. 이는 누구에게나 노력하고 도움을 구하는 정도의 능력은 있다는 의미이다. "신은 스스로 돕는 자를 돕는다"라는 말과 유사한 말이다. 또 다른 일상적인 속담으로 "seka urema wafe," 즉 "장애를 비웃는 것은 죽었을 때나 하라"는 말이 있다. 이는 운명을 시험하려 들지 말라는 뜻이다. 은데벨레어로 "ubulima kabuhlaleli"는 "장애는 누군가를 정해 놓고 기다리는 것이 아니다"라는 말이다. 다소 유사하지만 좀 더 경멸적인 표현도 있다. "okwehlela inja lemuntwini kuyafika"는 "강아지에게 일어날 수 있는 일이라면 내일 당장 당신에게도 일어날 수 있다"는 뜻이다. 이는 같은 일이 당신에게도 일어날 수 있으니 장애인을 멍청하다고 생각하거나 경멸하지 말라는 의미이다(UNILO 1993).

지난 20년 동안, 장애인들은 장애와 관련된 어휘를 변화하는 정치적, 문화적 세계에 보다 합당하도록, 그리고 보다 중립적으로 바꾸기 위해 정치적, 정책적, 법적, 학문적, 철학적 투쟁을 계속해 왔다. 정말 어렵고도 기나긴 투쟁이었다. 스튜어트 홀이 말했듯이, "'블랙Black'이라는 단어를 새로운 방식으로 말한다는 것이 우리 세계에서 얼마나 지난한 일이었는지 생각해 보라. '블랙'을 새롭게 이야기하기 위해 우리는 블랙이 가진 모든 의미와 맞서야만 했다. … 예를 들면, 기독교인들이 가진 은유적 사고의 은유적 구조 전체와 맞서야 했던 것이다"
(1991: 10). 다행스럽게도 일부에서는 장애를 묘사하는 용어가 점차 대체되고 있음을 알 수 있다. 병신은 장애자handicapped, 장애인disabled 으로, 또 장애를 가진 사람person with a disability으로 바뀌었다. 앞을 향해 나아가는 이 상징적 발걸음은 의미 있다.

특히 스페인어권에서 장애를 묘사하는 말들을 바꾸려는 투쟁이 흥미롭게 나타났다. 라틴아메리카에서 가장 일상적인 표현은 미나스 발리다스minasvalidas, 번역해 보면 "덜 유용한less valid"이다. '능력이 모자라는less capable' 이라는 뜻의 디스카피타도스discapitados 또한 아주 많이 쓰인다. 장애를 일컫는 경멸적인 어휘가 스페인어에는 굉장히 많다. 솔직히 이야기하자면, 사전에 실려 있으면서 장애를 지칭하는 말들 중에서 정치적으로 올바른 용어는 단 하나도 없다. 장애인권 운동을 하는 사람들은 페르소나스 콘 데스하빌리다데스personas con deshabilidades, 즉 장애가 있는 사람이라는 말을 만들어 냈다. 데스하빌리다데스라는 단어는 사전에 실려 있지 않다. 사람들이 이 신조어를 사용할 수 없다는 의미에서 이 점을 지적했을 때, 어떤 책들은 우리가 없애고자 투쟁하는 오해와 고정관념을 영속시키기 때문에 우리는 억압하는 자들의 언어를 그저 받아들일 수만은 없다고 당당하게 이야기한다. 장애인권 운동이 언어를 중요한 문제로 보는 것은 바로 이러한 이유에서이다.

마리아 파울라 테페리노: 언어와 관련하여 해야 할 일은 아주 많다. 일반적으로 사람들은 우리를 알리에하도, 즉 병신이라고 부른다. 우리가 건물 안으로 옮겨지는 것을 본 사람들은 우리가 아프다고 생각한다. 따라서 나는 장애인들의 비접근성 문제 역시 이와 큰 관계가 있다고 믿고 있다.

나롱 파티밧사라키크: 태국에서 장애인이 어떻게 언급되는지는 그리 중요하지 않다. 그들은 항상 말에 'ai,' 즉 경멸한다는 말을 붙이기 때문이다. 손발이 없는 사람을 가리킬 때는 ai duan, 눈이 보이지 않으면 ai bod, 정신 지체인 경우에는 ai bah를 쓰는 식이다.

다닐로 델핀: 언어는 물론 중요하다. 우리에게는 "병신" 또는 "쓸모없는 사람" 같은 속어들을 사용해 온 역사가 있다(필리핀어로는 lumpo나 inutil이라고 한다). 우리는 "장애를 가진with disability"이라는 말, 필리핀어로는 may kapansanan이고, 태국어로는 con pikan, 캄보디아어로는 chon pika라는 말을 강조하고자 노력한다.

언어의 문제를 들여다보면, 그것은 전 세계 어디서나 장애인들에게 그들이 처해 있는 입장을 설명해 주고 있다. 중국에서 장애인은 역사적으로 찬페이殘病["병신 혹은 쓸모없는 사람"]라고 불렸다. 그러나 중국찬진인연합회中國殘疾人聯合會가 설립된 이래로 보다 중립적인 단어, 즉 장애를 입은 사람disabled을 뜻하는 찬지殘疾가 등장했다. 장애 관련 기구가 장애인 당사자들의 지휘를 받게 된 이후로는 라틴아메리카, 아시아, 아프리카 등지에서도 비슷한 일이 일어나고 있다. 장애인을 묘사하는 데 사용되어 온 언어는, 현재 그것이 묘사하고 있는 당사자들에 의해 검토되고 있기 때문에, 앞으로는 더욱더 많이 바뀌어 나갈 것이다.

장애의 사회화 공식

십대 때, 동정은 평범한 이들의 기쁨이 될 뿐이니 결코 다른 이들의 동정을 받아들이지 말라고 이야기했던 친구가 기억난다.

파울루 사투르니누 피게레두, 운동가, 브라질 벨로리존테

문화가 장애의 원인(신의 의지, 환생, 주술), 장애의 이미지(아픈/기형인 몸), 그리고 장애를 묘사하는 말들(병신, 쓸모 없는 놈, 늦된 사람)을 만들어 가는 방식에 의해 장애인들은 엄청나게 큰 영향을 받는다. 이는 장애에 대한 사회의 인식이 사회화되는 방식과 상호 작용하고 있다. 사회화는 단순한 상징들, 단순한 반복에 의해 이루어진다. 장애에 대한 메시지를 담은 근거 없는 내용이 계속해서 반복되는 것이다. [장애=병/기형], [병=무력함/기형=혐오감], [무력함=보호/혐오감=무성적 존재], [무성적 존재=어린아이 취급], [어린아이 같은 사람=무력함/보호], [무력함/보호=동정], [동정=장애]라는 식이다. 이 도식은 [장애=무가치], [무가치=열등], [열등=장애]라는 식으로 단순화될 수 있다. 이것은 순환 논법의 형태로 작용하고 있다.

5장

의식과 소외

　　　　장애 억압의 현상학을 입증하기 위해서는 그 억압이 재생산되는 관계와 구조를 고려해야만 한다. 이러한 관련성들을 조사하노라면, 삶 속에서 명확하게 드러나는 억압을 사람들이 어떻게 생각하고 느끼며 또 그에 어떻게 대처하는지에 대한 질문들, 좀 더 단순하게 말한다면 왜 사람들은 권력에 수동적으로 동의하는가라는 근본적인 문제를 고려하지 않을 수 없게 된다. 사람들이 권력에 의해 조종당하고 있는가, 아니면 흡수당하고 있는가? 권력을 두려워하는가, 아니면 권력에 무관심한가? 사람들은 스스로의 삶을 관리, 통제할 수 있는 것인가, 아니면 그러한 통제에 대한 희망이나 전망 따위를 갖고 있지도 않은 것인가?

　　짧게 답하자면, 이 의문들의 다양한 조합이 곧 그 답이라고 할 수 있을 것이다. 그러나 억압이 존재했던 곳에는 억압에 대한 저항 역시 존재했다는 사실을 우리는 알고 있다. 이러한 역학 관계의 양면, 즉 순응과 저항이라는 두 측면은 자신에 대한, 그리고 자신이 살고 있는 세계에 대한 사람들의 나름의 인식과 밀접하게 관련되어 있다.

　　2장에서 논의했던 것처럼 이 역학 관계에는 내적으로 긴밀하게 연관된 두 가지 측면이 있다. 우월과 열등, 권력과 권력의 부재를 자연스러운 상태로 여기게 만드는 지배적인 신념 체계의 총체인 헤게모니, 그리고 스스로를 거세하는 억압의 내재화 과정인 소외가 바로 그것이다. 헤게모니와 소외가 사회적 차원과 개인적 차원 양쪽 모두에서 작동하는 방식을 살펴보면, 누가, 왜, 그리고 어떻게 억압에 동의하고 또 저항하는지에 대해 많은 것을 알 수 있다.

게오르그 루카치는 정치경제학과 지배 문화의 결합이 미치는 심리적인 영향을 최초로 분석한 사람으로 널리 알려져 있다. 그의 글 중에서도 가장 자주 언급되는 문장을 통해, 그는 사람들의 고유의 생각은 자본주의의 생산 과정과 문화의 통합에서 생겨난 심리학적 부산물인 객관화된 세계관으로 변형된다고 주장했다.

> 따라서 상품 관계가 실체 없는 객관성ghostly objectivity으로 변형되는 것은 인간의 욕구 만족을 위해 모든 객체를 단순화시켜 상품화하는 데서 끝나는 것이 아니다. 그 과정은 사람들의 의식 전체에 그 흔적을 남긴다. 인간의 자질과 능력은 더 이상 소유자의 유기적 일부가 아니며, 그저 외부 세계의 다양한 객체들처럼 사람들이 "소유" 또는 "처리"할 수 있는 물건이 된다. 그리하여 이제 더 이상은 인간관계가 만들어질 수 있는 자연스러운 형태도 없고, 이렇게 물화되는 과정에 점진적으로 지배당해 가는 자기 자신을 제외한 채 인간의 육체적이고 정신적인 자질을 끌어내어 움직여 볼 방법도 없는 것이다.

진정한 개인의 욕구와 욕망은 자취를 감추고 객관화된 세계관이 허락한 "물화된reified" 사고만이 존재한다. 개인은 자신의 인간성을 잃어버리고, 그의 "가치"는 루카치가 말했던 "실체 없는 객관성," 즉 이윤 창출 가능성에 의존하게 된다. 물화의 과정은 사람들이 타인은 물론이고 자기 자신으로부터도 타자화되는 것으로 나타난다. 마비시키는 소외paralyzing alienation를 경험하는 것이다.

우리는 이러한 과정을 장애인에게서도 목격할 수 있다. 그들은 측은하고 우스꽝스러우며 무엇보다도 열등하다는 이야기를 매일매일 이런저런 방식을 통해 듣게 되는 경제적, 사회적 박탈을 통해 그들의 의식을 발전시켜 간다. 이러한 메시지는 수많은 사회적 제도에 의해 강화된다. 가족은 장애인을 집안에 숨겨두고 평생 의존하며 살아갈 사람이라고 이야기한다. 학교에 갈 수 있을 정도의 행운아들이라 해도 격리되고, 그들은 특별(특별이라 쓰고 열등이라 읽어 달라)하다고 배운다. 종교적으로는 장애를 속죄나 환생, 죄악, 또는 조상을 제대로 숭배하지 않은 결과로 이야기한다. 미디어에서 보여 주는 장애인은 무기력하거나 성난 존재, 환경에 적응하지 못한 병신이다. 이렇게 장애인은 비인간화되고, 비용 대 편익 분석이나 대차대조표 상에서 차지하는 그들의 가치는 회사가 "특별" 서비스를 제공해야 하는 수준까지 떨어져 내린다.

이러한 총체의 사회정치적 함의는 물론 아주 중대하지만(예를 들어, 고립, 빈곤 등), 심리적인 부분 또한 그에 못지않게 중요하다. 장애에 대한 사회의 후진적 신념이나 태도는 단지 사회의 신념에 불과한 것이 아니다. 그것들은 대부분의 장애인들에게도 그만큼 단단히 내재화되어 있다. 이를 통해 의식이, 좀 더 엄밀하게 말해 **조작**falsification된 의식이 장애인을 억압하는 데 있어 왜 중요한 요소인지 뿐만 아니라 장애인권 운동이 직면해 있는 최대의 장벽까지도 설명할 수 있다.

권력(의 부재) 그리고 (조작된) 의식

대부분의 사람들이 기존의 권력 구조에 동의하는 것은 그들이 그 가치를 받아들였기 때문만은 아니다. 또한 억압을 너무 심하게 내재화시킨 나머지, 사람들은 자기 자신에게 생산에 대한 결정을 내리거나 정치적, 사회적 추이에 영향을 미치거나 또는 정책 결정에 참여할 능력이 있다는 사실을 믿지 않게 된다. 마르크스가 『자본』에서 언급했듯이, 많은 이들은 너무나 압도된 탓에 스스로 삶을 통제할 희망 따위는 보지도 못하게 되는 것이다. "프롤레타리아 계급은 자기 소외 속에서 무화된다고annihilated 느낀다. 프롤레타리아 계급의 눈에 비치는 것은 자신의 권력 부재와 비인간적인 존재의 실체이다"([1867]1964a, 3: 691). 장애인의 경우가 바로 그러하다. 그들이 보게 되는 것은 공포와 수치와 마찬가지로 자기 연민과 자기 의심이라는 형태로 표현되는 소외이다. 많은 개인들이 이러한 무화로부터 벗어나기는 했지만, 대부분은 그렇지 못하다. 나는 장애인들이 권력과 자신의 권력 부재에 정면으로 맞서 싸우지 못하는 것은 열등의식이 주요 원인이라고 생각한다. 소외는 억압과 착취에 의한 고통스러운 지위 강등의 결과이자, 그 존재를 감추거나 정당화시키기 위해 필연적으로 따라나오는 부속물인 비인간화(상품화)의 결과이다.

노동과 소외의 관계를 보여 주는 오래된 이야기가 있다. 한 광부의 딸이 아버지에게 왜 집을 따뜻하게 해줄 석탄이 없는지 물었다. 아버지는 대답했다. "왜냐하면 나는 해고당했고, 우리에게는 석탄을 살 돈이 없기 때문이란다." 딸이 다시 물었다. "왜 해고된 건가요, 아빠?" 아버지가 말했다. "석탄 값이 떨어져서 우리를 계속 고용해 줄 돈이 없다더구나." "하지만 아빠, 석탄 값이 왜 떨어진 거죠? 석탄은 언제나 필요한 물건이잖아요?" 이번에는 아버지가 약간 창피하다는 듯이 대답했다. "석탄을 너무 많이 캐내는 바람에 넘치게 많아져 버렸고, 그래서 다 팔 수가 없다고 하더구나." 광부는 고개를 돌렸지만, 딸은 아주 중요한 결론을 내렸다. "결국 사장님들이 너무 많이 가지고 있기 때문에 우리는 석탄을 조금도 가질 수 없는 거군요." "그래, 맞단다. 귀염둥이야." "하지만 자기가 사용하는 데 필요한 것보다 더 많이 가졌다면 왜 사장님들은 우리에게 나눠 주지 않는 걸까요?" "원래 세상일이란 그런 거란다."

이 이야기는 버텔 올만이 "소외된 노동alienated labor," 또는 "사용 가치의 소외적 특성alienated character of use-value"이라고 언급했던 것을 잘 보여 주고 있다(1971: 185). 여기에서 우리는 세 가지를 통찰해 낼 수 있다. 첫째, 자신의 노동과 노동 생산물에 대한 통제력을 잃어버렸기 때문에 이 노동자는 자신의 욕구(이 경우에는 집을 따뜻하게 만드는 것)를 통제할 기회 또한 잃는다. 둘째, 노동 생산물로부터 노동 행위가 분리되는 것(노동자가 생산하는 것은 그의 것이 아니다)을 통해 노동자의 상품화/비인간화가 숨겨진다. 셋째, 이 이야기는 상품의 이중성, 즉 사용 가치와 교환 가치(이 경우에는 노동력과 석탄)를 드러낸다. 노동에는 언제나 사용 가치가 있으며, 노동은 유용한 것이다. 그러나 노동이 언제나 교환 가치를 지니는 것은 아니다(사람들은 자신이 팔 수 있는 것, 즉 자신의 노동력을 시장이 필요로 하지 않거나 거기에 가치를 매겨 주지 않을 때 실업 상태에 놓이게 된다). 이 예에서 석탄은 언제나 유용하지만, 그 가치를 무용지물로 만들면서, 이따금씩 교환 불가능한 것이 되는 것이다. 헤르베르트 마르쿠제는 마르크스의 이론을 다음과 같이 간단히 요약했다. "노동자들은 더 많은 부를 생산할수록 점점 더 가난해진다"(1964: 277).

마르크스는 소외의 문제와 (조작된) 의식과 권력 부재의 관계를 알고 있었기에 이 문제를 포괄적으로 다루었다. 마르크스는 다른 사회 집단의 소외가 자신의 삶에 대한 통제권의 결여에서 비롯되듯이, 노동자의 소외의 원천은 스스로의 노동력에 대한 통제권 상실에서 비롯된다고 했다. "노동력의 수행, 즉 노동은 노동자 고유의 생명 활동life-activity, 즉 살아 있다는 증거이다. 그리고 노동자가 생계에 필요한 수단을 유지하기 위해 파는 것이 바로 이 생명 활동이다. 게다가 이는 노동자가 존재할 수 있도록 해주는 유일한 수단이다. 그는 살기 위해서 일한다. 하지만 노동자들은 노동을 자기 삶의 일부로 간주하기는커녕 자신의 삶을 위한 희생물 정도로 간주한다"(Meszaros 1970: 122).[1]

작업장에서 우리는 소외와 헤게모니의 관계를 볼 수 있다. 한편으로는, 사람들을 고용주, 관리인, 감독관, 노동자로 나누어 계급을 매기는 일을 합법적이고 자연스럽게 해낼 필요가 있다. 하지만 다른 한편으로는, 노동은 사람들이 참여하는 가장 사회적이고 협업적인 활동의 하나이다. 많은 노동학자들은 이러한 고립과 분리(타자화)의 과정이 어떻게 해서 탈숙련화deskilling, 더 많은 업무 구분, 비정규직 노동자로 연결되는지를, 그리고 증가하는 감시 체계를 통해 보다 작은 책임 의식과 보다 작은 자치권(창의성)과 연관되는지를 증명해 왔다. 해리 브레이버만은 새롭고도 논쟁적인 자신의 책 『노동과 독점 자본주의 Labor and Monopoly Capitalism』에서, 탈숙련화는 노동자의 무화無化와 고용주의 헤게모니에 대한 동의의 주요 내용이라고 논한 바 있다.[2]

내가 여기에서 마르크스의 소외 개념을 소개한 이유는 두 가지이다. 첫째, 그가 소외 이론에 가장 밀접하게 관련되어 있기 때문이다. 둘째, 그리고 더 중요한 이유는 자본에 의해 지배되는 세계 속에서 소외의 의미를 이해하기 위해서는 탈인간화(비인간화)와 고립이라는 그 특징을 이해해야만 하기 때문이다. 이스트반 메사로스는 『마르크스의 소외 이론Marx's Theory of Alienation』에서 개인을 사회 조직으로부터 격리시키고 분리하는 것이 소외 과정의 주요 특징이라고 강조했다. (그것은) "판매 가능성의 보편적 확장, 인간을 하나의 '사물'로 변환시켜 상품으로 나타나게 하는 것, 그리고 사회 조직을 '고립된 개인'으로 파편화시키는 것을 특징으로 한다"(1970: 35).

소외는 오랜 세월 동안 존재해 왔다. 그것은 자신의 집과 지역 사회, 학교, 직장에서 개인이 여성으로서, 노동자로서, 피식민인으로서 그리고 장애인으로서 겪는 일상의 경험과 연관되어 있다. 절망, 억압의 합리화, 권력을 상상할 수도 없는 상황과도 같은 그 심리학적 표출이 그러하듯이, 사회 제도 및 일상적 삶의 실체와 유기적으로 연관되어 있다는 면에서 본다면 소외는 헤게모니와 비슷하다. 소외와 헤게모니의 관계는 간단하게 축약할 수 있다. 즉, 소외가 권력이라는 맥락에서 관념과 관계되듯이, 헤게모니는 관념이라는 맥락에서 권력과 연관되어 있다.

(조작된) 의식, 소외, 그리고 장애 억압

우리 장애인들은 이것도 할 수 없고 저것도 할 수 없다는 의식에 동화되어 왔다. 결국 우리는 도움과 연민을 받을 만한 존재인 것이다. 우리가 할 수 있는 일이라고는 도움을 요청하는 것뿐이다. 그리고 당신이 도움을 요청할 뿐이라면 당신은 구걸하는 신세에 지나지 않는다. 당신은 돈뿐만 아니라 모든 것을 언제나 구걸하고 있는 것이다. 근래에 들어 조금 달라지기는 했지만, 지금까지 장애인들은 자기 자신의 것을 찾으려 했던 적이 없었다. 바로 당신이 사회를 비추는 거울이다. 당신이 스스로를 열등하다고 생각한다면, 사람들은 당신보다 우월한 듯한 관계에 놓이게 될 것이다. 만일 우리가 이런 개인주의적 태도를 극복하지 못한다면, 앞으로도 우리는 자선의 대상으로 남게 될 것이다. 이는 정치적 활동을 통해서만 극복될 수 있다. 그렇지 않으면 우리는 언제까지나 쓸모없을 뿐이다.

아르나우두 고도이, 브라질 벨로리존테 시의회 의원

어렸을 때, 나는 흑인과 백인 사이의 차이점을 깨달았다. 나는 백인이 훨씬 잘 산다는 것을 알고 있었다. 자라면서 나는 백인이 우월하고, 흑인은 성공할 수 없다고 믿게 되었다. 나는 진심으로 백인이 우월하다고 믿었다. 나는 결코 백인을 미워하지 않았고, 그들의 타고난 우월성 때문에 그들을 존경했다. … 백인들은 부농이었고, 흑인들은 소작농이었다. 나는 시골에서 자랐다. 단지 그런 상태가 옳다고 믿었다. 내가 다니던 학교는 백인들에 의해 운영되었고, 나는 그곳에서 백인들의 무능함을 알게 되었다. 백인들도 어떤 일에 실패하거나 무엇인가를 모를 수 있다는 사실을 알게 되었을 때, 나는 충격을 받았다. 나는 장애인에게도 똑같은 교훈이 적용될 수 있다고 생각한다. 우리는 항상 우리가 열등하다고 배우고 있다.

마이클 마수타, 남아프리카공화국 장애인단체(DPSA)

『검은 피부, 하얀 가면 Black Skin, White Masks』이라는 책에서 프란츠 파농은 식민 지배를 받은 나라에서 나타나는 식민화의 영향을 조사했다. 영향력 있는 이 저작을 통해 그는 "흑인의 정신적 소외" (1967: 12)를 묘사하면서, "원주민"을 비인간화시키고 억압자를 "문명화"시키는 식민주의적 믿음을 명시하고 있다. 그는 또한 식민화된 사람들은 이러한 자기 소외를 인식해야만 비로소 해방이라는 인식을 발전시켜 나갈 수 있다고 논했다. 장애 억압이라는 관점에서 파농의 글을 읽어 보면, 식민, 피식민의 관계와 비장애, 장애의 관계가 동일함을 알 수 있다. 예를 들어, 알제리인들에게 끼친 언어의 영향에 대한 그의 논의를 보자. "알제리인과 관련된 프랑스어 표현은 모두 굴욕적인 내용을 담고 있다. 내가 들어 본 프랑스어는 모두 명령이거나 협박이거나 아니면 모욕이었다"(1965: 89). 비인간화는 복잡하다. 간혹 미묘할 때도 있지만, 그렇지 않을 때도 있다. 아래의 두 개의 표지판을 보라.

백인만 입장 가능. 유색 인종은 다른 출입구를 이용할 것.

화물 운송 및 장애인만을 위한 엘리베이터임. 계단을 이용할 것.

파농의 책 내용을 생각하면서 읽어 보면, 이 표지판이 표방하는 차별discrimination과 지위 강등degradation은 뻔뻔스러울 정도이다. 이 표지판들은 비인간적인 내용을 담고 있다. 오늘날 세상에 더욱더 광범위하게 퍼져 있는 것은 편견과 차별의 기호들이다.

마리아 다 콩세이사우 카우사트: 장애 차별의 또 다른 예는 "용모 단정 요망"이라는 구인 광고에서 찾아볼 수 있다. 브라질에서는 이 말이 장애인이나 흑인은 안 된다는 기호이다. 나는 이러한 광고가 사람들의 스스로에 대한 태도에 영향을 미치며, 또한 사회의 편견을 떠받치는 것이라고 생각한다.

또 다른 예들을 파농에게서 찾아보자. 식민 지배의 심리학적 영향에 대한 파농의 비판은, 장애에 대한 오해를 비판하는 장애인권 운동의 목소리와도 비슷한 내용이다. 파농이 교육, 언어, 섹슈얼리티에서 자기 자신으로부터의 그리고 타인으로부터의 소외라고 말했던 것은 장애인권 운동에서 제시하는 내용들과 놀라울 정도로 닮았다.

파농에게 있어 해방을 위한 상황은 "은폐의 메커니즘에 대항하는 투쟁"에서 시작한다. 식민화된 사람들은 자기 자신과 자신의 인간성, 인간으로서의 가능성, 자신의 이익, 억압당하는 인간으로서의 공통점을 모조리 감춰 버리는 인종주의의 이데올로기를 통해 서로에게서 소외된다. 르네 자하르는 파농에 대해 쓴 책에서 이렇게 설명한다. "백인 사회는, 우호적인 호기심이든 과장된 공손함이든 또는 노골적인 차별이든 간에 그런 것들을 통해 흑인들에게 그들이 뭔가 다른 존재라는 사실을 지속적으로 상기시킨다. 흑인을 대하는 백인의 태도는 아이를 대하는 어른의 행동 특징을 보인다. … 이러한 유형의 차별은 의도적이 아니거나 우발적인 경우가 많지만 깜둥이Negro의 위치를 가장 명백하게 보여 주는 것은 그런 평범하고도 무관심한 행동일 것이다" (1974: 29).

자하르의 인용구를 살짝 바꾸어 보자. 사회의 절대 다수는 우호적인 호기심(머리를 두드리거나 뚫어지게 바라보거나 손으로 가리킨다)이든 과장된 공손함("제가 당신을 위해 이것을 할 수 있게 해주세요")이든 또는 노골적인 차별("너 같은 인간에게는 빌려주지 않겠어")이든 간에 그런 것들을 통해 장애인들에게 그들이 뭔가 다른 존재라는 사실을 지속적으로 상기시킨다. 장애인을 대하는 사회의 태도는 아이를 대하는 어른의 행동 특징을 보인다("이분은 뭘 드실 건가요?"라고 동행인에게 묻는 웨이터 또는 "이쪽 분은 제가 뭘 도와드리길 바라시나요?"라고 역시 동행인에게 묻는 항공 회사 승무원). 이러한 유형의 차별은 의도적인 것이 아니거나 우발적인 경우가 많지만, 그 또는 그녀의 위치를 가장 명백하게 보여 주는 것은 그런 평범하고도 무관심한 행동일 것이다.

게다가 시간이 흐름에 따라 비인간화의 과정은 억압당하는 사람들이 직면하는 다른 사람들의 상황이나 행동까지도 형성하게 된다. 모욕과 조롱, 신체적 공격, 응시, 회피, 선심을 쓰는 듯한 보호를 포함해서 말이다. 『여성성과 지배』에서 산드라 바트키는 여성 억압의 현상학을 가정하고 있다. 그중 한 부분에서 그녀는 익숙한 시나리오를 그려낸다. "화창한 봄날이었다. 아무 생각 없이 나는 길을 따라 뛰어 내려가고 있었다. 갑자기 한 남자의 목소리가 들려왔다. 고양이를 부르는 듯한 날카로운 휘파람 소리가 대기를 채웠다. 이 소리는 분명히 성적인 의도를 담고 있었고, 나를 향하고 있었다. 소리는 길 건너편에서 들려오고 있었다. 나는 얼어붙고 말았다. … 방금 전까지는 너무나 편안했던 나의 몸이 지금은 나의 의식으로 넘쳐흐르고 있다. 나는 하나의 대상이 되고 말았던 것이다"(1990: 21). 이 문장은 비인간화와 대상화 objectification 사이의 관계를 묘사하고 있다.

장애인들에게도 억압과 자기 소외의 현상학이 존재한다. 우리네 공동체의 고립, 지위 강등, 의존, 의료화, 차별의 역사는 다른 억압받는 집단과 유사한 자기 연민과 열등감이 내재된 소외를 만들어 왔다. 장애인은 다른 억압받는 집단과 유사한 방식으로 대상화되고 조건지어졌다.

『더 이상 쳐다보지 마라 No More Stares』에서 여성 장애인들은 대상화에 대해 이렇게 열거한다.

> 바라는 게 있었다면, 나를 쳐다보는 것이 내게 얼마나 상처가 되는지, 나를 얼마나 위축시키는 일인지를 사람들이 깨달았으면 하는 거였어요. 나는 단지 이런 모습일 뿐이에요. 다른 사람들은 그런 시선을 내가 어떻게 느끼는지 모르는 것 같아요. … 그게 아니라면 왜 쳐다보겠어요?
>
> Ginny

> 비록 앞을 보지는 못하지만, 어렸을 때에도 누군가가 나를 쳐다보고 있다는 것을 분명히 알 수 있었어요. 내가 실수를 하거나 나무에 부딪히려 할

때면 누군가가 나를 쳐다보는 거예요. 그 누군가는 내가 "정상"이 아니라는 사실을 알고 있었던 거죠.

Sheila (Carrillo, Corbett and Lewis 1982: 11)

억압은 인간의 인간성을 무시한다. 다시 『더 이상 쳐다보지 마라』에서 인용해 보겠다.

때때로 나는 장애 때문에 너무나 외로워요. 나는 귀가 잘 들리지 않아요. 들을 수 있는 사람들과 듣지 못하는 사람들, 어느 쪽에서나 잘 지내고 있지만, 가끔은 말이죠, 어느 쪽에도 속하지 않는다고 느낄 때가 있어요. 말할 수도 있고 독순법에도 능숙하기 때문에 완전한 청각 장애인으로 인정받지도 못하고, 소리를 들을 수 없거나 통역기를 사용할 때도 있기 때문에 완전하게 들을 수 있는 사람으로 받아들여지는 것도 아니거든요.

Missy

처음으로 장애를 갖게 되었던 시절, 나는 다른 장애인들을 거부하려 했고, 장애라는 것 자체를 어떻게든 극복하려고만 했습니다. 장애인들과 섞이고 싶지 않았고, 그들과 관련되고 싶지도 않았지요. 비장애인으로 인정받고 싶었습니다. … 어떻게든 "정상"으로 받아들여지고 싶어 안간힘을 썼던 거죠.

Elsa(ibid., 15)

장애인들이 경험하는 자기 연민이나 편협함은 저개발 국가에서만 나타나는 현상이 아니다. 위에 열거된 경험담은 북아메리카에 살고 있는 여성들의 이야기이다. 장애인들이 겪는 고립과 자기 연민의 역사는 중심부 국가/저개발 국가의 경계선을 초월하여 나타나는 것이다. 물론 이러한 경험은 소수자의 경험, 억압의 경험이라는 형태로 어디서나 보편적으로 나타난다.

파농의 소외 이론을 요약해 놓은 르네 자하르의 글과 『더 이상 쳐다보지 마라』를 병치시켜 보자. "그 열등의식과 불안정성을 통해 스스로가 처해 있는 환경과의 관계를 구축해 간다는 점에서 볼 때, 식민화된 사람은 장애인[그녀의 용어를 내가 강조했다]이다. 그리고 점차, 파농이 '견딜 수 없는 편협함에 사로잡힌 죄수'라고 언급했던 상태가 되어 간다. 이 고독으로부터 빠져 나갈 수 있는 길은 모두 백인 세계로 향해 있다"(1974: 51). 비인간화가 낳는 결과물은 또 있다. 대부분의 경우, 사람들은 자기 연민과 존중할 게 별로 없다는 느낌, 그리고 불안정성으로 귀착되는, 자신과 타인으로부터의 소외를 즉각적으로 느끼게 된다. 파농은 이 부분을 아주 잘 포착하고 있다. "나는 구석에 처박힌다. 아무 말도 하지 않는다. 아무도 나를 알아보지 못하기를, 익명의 존재로 남을 수 있기를 갈망한다. 보라, 아무도 나의 존재를 알아차리지 못하는 한 나에게 주어진 몫을 수용하리라"(Fanon 1967: 116). 파농이 규정한 이러한 특징은 『더 이상 쳐다보지 마라』에서 발췌한 다음 단락에도 잘 나타나 있다.

> 사람들은 당신이 이질적일 때 당신을 쳐다본다. 그러한 시선을 통해 당신은 스스로를 화성인처럼 느끼게 된다. 자의식이 너무 강했던 나는 밖에 나가는 것을 정말로 원하지 않았다. 가족들은 말하곤 했다. "넌 밖으로 나가야 해. 우리가 바닷가로 데려 갈게." 그때마다 나는 그 제안을 거절하곤 했다. 그러면 아빠는 야간 근무를 가지 않고 함께 영화를 보러 갔다. 내가 보러 갔던 영화는 10시에 시작하는 심야 프로뿐이었다. 거리도, 극장도 어두웠다. 불이 다시 켜지기만 하면 아빠는 휠체어를 밀며 나를 밖으로 데리고 나가곤 했다(Carrillo, Corbett and Lewis 1982: 11).

억압을 희미하게 만든다는 사실 그리고 진정한 정체성을 완전히 사라지게 해버린다는 사실, 서로 관련되어 있는 이 두 가지는 소외의 결과이다. 억압받는 사람들은 자신이 스스로 통제할 수 없는 상태를 이유로 자기 자신을 비난하는 경향이 있다. 그들은 무력하다고 그리고 희망이 없다고 느끼며, 그러한 느낌은 잘못된 증오와 분노라는 비극적 허무주의를 낳는 경우도 있다. 코넬 웨스트는 미국의 흑인 사회에서 나타나는 허무주의를 "소름끼치게 의미 없고 희망 없으며 [무엇보다도] 사랑 없는 삶에 대처해 가는 살아 있는 경험"(1993: 14)이라고 묘사했다.

허무주의는 억압의 중요한 측면이다. 이는 가장 절망적인 단계에서 나타나는 소외의 한 형태이다. 그것의 사회적 증거, 즉 자살이나 범죄, 가정 폭력, 알코올 중독, 약물 남용과 같은 것들은 겪고 있는 억압을 그 자신이 알지 못하도록 숨기기 위한 것이다. 의미 없고, 희망 없고, 사랑 없는 삶이라는 것은 장애인들도 자주 느끼는 것이다. 소외와 조작된 의식은 실제 삶의 조건을 반영한다. 사람들이 의미 없고, 희망 없고, 사랑도 없다고 느끼는 것은 그들이 현실에서 동떨어져 있기 때문이 아니라, 그들의 일상 삶에서 희망을 가질 만한 이유나 자신들의 삶이 의미 있다고 느낄 만한 이유를 찾을 수 없기 때문이고, 그리고 실제로 사랑받지 못하고 있기 때문이다. 웨스트가 정의한 그대로 이러한 허무주의는 빈곤과 권력의 부재, 고립과 지위 강등에 대한 합리적인 대응인 것이다.

소외 때문에 사람들은 유사한 환경에 처해 있는 다른 사람과 동일시하기가 어려워진다. 타자화된 개인들은 자기 본연의 모습으로 존재하는 것을 원하지 않는다. 사르트르가 말했듯이, 그들은 스스로를 다른 누군가로 믿는 것이다. 이러한 자기 기만은 교활하다. 파농은 이러한 인식의 결여 또는 정체성의 결여가 해방으로 이어진 길을 가로막는 근본적인 이데올로기적 장벽이라고 했다. 아마도 『검은 피부, 하얀 가면』에서 가장 유명한 부분일 다음 구절에서 파농은 이러한 동일시 결여의 예를 다음과 같이 밝히고 있다. "앤틸리스 제도와 유럽에서 영화 〈타잔〉을 본다고 해보자. 앤틸리스 제도에서 젊은 흑인은 흑인과 맞서는 타잔과 스스로를 진심으로 동일시할 수 있다. 하지만 그 흑인 젊은이가 유럽의 극장에서 그 영화를 본다면 그러기가 어렵다. 그 흑인 젊은이를 자동적으로 영화 속의 야만인과 동일시하는 나머지 관객들, 즉 백인들 때문이다"(1967: 152-3).

권력과 이데올로기: 정체성(과 그 실패)에 대한 (조작된) 의식의 함의

의식 형성과 관련된, 정의 내리기 어려운 질문의 답을 찾는 과정에서 이 시대의 수많은 정치적 작가들은 정체성의 중요성을 역설해 왔다. 에르네스토 라클라우가 썼듯이, "라쿠-라바르트가 '정체성의 문제는 왜 일반적으로 정치의 본질적 문제가 되어서는 안 되는가?' 하고 물었을 때, 우리는 정체성 자체가 아니라 정체성과 그 실패가 문제라는 것을 덧붙일 수 있었다"(1994: 35). 이 문제는 여성이나 종교 집단이나 인종 집단이 서로 어떻게 그리고 왜 관계되어 있는지 혹은 관계되어 있지 않은지 하는 문제에서부터 국가주의의 발전에 이르는 영역에까지 걸쳐 있다. 사람들이 스스로의 정체성을 (노동자, 음악가, 엄마, 우표 수집가, 스포츠 팬 등으로) 결정하는 방식들 각각에는 고유의 특징이 있다.

정체성과 정체성의 결여에 대한 질문은 복잡하고 강력하다. 어째서 특정한 정체성을 기반으로 하는 사람들은 정체성이 다른 사람들을 증오하거나 심지어 죽이는가? 어떤 집단들이 서로를 더 쉽게 동일시하게 되는 이유는 무엇인가? 모든 정체성은 만들어진 것인가? 정체성의 형성은 기본적으로 경제적, 심리학적, 문화적 또는 정치적인가? 정체성 형성이 정치의 중심 문제가 아닐지는 모르겠지만, 중요한 관심사들 중 하나임은 분명하다.

마찬가지로 장애인권 운동에 있어서도 장애인들이 장애에 대한 정체성을 확립하지 못하였기에 나타난 정치적 딜레마가 있다. "대부분의 경우, 장애인들은 하나의 집단으로서 서로를 동일시하는 데 실패해 왔다. 그리고 그 실패는 그들에게 불리하게 작용해 왔다. 기존의 공통점들을 기반으로 하는 동료 의식을 발전시킬 수도 있었던 시기에 고립감만을 형성해 왔기 때문이다"(Brown 1992: 227). 나는 장애인들이 다른 장애인들과의 동일시에서 겪는 실패가 장애인권 운동의 잠재적인 영향력과 힘을 제약하는 기본적인 모순이라고 믿고 있다.

개인으로서든, 집단으로서든, 억압받는 사람들이 으레 그들의 억압에 순응하지도 않고 동일시하지도 않는다는 것은 놀라운 일이 아니다. 그들의 인생에 서 있는 표지판 모두가 이러한 것들을 의식하지 않은 채, 멀리 떨어진 방향만을 가리키고 있으니 말이다. 억압의 요점은 열등함에 대한 수치심이다. 파편화되고 개인주의적이며 과장된 데다가 이미지만 가지고 인식하는 세상에서라면 더욱 그러하다. 게다가 대다수의 사람들에게는 살아남기 위한 단순한 투쟁이 절실한 현실이다. 하루하루의 필요와 비루함을 뛰어넘어서 그 위를 바라본다는 것은 어려운 일이다.

장애인들이 다른 장애인들과 동일시를 이루지 못하는 이유를 분석하기 위해서는 자기 정체성의 유대 관계가 확고한, 다른 억압받는 집단들과 비교해 보는 과정이 유용할 것이다. 예를 들어, 팔레스타인 사람들은 가장 억압받고 파편화된 집단 중 하나지만, 집단 정체성 면에서는 결집력이 매우 강하다. 웨스트뱅크에 살든, 런던에 살든, 디트로이트에 살든 간에 그들은 스스로를 당당하게 팔레스타인 사람으로 생각한다.[3] 글렌 보우만은 자신의 글 「약속의 나라: 망명의 지위에서 본 팔레스타인 국가에 대한 고찰A Country of Words: Conceiving the Palestinian Nation from the Position of Exile」에서 팔레스타인 사람들의 정체성은 이야기, 노래, 그리고 무엇보다도 상상을 통해 결속되어 있다고 논했다. "논점의 요지는… 공동체에 대한 생각은 모두가 자신을 이 집단의 구성원이라고 상상함으로써 존재하는 '상상 속'의 구조물이라는 점이다. 다르위시의 문장인 '약속의 나라'라는 말은 회상이나 이야기, 노래, 역사 속에서 자신의 나라를 찾을 수밖에 없는 팔레스타인 사람들이나 나라를 잃고 고통받는 다른 사람들뿐만 아니라, 현존하는 공동체 내에서 살면서 주어진 것들을 누리고 있는 사람들에게도 의미 있는 말이다"(1994: 140). 보우만이 강조한 것은 담론 정치학, 다시 말해서 역사를 통해 그리고 그가 과거에 대한 강박적인 재생산이라 불렀던 말words과 의사소통을 통해 형성되는 정치적 정체성이다(ibid., 148). 그리고 더 나아가, 공통의 경험 없이 담론에 기반하여 형성된 정체성의 태생적 한계들을 보여 준다. 그는 자신의 논점을 명확히 하기 위해 에드워드 사이드의 『마지막 하늘 이후After The Last Sky』를 인용하고 있다. "본연의 것에서 단절된 계보와 우화들이 말과 관습의 의례가 되듯, 과거에 대한 기억memento들이 우리들 사이에서 그 순환 고리를 잃어버리는 것을 피할 수는 없다. 재생산되고 확장되고 주제화되고 윤색되며 그 주위를 맴돌게 된 수많은 것들이, 우리 팔레스타인 사람들이 정체감으로 스스로를 그리고 서로를 엮기 위해 사용하는 귀속의 그물web of affiliation 속에 존재하는 것이다"(ibid., 151).

보우만이 말한 많은 것들이 장애 정체성 형성과 그 실패에도 적용된다. 첫째, 장애에 대한 역사 ― 그것은 씌어지지도, 알려지지도 않았다 — 가 없고, 또한 인식되지도 않았기 때문에, 장애에 대한 자기 동일시가 어렵다. 둘째, 존재하지 않는 것, 즉 장애 공동체disability community를 "상상할" 수가 없다. 우리 공동체는 고립되어 있고 흩어져 있으며 긍정적인 의미도 없다(누가 병신에다가 쓸모없는 존재라는 자기 정체성을 원하겠는가). 셋째, 가족 내에서 계승되는 장애 문화 또는 이야기나 관습이나 언어 같은 수단으로 전해지는 장애 문화가 없다.[4] 넷째, 장애인들에게는 서로 관계를 맺거나 지지를 받을 '귀속의 그물'이 없다. 결국 유사하면서도 다양한 성격이 뒤섞여 있기 때문에 장애인들은 복합적이고 일부 중복되며 다소 모순되기도 한 정체성을 잠재적으로 갖고 있음을 강조할 필요가 있다. 우리는 자신의 특정 장애 내용, (멕시코 인이나 라틴아메리카 사람, 짐바브웨 인이나 아프리카 사람, 중국인이나 아시아 사람과 같은) 고향이나 민족성, 또는 하다못해 장애 기관이나 관계 있는 문제와 같은 요소들의 조합에 근거를 두는 정체성을 취할 수도 있고, 가끔 그렇게 하기도 한다. 정체성 형성은 계급, 인종, 성별, 또는 성적 지향 등에 의해 많은 (그리고 아주 근원적인) 영향을 받는다. 그리고 정체성과 그것의 실패는 역사 서술, 문화, 의미, 귀속 그리고 다름과 같은 각각의 영역에서 드러난다.

장애인권 운동에 대한 (조작된) 의식의 함의

권력 부재와 조작된 의식은 서로를 강화시킨다. 게다가 장애 정체성 형성의 실패는 이 두 가지 모두를 강화시킨다. 그 함의는 장애인권 운동에서 명백하게 나타난다. 장애인들에게 그러한 부분이 존재한다는 인식이 드높아지지 않는 한 강력한 장애인권 운동은 존재할 수 없을 것이며, 강력한 장애인권 운동이 없다면 장애에 대한 대중적

인식이 존재할 수도 없을 것이다. 초기부터 장애인권 운동을 하는 이들은 이러한 모순을 알고 있었고, 장애 정체성이 왜 형성되기 힘든지 그 의미에 집중하고자 애써 왔다. 그러나 운동가들이 이 문제의 복잡성에 관하여 철저하게 재고하게 된 것은 아주 최근의 일이다.

첫째, 장애인권 운동가들은 장애의 역사를 구축하기 시작했다. 이러한 노력은 개인의 삶에 대한 짧은 글이나 책에서부터 보다 광범위한 역사에 이르기까지 다양하게 펼쳐졌다. 이들 각각은 장애인 당사자의 관점에 서서 장애를 기술하고 있다. 신문과 잡지들이 배포되고 있다. 이러한 노력들로부터 장애에 대한 공동의 유산이 건설되기 시작했다.[5]

둘째, 장애 문화가 나타나고 있다. 음악이 작곡되고, 연주되며, 녹음되고, 퍼져 나간다. 장애인 춤꾼들이 순회공연을 하고, 그런 무대가 계속 만들어진다. 문학 역시 규모를 키우고 있다. 스포츠에서는 다른 무엇보다도 육상이 이러한 현상을 가장 대중적으로 보여 주고 있다.

셋째, 장애인을 언급하는 방식을 바꾸려는, 진지하고도 부분적으로는 성공적인 노력이 있어 왔다. 장애인권 운동은 자기 정체성 확립을 방해하는 언어적 묘사의 힘을 정확하게 인식해 왔다. 장애 정체성과 문화라는 문제에 대해 지대한 노력을 기울여 온 장애인권 운동가 스티븐 브라운은 이렇게 쓰고 있다. "지난 10-20년 동안, 장애를 이야기할 때 사용할 적절한 어휘에 대하여 엄청난 논의가 있어 왔다. … [모든] 집단들은 정체성에 대한 정의를 찾으려 노력했다. 우리가 우리 스스로를 무엇이라 부를 것인가에 대한 논쟁, 즉 언어를 둘러싼 논의는 우리는 누구인가에 대한 우리의 신념을 완성하기 위한 초석과도 같은 것이다"(1992: 5). 장애에 대한 담론을 변화시키고자 하는 국제적인 노력이 존재한다. 정체성이 완벽하게 형성되기 전에 우리는 그 내용을 긍정적으로 재고해야만 한다.

넷째, 장애인들을 위한 귀속의 그물로서의 역할을 수행할 수 있는 수천 개의 장애 관련 기관들, 지지 집단, 그리고 자조self-help 프로그램들이 겨우 20년도 안 되는 시간 동안에 만들어졌다. 이러한 기관이나 프로그램들은 원조 집단을 조직하는 개인에서 시작하여 엄청난 예산과 직원으로 움직이는 비정부 기구에까지 이른다. 또한 중요한 국가별 연맹이나 정책·개발 단체들도 있다.

다섯째, 장애인권 운동은 장애인들 사이의 공통점과 차이점을 인식해 왔다. 조작된 의식과 집단 정체성 사이의 간극을 긍정적으로 중재하는 데 성공하기 위해서는 서로 다른 환경 속에서 살아가는 서로 다른 사람들과 접촉하고 또한 그들이 또 다른 사람들과 접촉할 수 있어야만 한다는 사실을 장애인권 운동이 알게 되었다는 말이다.

정체성과 그 실패의 딜레마를 해결할 열쇠는 억압의 현상학 그 자체에 있다. 근본적으로, 지배의 산물로서만 존재한다는 점에서 봤을 때, 정체성은 만들어지는 것이다. 특정 사회 집단들은 지배 문화가 배제시키기 위해 선별해 둔 사람들의 모임으로서 존재한다. 매닝 매러블은 계급과 인종의 관계를 이렇게 이야기한다.

아이러니하게도 인종이라는 것의 역사적 의미와 실제는 언제나 근본적으로 계급 지배의 산물이었다. 지난 연구들을 살펴볼 때, 인종은 생물학적이거나 혈통적으로 파생된 것이 아니다. 그것은 백인 우월주의와 경제적 착취 그리고 사회적 특권에 뿌리를 둔 구조이다. 그것은 노예 제도와 대서양을 횡단하던 노예무역 과정에서 발전해 온 것이다. 인종 차별주의가 힘을 갖는 것은, 흑인 노동력 착취를 영속시키는 제도적 장치와 사회적 성과, 그리고 흑인 사회의 사회적·문화적 삶의 종속이 결합될 때뿐이다(1995: 72).

인종이라는 것은 피부색의 차이와는 거의 관계가 없으며, 그 모든 것은 정치적-경제적, 사회문화적 이유로 받게 되는 억압과 관계되어 있다. 인종 차별주의는 피부색이 다른 사람들에 대한 후진적 태도의 결과가 아니라 지배 문화, 즉 사람을 논리적으로 착취하고 억압하며 지위 강등시키는 지배의 산물인 것이다.

장애인의 경우에도 마찬가지이다. 장애인에 대한 억압은 장애에 대한 후진적 태도에서 파생되는 것이 아니라 지배 과정에서 사람을 주변화시키는 지배 문화의 산물이라고 할 수 있다. 장애 정체성은 장애인들이 자신들이 당하고 있는 억압을 깨닫기 시작했을 때 생겨난다. 억압은 의식을 구조화한다. 억압의 경험으로 의식을 물들인다. 한 개인이 장애인으로서, 흑인, 여성, 남성, 노동자, 팔레스타인 사람, 남아프리카공화국 사람, 또는 이러한 요소들이 혼재된 존재로서 자신의 억압과 관련해 스스로의 정체성을 찾으려 하든 그렇지 않든 간에, 그의 개인적 경험은 억압으로 가득한 것이다. 장애인권 운동이 공동체 구성원의 인식과 정체성에 영향을 미칠 수 있는 것은 이러한 억압의 경험을 조직화했을 때뿐이다. 이는 누가 장애인인가를 정의하는 문제와는 별 상관이 없다. 오히려 억압받는 인간으로서의 공통된 경험을 인식하고 있는 사람들과 관련되어 있는 내용이다. 커져 가고 있는 인식을 더욱 발전시켜 나가야 한다는 측면에서 보았을 때 이는 매우 중요한 내용이며, 그 발전의 뒤를 잇는 역량 강화에도 필수적인 것이다. 결국 장애인권 운동은 억압의 현상학이라는 살아 있는 경험의 총체, 즉 빈곤과 고립에서부터 지위 강등과 자기 연민에 이르는 경험의 총체라는 사실을 인식해야만 한다. 권력 부재나 조작된 의식을 낳는 억압을 체계적인 것으로 인식해야만 하며, 그것을 더 나은 방법을 알지 못하는 이들의 낙후된 태도일 뿐이라고 가볍게 치부해서는 안 된다. 억압의 경험은 보호 시설이나 자선 단체, 교실과 같은 장소에서 나타나는 특별한 것뿐만 아니라, 기존의 권력 관계를 재생산하려는 필요에 의해 전 사회 속에 널리 일반화되어 있는 것이다. 사실상 경제적, 사회적, 문화적 형태와 제도를 통해 부상하기 시작한 의식적 저항을 가로막을 강력한 장벽을 만들어 낼 수 있는 논리가 억압에는 존재하지만, 정치적 행동에 대한 필요성과 그를 위한 추진력 역시 그 논리에 따라 그리고 그러한 장벽과 함께 양산된다. 장애인권 운동이 출현하게 된 일상생활의 살아 있는 경험, 그것을 양산해 낸 것은 다름 아닌 억압 그 자체였다. 그리고 억압이 낳는 것은 언제나 순응과 저항이라는 두 가지 측면 모두였다.

6장
일상생활에 대한 관찰

페르낭 브로델의 명저 『물질문명과 자본주의: 15-18세기 *Civilization and Capitalism: 15-18 Centuries*』의 1권 "일상생활의 구조"에서는 일상생활이 그 시대를 살아가던 이들에게 가능했던 맥락이고 매개이며 또한 그 범주였다는 이유에서 일상생활을 보여 주고 있다. 이 책에서 브로델이 다루는 주제들은 사람이 무엇을 먹고 입었는지부터 시작하여 그들이 사용했던 경제적 교환 수단에 이르기까지 매우 다양하다. 브로델은 그러한 고찰이 실제 사람들의 삶을 보여 주는 사진이나 그러한 삶으로 다가갈 수 있는 입구에 불과할 뿐이라는 사실을 알고 있었음에도 불구하고 그 유효성을 간과해 버리지는 않았다. "일상생활은 개인이 어떤 시간이나 공간 속에서 거의 알아차리지 못하고 지나가는 사소한 일들로 구성되어 있다. … 여행자들의 기록을 통해 사회의 모습이 드러난다. 사회의 각기 다른 생활수준에 따라 달라지는, 사람들이 먹고 입고 거주하는 방식은 결코 무관심하게 지나쳐도 좋은 대상이 아니다. 그리고 이러한 사진들을 통해 한 사회와 다른 사회 사이의, 결코 피상적이지 않은 대조점과 상이점들을 지적해 낼 수 있다. 그것은 매혹적인 일이다. 이러한 이미지들을 다시 그러모으기 위한 노력이 의미 없다고는 생각하지 않는다"(1979: 29). 브로델과 마찬가지로, 그러한 관찰 방법의 태생적 한계를 알고 있음에도 불구하고, 내가 여기에서 일상생활에 대한 관찰을 하려는 이유가 바로 이것이다.

앞장에서 제시했듯이, 장애인들의 일상생활을 압도하고 있는 구조는 빈곤과 권력의 부재 그리고 후진적 태도(지위 강등)이다. 이러한 구조는 다수의 장애인들에게 브로델이 "가능성에 대한 제약"이라 불렀던 것을 상기시킨다. 그러나 다른 억압받는 이들도 모두 이러한 상황을 겪고 있기 때문에, 장애 억압에 대해서는 단순히 이런 일반적인 개념적 관점보다 더 많이 보여 줄 필요가 있다.

이 장에서 나는 장애인들에게 주어지는 가능성에 대한 제약들을 보다 생생하고 완벽하게 보여 줄 수 있는 일상생활의 일곱 가지 부가적 특징, 즉 (1) 눈에 보이지 않는다는 것 그리고 버려진다는 것, (2) 지원 서비스의 결여, (3) 자선을 통한 통제, (4) 장애의 계급화, (5) 폭력에의 취약성, (6) 비접근성, 그리고 (7) 지방과 도시 생활의 격차 등을 다루겠다. 이러한 특징들에는 빈곤과 권력의 부재, 후진적 태도 등의 특별한 관계가 존재한다.

눈에 보이지 않는다는 것 그리고 버려진다는 것

> 몇 년 전 우리는 태국에서 재활 업무를 책임지고 있는 공공 복지기관의 기관장에게 정신 지체 딸이 있다는 사실을 알게 되었다. 그녀는 어떤 재활 서비스도 받아 본 적이 없었다. 아버지가 창피하게 여긴다는 이유 때문에 그녀는 집 안에 갇혀 지내고 있었다.
>
> 나롱 파티밧사라키크, 태국 DPI 의장

장애인들은 눈에 보이지도 않으며 익명적인 존재이다. 이러한 상황은 랠프 엘리슨의 『투명 인간Invisible Man』에 등장하는 유명한 부분을 떠올리게 한다. "나는 보이지 않는 사람이다. 아니, 유령은 아니다. … 살과 뼈가 있고 근육과 체액이 있는, 그리고 어쩌면 마음이라는 것을 가지고 있다고도 이야기되는, 실제로 존재하는 사람이다. 그저 사람들이 나를 보려 하지 않기 때문에 눈에 보이지 않는 것이다"([1947]1989: 3). 이러한 현상이 벌어지는 주된 이유는 세 가지이다. 우선, 장애인들은 가족과 공동체에 의해서 버려지거나 숨겨지고 기피되는 경우가 많다. 그리고 격리와 비접근성 때문에 장애인들은 제대로 된 사회생활을 영위할 수 없었다. 금방 눈에 띄는 장애가 아니라 해도 장애가 있으면 말도 안 되는 사회 문화적 상흔으로 압박을 받게 되기 때문에 사람들은 그 장애를 숨기려는 경향을 보인다. 정치적-경제적, 사회문화적 환경에 따라 결과는 다르다 할지라도, 이는 전 세계에 걸쳐 공통적으로 나타나는 현상이다.

주변부 국가에서는 장애인권 운동가들이 고립과 장애에 대한 특유의 후진적 태도, 그리고 폭력이나 빈곤이나 식민주의와 같은 저발전의 명시적 증거들 사이에 존재하는 관계를 이야기한다.

파울루 사투르니누 피게레두: 척수성 소아마비를 통제할 수 있게 되었음에도 불구하고 브라질에서는 장애인의 숫자가 줄어든 적이 없다. 문제는 오히려 더 심각해진 상태이다. 이는 구조적인 문제이다. 또한 경제적인 문제이다. 사회가 무의식적으로나마 많은 수의 장애인을 필요로 하는지 어떤지는 모르겠지만, 예방책이 없다는 사실은 불명예스러운 일이다. 특히 민간 건설 분야에서 그러하다. 건설 회사는 이익만을 생각하고 노동자들의 안전을 신경 쓰지 않는 탓에 하반신 마비 환자를 만드는 사고가 이 분야에서 가장 많이 일어나고 있는 형국이다. 그리고 사고를 당한 사람들은 종적을 감춘다. 죽거나, 아니면 작은 도시로 옮겨가거나 또는 빈민가의 오두막 한 구석에 처박혀 조금씩 썩어 가다가 죽게 되는 것이다.

코에스비오노 사르만하디: 가족의 열등의식 때문에 장애 아동은 감춰진다. 그 때문에 교육을 받을 기회도 없는데, 그런 상황이 다시 인도네시아의 빈곤, 빈약한 저발전 상태로 이어지는 것이다. 특히 시골의 경우에 그러하다. 이 문제의 근원은 네덜란드에까지 거슬러 올라간다. 인도네시아는 300년에 걸쳐 네덜란드의 식민 통치를 받았는데, 그들은 사람들의 삶을 향상시키기 위한 일은 아무것도 하지 않았다. 오로지 빼앗아 갔을 뿐이다.

다닐로 델핀: 프놈펜에서 크메르루주 병사와 인터뷰한 적이 있다. 그는 장애를 입은 군인들이 겪는 심각한 문제점을 이야기했다. 남편이 장애를 입었다는 사실이 마을에 있는 다른 가족들에게 알려지는 것을 원하지 않기 때문에, 아내가 남편을 떠나는 상황이라고 말했다.

페르난도 로드리게스: 대체로 멕시코의 장애인들은 매우 고립되어 있다. 가족의 태도 때문이기도 하고, 접근성의 문제 때문이기도 하다. 물론 돈이 있는 장애인들은 교통수단을 이용하거나 건물에 들어가기 위해 도움을 받거나 할 비용을 지불할 수 있으므로 이런 경험들을 똑같은 방식으로 겪지는 않는다. 우리나라에서 장애인들의 자립 생활은 존재할 수 없는 것이다. 주된 이유는 후진적인 태도와 경제적 발전의 결여에 있다.

수년에 걸쳐 나는 다양한 환경과 조건에 처한 사람들을 무작위로 조사했다. 나는 언제나 "십 년 전과 비교해 볼 때 근래에 휠체어 사용자나 시각 장애인을 더 많이 보셨습니까?"라고 질문한다. 전형적인 대답은 "예. 전에는 그런 사람들이 혼자 있는 모습을 본 적이 없었지요"이다. 그러나 거기서 조금 더 나아가서, 예를 들어 "장애인을 마지막으로 본 것은 언제입니까?" 또는 "그들의 이름은 무엇입니까, 그리고 내가 어떻게 그들과 연락할 수 있겠습니까?"라고 물어보면, 대답은 "모릅니다"이다. 이러한 반응들은 '눈에 보이지 않는다'는 논제와 관련해 일어나고 있는 두 가지 현실을 보여 준다. 첫째, 더 많은 장애인들이 바깥으로 나가며, 우리 주위에 존재한다는 느낌은 사실이다. 그러나 둘째, 장애인들이 '눈에 보이는' 비율은 크게 증가하고 있는 반면, 학교에 가거나 쇼핑을 하거나 결혼을 하거나 파티에 참석하거나 운동을 하거나 산책을 하는 장애인들의 절대적인 숫자는 여전히 매우 적다는 것이다.

제롬 마인즈는 중국에서의 재활 서비스를 향상시키기 위한 국제적 노력에 관한 자신의 연구에서, 그러한 발전을 가로막는 최대의 장애물은 서비스를 필요로 하는 사람들의 고립임이 분명하다고 지적한다. "중국에서는 직계 가족을 제외한 모든 이들로부터 고립된 채 뒷방에 갇혀 평생을 살아왔다는, 정신 질환이나 정신 지체가 있는 성인들의 이야기를 듣는 게 그리 특별한 일은 아니다. 시골에서는 아직도, 심지어 베이징 같은 도시에서도 태어나자마자 버려져 결국 굶어 죽는 아이들이 있다는 이야기를 들을 수 있다"(1991: 5).

가족들이 너무나 굶주린 탓에 부양가족을 먹여 살릴 여유가 없는 것도 흔한 일이다. 베이징 대학의 한 대학원생은 이런 상황을 서구의 신문 기자들에게 전하면서 이렇게 요약했다. "우리나라 사람들은 집안의 혈통을 이을 수 있고, 그리고 부모가 늙었을 때 그들을 부양할 수 있는 자식을 원한다. 장애를 가진 자식은 이 두 가지 목적 중 어느 것에도 쓸모가 없기 때문에 일종의 사치에 불과한 존재이다. 중국에서 그런 사치를 누릴 수 있는 사람은 거의 없다"(『시카고 트리뷴Chicago Tribune』, 1995년 1월 17일). 이것은 아시아에서만 일어나는 일은 아니다.

알렉산더 피리: 사고 이후, 부모님이 두 번인가 세 번 정도 나를 찾아오셨지만, 결국 나는 버려졌다. 퇴원할 때 병원 사람들은 부모님이 그 자리에 나오시도록 노력했지만 실패했다. 그분들이 당신들 생각에 쓸모없는 자식을 원하지 않았다는 사실은 분명했다. 아프리카에서는 가족마다 아이들이 많은데, 그것은 그중 누군가가 좋은 직업을 얻어 부모가 늙었을 때 부양해 주기를 바라기 때문이다. 나의 부모는 나를 부담으로 여겼다. 또한 자신들의 마을에 장애 아이가 있다는 사실이 지니는 사회적 함의를 재고하려고 하지도 않았다. 배척당하게 될 것이기 때문에, 그리고 심지어는 조롱받게 될 지도 모르기 때문이었다.

프라이데이 만들라 마부소: 사실 [남아프리카공화국의 소웨토에서는] 많은 사람들이 이런 상황에 두 손을 들었고, 병원에 머무르고자 했다. … 심지어 병원에 머무르기 위해 욕창을 심하게 만드는 사람들도 있었다. … 예를 들어, 나이든 하반신 마비 환자들은 이제 막 장애를 입은 이들에게 밖으로 나가는 것은 곧 자살 행위라고 말하곤 했다.

'버려진다는 것'은 일반적으로 중대한 사회적 문제이지만, 특히 장애 아동에게는 큰 영향을 미치게 된다. 1억 4,300만에 달하는 브라질의 인구 중에서 버림받는 아이들의 수는 2천~3천만 명가량으로 추정되며, 일부는 시설에서 살고 있으나 대부분은 리우, 상파울로, 레시페, 살바도르, 벨로리존테의 거리를 방황하고 있다. 그리고 그중에서 장애를 가진 아이의 수는 일반적인 장애 아동의 비율을 과도하게 넘어선다. 장애 아기를 낳으면 여자가 버림받는 일이 흔한 제3세계에서는 장애 아동의 수를 정확하게 알아낼 만한 근거조차도 없다.

호사엘라 베후만 비엘레흐: 20년간 결혼 생활을 했으며 뇌성마비가 있는 15세 소녀의 어머니인 베라 엔리케스의 말에 의하면, 남편이나 배우자가 아이의 장애를 받아들이지 않는데다가 너무나 가난하기 때문에 장애 아동을 둔 여성들은 대부분 버림받게 된다는 것이다.

세상에는 수백만 명의 장애인들을 사회에서 잊혀진 존재로 만드는 그런 빈곤의 문제가 존재한다. 그들은 눈에 보이지 않는 사람들이다. 앞의 나롱 파티밧사라키크의 언급은 사람들의 일상생활 속에 존재하는 눈에 보이지 않는 상태와 고립의 요점을 보여 주고 있다. 장애에 대한 후진적 태도 때문에 장애인 복지 분야에서 일하고 있는 가족을 둔 장애인조차(극히 제한되어 있기는 하지만) 자신의 잠재 가능성을 계발할 수 있는 자원을 얻을 수 없는 상황이라면, 가난하고 권력 없는 수억 명의 장애인들이 그런 자원을 어떻게 얻을 수 있겠는가? 앞으로도 그렇고, 지금 역시도 그렇게 할 수 없는 것이다.

안전망 없이 살아남기

브라질 사회의 구조가 장애 공동체 내에서 재연된다. 브라질의 장애인들이 타국에서 온 시민들에게 해주는 이야기들 중에서 가장 충격적인 것은 사회 안전망이 없는 사회에서 살아남는 방법에 관한 것들이다.

유진 윌리엄스, 『브라질에서 안전망 없이 살아남기』

점자 전환 장비와 컴퓨터, 휠체어와 인공 보철, 수화 통역사, 재활 치료 및 작업 치료와 같이 적절한 지원 체계와 기술은 존재하지만, 장애인들 중 극히 일부만이 이용할 수 있다. 경제적으로 보다 발달된 지역에서도 이러한 지원 체계에는 차이점이 나타나지만, 특히 제3세계 나라들에서는 매우 심하다. 예를 들어, 북유럽의 사회 안전망은 미국이나 다른 유럽 지역 그리고 일본보다도 더 훌륭하다. 미국의 경우, 각 주에 따라 엄청난 차이가 존재하며, 심지어 같은 주 내에서도 마찬가지이다.[1] 전 세계에 흩어져 있는 수억 명의 장애인들을 고려해 본다면 이러한 지원과 서비스를 필요로 하는 이는 아주 많다.

휠체어, 목발, 보행 보조기, 인공 보철과 같은 이동 보조 수단을 필요로 하는 사람들은 자기 몸에 적절하게 맞는 것을 확보할 수 없는 경우가 많고, 아무것도 구할 수 없는 경우도 흔하다. 캄보디아, 아프가니스탄, 앙골라, 이집트처럼 수백만 개의 대인 지뢰가 묻혀 있고 신체 일부가 절단된 장애인들이 수십만 명에 달하는 나라들의 경우, 이는 특히 첨예한 문제이다.[2] 휠체어의 경우, 대부분의 장소에서 이용 가능한 반면, 거의 대부분 구식이거나 낡았다. 이는 쉽게 넘어가도 괜찮은 문제가 아니다. 기본적인 인권으로서 지켜져야 하는 것에 대해 뻔뻔스러운 폭력이 자행되고 있는 것이다. 다행히 그 지역에서 구할 수 있는 재료를 활용한 휠체어의 구조와 디자인을 국제적으로 발전시켜 온 랄프 호치키스와 같은 운동가들의 노력 덕분에 장애인들이 이용할 수 있는 장비들도 발전해 왔다. 최근인 1980년대에 일반적이었던 이동 보조 수단은 사람이 판자 위에 앉아 손으로 밀어서 움직이는, 스케이트보드 비슷하게 생긴 도구였다. 이것에는 두 가지 장점, 즉 가격이 저렴하다(집에서 제작할 수 있었다)는 점과 계단이나 굽은 길과 같은 환경적이고 건축적인 장벽들을 지나갈 수 있다는 장점이 있었다. 하지만 자동차 운전자들이 땅바닥 가까이 앉아 있는 사람을 보지 못하는 일이 많앉기 때문에 특히 거리에서는 위험했고, 너무나 더러웠으며, 사용자가 언제나 앉은 자세를 취하고 있었기 때문에 몸에도 좋지 않았고, 매우 느렸으며, 사용자의 시야를 가렸기 때문에 통행인들에 의해 방해받기도 쉬웠다. 무엇보다도 그 도구는 철저하게 장애인의 지위를 낮추는 형태였다. 일상적이지는 않지만, 이 도구는 오늘날에도 여전히 사용되고 있다.

아프리카에서 선보인 도구는 휠체어처럼 생긴 삼륜차이다. 이 바퀴 달린 수레는 그 지역에서 구할 수 있는 재료를 활용했기 때문에 상대적으로 저렴하다. 이 기구는 의자에 달린 페달을 손으로 돌려서 작동시킨다. 이 삼륜차는 전통적인 휠체어보다 훨씬 더 험난한 지형도 통과할 수 있다. 케냐에서 만난 케네스 모이라는 사람은 본래 이 세발자전거를 탄 채 거리에서 살고 있었다. 그는 수리비를 댈 능력이 없어서 타이어나 바퀴축이 고장 날 때마다 그것을 고쳐 주거나 부품의 일부를 무상으로 제공해 줄 자원자를 찾아야만 한다며, 그로 인해 자신의 삶이 위태롭다고 말했다.

감각기관의 장애나 다른 숨겨진 장애가 있는 사람들은 의사소통에서 지원이나 도움을 찾는 데 어려움을 겪는다. 심지어 이는 어느 정도 재정적인 자원이 있는 사람들에게도 마찬가지 문제이다. 점자 전환 장비나 수화 통역사, 청각 장애인을 위한 전신 타자기teletypewriter와 같은 원격 통신 기술은 제3세계 대부분에는 존재하지도 않는다. 그리고 [시각 장애인을 위한] 조직적인 이동 훈련도 이루어지지 않고 있다.

찰스 륭: 내가 들은 바로는, 아시아에서 시각 장애인은 가족이나 친구의 도움이 아니면 이동 훈련이라는 걸 받아본 적이 없다고 한다.

역설적이게도, 경제 수준의 편차가 큰 지역들이라 할지라도, 비슷하면서도 다른 일상생활의 영역이 교육이다. 간단히 말해서, 제3세계에서는 많은 장애 아동들이 교육 기회를 얻지 못한다. 반대로 경제적으로 발달된 지역에서는, 대부분 질적으로 떨어진다고는 하지만, 장애 학생들이 어느 정도는 교육을 받을 기회가 있다. 경제적으로 발달된 지역의 경우에는, "학습" 장애 학생들을 위한 "특수" 교육이라는 꼬리표가 달린 교육 경험이 특히 주목할 만하다. 왜냐하면 학습 장애 학생 수가 장애 학생 중에서 가장 많은 수를 차지하기 때문이다.

낸시 워드: IQ 50-60 정도였던 어릴 적, 그때가 내게는 무척 힘든 시기였다. 나는 우리 가족의 장녀였지만, 형제자매들은 내게 운동화 끈을 묶는 법이나 음식을 먹는 법, 그리고 학교에 가는 법 같은 것들을 가르쳤다. 나는 6학년 때 일반 학급에 있었다. 사람들은 멍청이, 바보, 저능아 따위로 부르면서 나를 놀리곤 했지만, 그래도 일반 학급에 있는 것이 좋았다. 6학년의 마지막 날, 교장 선생님은 내가 특수 교육을 받게 될 것이라고 말씀하셨다. 나의 부모님도 그것을 알고 계셨지만, 나에게는 말해 주지 않으셨다. 교육은 꼬리표를 하나 더 붙이는 경험일 뿐이었다. 나는 고등학교에서의 채점 방식을 기억하고 있다. 1점에서 7점까지 점수를 매겼는데, 평균 점수가 3점이었다. 하지만 특수학교에서는 가장 잘하는 사람이라 해도 4점을 받았다. 그러니 자동적으로 우리는 부족한 사람으로 인식되었다. 심지어 우리에게는 역사 과목을 듣는 것도 허락되지 않았다. 사실 고등학생이었을 때, 나는 6년 전 정규 수업에서 공부했던 5학년 사회 과목 교과서와 똑같은 책으로 공부해야 했다. … 나의 상담자는 특수 교육 관련자들 중에서 꽤 높으신 분이셨다. 어느 날, 내가 사무실에서 리포트를 쓰고 있을 때, 어떤 사람이 사무실에 들어와 "정신적으로 지체된 사람들"에 대하여 상담자와 이야기를 나누었던 일이 떠오른다. 마치 그곳에 내가 존재하지도 않는다는 듯한 태도였다. 나

는 교장 선생님에게 그 일에 대해 이야기했지만, 그는 내가 과민 반응을 보이는 것이라고 말했다. 이런 일들은 나의 청소년 시절을 채우고 있는 이야기들 중 일부일 뿐이다. … 졸업을 하고 지역 전문대학에 지원해서 간호 보조 자격 시험을 치르게 되었다. 내용에는 대수와 미적분에 대한 문제가 포함되어 있었다. 나를 괴롭혔던 것은 내가 대수나 미적분 문제의 답을 모른다는 사실이 아니었다. 나를 괴롭혔던 것은 내가 대수와 미적분이 무엇인지조차 모른다는 사실이었다.

사실 전 세계 어디를 보아도, 장애가 있는 젊은이들이 교육에서 겪게 되는 전형적인 경험은 철저한 배제가 아니면 분리이다. 물론 예외는 있다. 하지만 학생들을 일반 교실로부터 분리시키는 일이 일상적이다.

청각이 손상된 아동은 적절한 교육을 받는 과정에서 엄청난 장벽에 직면하게 된다. 판단 실수로 말미암아 어린 시절에 정신 지체 아동으로 분류되는 경우도 흔하며, 그에 따라 그들의 지능이나 사회성 발전이 저해되기도 한다. "운이 좋은" 아이들만이 분리된 학교로 보내진다. 제3세계에서 이는 곧 그 학교 특유의 언어 기호와 수화를 배운다는 것을 의미한다. 예를 들어, 남아프리카공화국에 사는 백인들의 생활수준은 아주 높지만, 나라 전체를 통틀어 보아도 수화 통역사는 몇 명 되지 않는다. 남아프리카공화국에는 청각 장애인 학교에서 각자 개발한 여덟 가지 서로 다른 수화 체계가 존재한다. (최근까지 그 학교들은 인종에 따라 다시 한 번 더 분리되어 있었다.) 이는 청각 장애인들끼리도 출신 지역이 다르면 의사소통에 어려움이 있다는 것을 의미한다. 계급에 의해 문화 체계가 무너져 내리는 방식을 보면 계급의 영향을 쉽게 알 수 있다. 다음은 남아프리카공화국 전국청각장애인협의회의 수잔 베르드와 가졌던 인터뷰 내용의 일부이다. 베르드는 백인이며 부유한 집안 출신이다.

베르드: 나중에 나는 로즈뱅크에 있는 청각 장애인 학교로 옮겼어요. 그러나 학교에서는 수화를 쓰는 것이 허용되지 않았지요.

Q: 수화가 허용되지 않았다고요?

베르드: 안 되더군요. 아직 20년도 안 된 이야기예요. 그 때문에 나는 더 이상 교육을 받을 수가 없었어요. … 그 후에 나는 유럽과 미국에 가서 3년을 보냈지요. 워싱턴에 있는 갤로뎃 대학에 갔어요. 갤로뎃 대학에 다니다, 돈이 떨어져서 3년 후에 다시 남아프리카공화국으로 돌아왔지요. 남아프리카공화국에는 전신 타자기가 몇 대 있었을 뿐 텔레비전 자막 프로그램도, 대학도 없었죠. 수화 통역사도 몇 명 안 되었고요. 청각 장애인을 위한 건 거의 아무것도 없었어요. 유럽이나 미국에 있었을 때는 모든 것을 볼 수 있었기 때문에. 돌아왔을 때의 끔찍했던 상황은 저를 좌절하게 만들었지요.

Q: 그 몇 년 사이에 어떤 변화가 있었나요?

베르드: 약간이요. 학교에서 부모들을 위한 수화 교육을 시작했더군요.

Q: 그렇다면 청각 장애인들을 위한 수화 통역사는 몇 명이나 있나요?

베르드: 아마 네다섯 명 정도 될 걸요. 이 나라의 규모를 생각하면 턱없이 부족한 숫자죠. 그들은 청각 장애인 가족 출신인 경우가 많아요. 훈련 과정은 없어요. 작년에는 영국에서 온 강연자를 더반 대학으로 보냈는데, 그녀가 80명의 비장애인들에게 수화를 가르쳤어요. 수화 통역사 강습회를 가진 셈인데, 그것도 더반에서의 하루뿐이었어요.

Q: 지방이나 흑인 거주 구역에 사는 흑인들은 어때요?

베르드: 아프리카의 방언을 기초로 하는 수화 중 내가 이해할 수 있는 것은 아주 적어요. 우리나라에는 총 12가지 방언이 있지요. 몇몇 수화는 꽤 유사하기도 해요. 하지만 줄루나 트소사 같은 부족 출신자들과는

이야기조차 할 수가 없어요. 청각 장애인이라 해도 백인이냐 흑인이냐에 따라 관심사는 정말로 다르지요. 우리[백인]들의 가장 큰 관심사는 텔레비전 자막 프로그램을 구하는 일이에요. 흑인들에게는 다른 세상 이야기죠. 그들의 관심사 중 하나는 협의회에서 발급하는 등록 카드를 구하는 일이에요. 그 카드가 있으면 버스를 공짜로 탈 수 있거든요. 백인들은 그 카드를 그런 목적으로 사용하는 일은 거의 없어요. 차가 있으니까요.
Q: 전화 중계 서비스 같은 게 있나요?
베르드: 아니요. 우리는 라이프라인Lifeline이라는 걸 써요. 긴급 상담 전화거든요. 우리들 사이에는 수많은 비공식 네트워크가 존재해요. 그런 네트워크가 일을 해결할 수 있는 유일한 방법이기도 하지요. 사교 모임도 있고, 한 달에 한 번씩 만나기도 하죠. 하지만 큰 도시가 아닌 다른 지역에 사는 사람들을 위한 건 아무것도 없을 거라 생각되네요.

청각 장애인에게 있어 지원 체계의 결여는 중대한 사회적 결과를 낳는다. 청각 장애인인 형제를 위해 손위 형제가 수화 통역사가 되는 것은 일반적인 일이다. 듣는 데 어려움이 있는 사람이 부모라면, 자녀가 통역사로 "훈련될" 것이다. 수화라는 것은 현학적인 언어는 아니지만, 일상생활과 관련된 질문과 응답 또는 필요라는 면에서 기능적이기는 하다. 문제 삼아야 할 것은 그 결과이다. 형제 또는 자녀라는 이유로 수화 통역사가 된 이들은 청각 장애 형제나 부모의 부속물과 같은 존재가 된다. 그 결과, 가족 내에서 적대감이 생겨나는 일도 흔하다. 통역을 하는 아이는 자신이 형제나 자매가 아닌 "도우미"라는 사실에 분노하며, 부모는 자신이 자식에게 의존해야 하는 현실에 분개한다. 그렇지만 그것이 가능성에 대한 제약이라는 것을 기반으로 하는 필수 불가결한 일이라는 점도 사실이다.

베르드가 짧게 언급했듯이, 청각 장애인을 분리시킴으로써 발생하는 흥미롭고도 긍정적인 부산물들도 있다. 수화 통역사들이 실용적인 목적에서 언제나 옆에 있어 주는 것도 아니고 교육 가능성 또한 제한되어 있기 때문에, 여러 가지 필요에 의해 청각 장애인 동료들 사이에는 엄청난 상호 작용이 존재한다는 점이다. 청각 장애인 공동체에만 외따로 해당되는 것이기는 하지만, 잡담이나 소문, 사람 사이의 이야기가 주된 내용인 복잡한 의사소통 네트워크는 매우 폭넓게 퍼져 있다. 누가 뭐라 해도 청각 장애인들이 살아남는 방식에서는 이 네트워크가 중요하다. 도시에 거주하는 이들의 경우에는 특히 그러하다. 내가 말하고 싶은 것은 청각 장애인들은 가장 기동력이 뛰어난 데다가 사회와의 상호 작용도 가장 폭넓게 이루고 있지만, 그와 동시에, 역설적이게도 그들의 문화적 고립성 때문에 실질적인 통합은 가장 이루어 내지 못하고 있다는 사실이다. 바깥 세상에 나간다고 해도 그 세계와 접촉할 의사소통 수단이 없기 때문에 그들은 고립된 상태에서 자신들만의 네트워크를 구축하게 된다. 바로 이 지점에서 고립된 개인들은 눈에 보이지 않는 존재가 된다. 그들의 세계는 침묵한다. 지원이 없는 세계에서, 그들의 세계는 꿰뚫을 수 없는 침묵이다.

중증 신체 장애인들에게 있어 활동 보조원은 자립과 의존 사이의 차이를 의미하는 중요한 지원 체계이다. 활동 보조원은 아침에 침대에서 일어나는 일부터 개인 위생, 요리나 쇼핑, 세탁 등의 도움을 줄 수 있다. 장애인들이 오랜 시간을 들여야 할 수 있는 일, 그럼으로써 체력과 시간을 모두 낭비하게 되는 일들을 개인 도우미들이 수행하는 경우도 많다. 이러한 용역 서비스는 경제적으로 발달된 지역에 살고 있는 대다수 사람들에게 이용 가능한 것으로서, 제3세계에는 존재하지 않는다. 더군다나 미국에서 활동 보조원 서비스를 홍보하고 전달하는 자립생활센터와 같은 것을 제3세계에는 찾아보기 힘들다. 1990년대 초반에 들어서야 남아프리카공화국에서 처음으로 이런 프로그램이 시작되었을 뿐이다.

호사엘라 베후만 비엘레흐: 우리가 자립생활센터를 열기 전까지 브라질에는 그러한 활동 보조원 서비스가 존재하지 않았다.

거의 대부분의 장애인들이 적절하고 필요한 지원 없이 살아가고 있다. 많은 운동가들은 그중에서도 정신 지체 장애인들이 가장 어려운 생활을 하고 있다고 결론짓는다. 이는 전 세계 어디에서나 공통적인 현상이다. 아주 드물게 예외가 있기도 하지만, 우리는 유럽이나 미국의 보호소라는 게 얼마나 끔찍한 기관인지 알고 있다. 미국의 노숙자들 중 상당수가 정신 관련 장애를 갖고 있다는 사실 또한 알고 있다. 여기서 더 나쁜 소식을 이야기해 보자. 그러기 위해서는, 현재 존재하는 선택권의 폭이라는 것을 살펴볼 필요가 있다. 아무리 잘 봐주려 해도 의심스럽다고 판단되는 전문적인 정신 건강 요법이라는 것의 가치와 역할에 대한 의문은 제쳐 두고서라도, 경제적으로 발달된 국가와 제3세계 국가들 사이에서 드러나는 정신 건강 전문가의 차이는 명확하다.

엄청난 인구와 (상대적으로 발전되고 전문적인 계층과 함께) 빈곤을 안고 있는 인도, 그리고 폭발적인 발전을 보이고 있는 동남아시아 국가들은 아시아에서 나타나는 상황의 양극단을 보여 주고 있다. 국내 인구만 9억 명을 넘어선다고 추정되는 인도에는 총 수용 가능 인원이 겨우 2만 명인 42개의 정신병원이 있으며, 정신 건강 전문가의 수는 도합 2,500명에 불과하다(Dunlap 1990: 70). 브루나이, 말레이시아, 인도네시아, 필리핀, 태국, 싱가포르로 이루어진 아세안ASEAN 지역에는 2억 7,500만의 인구에 650명의 정신 의학 전문가가 있다. 이는 대략 50

만 명 중 한 명의 정신 의학 전문가가 있다는 뜻이다(Deva 1990: 22). 이 비교 결과로 알 수 있는 것은 정신 장애인들이 선택할 수 있는 서비스에서 수준 차이는 인상적인 것이 아니며, 단지 자원이 보편적으로 결여되어 있다는 점이다.

자선과 사회 복지

자선의 사회적 역할은 부정적이다. 그들은 통제하고자 우리를 찾아다닌다. 자선은 역량 강화나 사회 통합에 흥미를 보이지 않는다. 자선이 서 있는 곳은 오히려 분리의 편이다. 사실, 우리가 사회 통합과 기회의 평등을 이루기만 하면, 자선은 사라지기 시작할 것이다. 자선의 제도적 관심사가 '분리'에 있다면, 우리의 관심사는 '통합'에 있다.

조슈아 말린가, DPI/DPSA

여동생과 나는 근육퇴행위축협회의 포스터에 실린 아이들이었다. 1962년으로 돌아가 보면, 우리는 그저 아이들일 뿐이었지만, 사회 복지 단체 운영을 위한 돈을 모으는 데 있어서 사람들의 동정심을 자극하는 도구가 되었고, 제리 루이스의 텔레톤에서 이용당하면서 이미 착취당하고 있었다.

마이크 어빈, ADAPT 시카고

사실, 내가 스웨덴으로 이주했을 때, 사람들은 그저 내가 수당이나 복지 체제 때문에 이곳으로 온 것이라 추측했다. 가난한 사람들을 위해 모든 편의를 제공하는 복지 국가라는 것은 서비스 대신에 권리를 요구하고, 분리 대신에 통합을 외치는 우리의 운동에는 부정적인 영향을 미쳐 왔다.

아돌프 라츠카, 스톡홀름 자립생활연구소 소장

2장에서, 나는 사람들의 동의를 양산해 내고 결국에는 권력과 통제를 유지하는 이데올로기와 이데올로기적 제도들의 역할에 초점을 맞춤으로써, (장애) 억압이 합리화되고 재생산되는 방식에 대해 생각해 볼 것을 제안했다. 학교나 교회, 미디어의 제도적 역할은 상대적으로 이해하기 쉬운 반면에, 또 다른 하나, 즉 다소 불분명한 제도는 통제의 대행자 기능을 담당한다.

힘들고 지위 강등된 장애인들의 입장을 날카롭게 그려내고 있는 것으로 생각되어야 할 자선과 사회 복지 기관(폭넓게 생각한다면, 민간 복지 단체, 보호소, 주거 시설들)에 의해 장애인들은 엄청나게 통제당하고 있다. 자선 기관이 유럽과 미국에 좀 더 확산되어 있기는 하지만, 이러한 통제는 전 세계적인 상황이다. 영국 DPI의 지도자인 레이첼 허스트는 이러한 통제를 내용상으로는 식민주의라고 주장했다. "유럽 전역에 장애인들을 위한 기구들이 있지만, 그 기구들은 정부나 다양한 자선 단체의 통제를 받고 있는 경우가 많다. 예를 들면, 전문가 기구 또는 부모 교육을 위한 기구 같은 것들이 있다. 이 기관들은 우리가 우리 자신의 문제에 대해 우리 목소리를 내는 걸 막는 장벽이 된다. 그들은 급진적인 성향을 보일 수가 없다. 그러나 최대의 장벽은 무엇보다도 자선의 윤리라는 것이다. 영국과 마찬가지로, 모든 '식민지' 국가들에는 이 분야 혹은 저 분야의 전문가들에 의해 운영되는 기관들이 우후죽순처럼 들어차 있다. 장애인들과 협의한다는 생각은 그 어느 기관의 안건에도 존재하지 않는다. 과거의 식민 통치 시절에 존재했던 원주민과의 협의라는 개념보다 조금 나은 정도라면 있을지도 모르겠지만 말이다"(1995: 530).

많은 이들은 "혜택 받지 못한disadvantaged" 사람들의 삶에서 자선이 긍정적인 역할을 수행한다고 주장한다. 자선 단체나 사회 복지 단체들을 비판하면서, 동시에 대부분의 장애인들이 복지의 기본인 사회 안전망에 접근조차 못한다고 지적하는 것은 모순이라 생각할 사람들도 있을 것이다. 몇몇 개인이 자선에 의해 도움을 받고 있다는 것은 의심의 여지도 없는 사실이다. 그러나 자선이 통제의 대행자로서 기능하는 방식이 문제이다. 자선의 결과는 잘해 봐야 의존이다. 최악의 경우, 장애인들은 더욱더 고립되고 지위 강등을 당하게 된다. 자선의 존재 이유raison d'être는 스스로 어찌할 방도가 없는 사람들을 돕는 것이다. 조슈아 말린가가 지적했듯이, 사람을 판단하는 이들이 다른 이들을 불쌍하다고 여기지 않는다면 자선은 저절로 사그라질 것이다. 자선은 빈곤의 침묵하는 주체이다. 의존이 억압의 한 조건이듯이, 자선은 빈곤의 한 조건이다.

자선의 역할에 대해 의문을 품는 사람들은 사회에 적응하지 못한 사람이나 이성을 잃고 무엇이 자신에게 좋은 것인지도 모르는 사람으로 간주된다. 이는 억압자들이 "당신은 너무나 궁핍한데다가 지위도 낮기 때문에 우리가 당신을 보살펴 주기 위해 이러한 자선을 베풉니다. 감사히 여기시오."라고 이야기하는 것과 마찬가지이다. 베르톨트 브레히트의 『서푼짜리 오페라The Threepenny Opera』에 등장하는 유명한 대목을 상기해 보자. "좀 다르게 자랐더라면 우리도 이렇게 버르장머리 없이 자라지 않았을 테지. 선량하게 자랐을지도 모를 일이야." 빌리 골퍼스는 자신의 글 「선행자Do-gooder」에서 말린가의 말을 반복하고 있다.

내가 '선행자'라고 말할 때, 그것은 상담가나 직원, 직업적으로 일하는 사람들 그리고 도우미로 분류되는 사람들을 의미하는 것이 아니다. 기관이나 프로그램, 또는 "보살펴 주는 사람"이라고 하는 이들을 의미하는 것이다. 선행자라는 용어는 당신이 아플 때 죽을 쑤어다 주는 이웃의 친절을 자청하는 형태로 등장한다. 가끔이라면, 누구라도 할 만한 그런 일 말이다. 하지만 내가 말하는 것은 그런 의미가 아니다. 이를테면, 나는 그런 일을 전문적으로 하는 사람들에 대해서 이야기하고자 한다. … 사고가 일어난 후 나는 아주 천천히 눈을 뜨기 시작했다. 그들의 말에 따르면, 일어난 일을 처리하는 데에도 수년이 걸렸다. 내가 입은 신체장애와 뇌 손상으로 인해 몸은 부자유스러웠고, 다리를 질질 끌게 된 것 역시 마찬가지였지만, 그래도 친구들이나 사회 체계, 특히 선행자들의 대우만큼 나쁘지는 않았다. 이들은 "전문가들"이다. 이런 맙소사! … "전문가"라는 명패에 "도움"이라는 단어를 내거는 것은 인간미, 관대함 그리고 연민이라는 의미를 내포한다. 마치 그들의 행동의 이유가 공동체의 정신이나 개인적인 신념에서 나오기라도 한 것처럼 말이다. 내게 쉴 시간을 달라. 그들이 "보살펴 주는" 사람들보다 더 나은 삶을 누리고 있다고는 하지만 선행자들이 돈 때문에 그런 일을 하는 것이 아니라는 점은 명백하고, 입으로는 지원이니 보살핌이니 하지만 결국은 얼토당토않은 소리를 지껄이면서 자신들 본연의 욕구를 만족시키려 할 뿐이다. … 당신이 장애를 입게 되고 이런 자선가들이 나타나기 시작한다면, 그때 당신이 할 수 있는 일은, 쉽게 말하자면 아무것도 없다. 다시 한 번 이야기한다. 선행자들이 이런 고생을 사서 하는 통에 나는 몇 년 동안이나 고통 받았다. 그들은 다른 이의 삶에 대한 통제권을 걸고 게임을 하고 있을 뿐이다(1994: 165-8).[3]

자선 광고를 조사한 데이비드 헤비의 『잊혀진 창조물 The Creatures Time Forgot』에 대한 논평에서, 페미니스트이자 장애인권 운동가인 앤 핑거는 자선에 대해 유사한 부분을 지적하고 있다.

헤비는 자선의 기능을 "사회의 상처를 동여매는 것"이라고 지적한다. 첫째, 자선의 존재 이유는 그러한 상처를 예방하는 기본적인 사회 변혁보다는 그러한 상처들을 개선시키는 것에 있다. 보다 중요한 것은, 장애인들을 철저히 배제하고 억압하는 (국가에서부터 아래로 가족에 이르는) 사회적 조직이 아닌 (장애인들의 몸이든 마음이든 간에) 손상 그 자체에서 나오는 억압에 자리 잡고 있는 자선이라는 것은 본질적으로 사회적이고 정치적인 변화를 회피하고 "부족한 이를 돕는" 개인적인 해결책을 제시한다는 점이다. 자선 산업은 자본주의적 방식(그래도 우리에 대한 억압의 원천을 자본주의라 명명하는 것을 두려워하지 않으면서 장애를 다룬 책을 읽을 수 있다니 이 얼마나 다행인가!)으로 기능하고 있을 뿐만 아니라 각각의 개인적 사업 또한 "자선 모금"을 위해 다른 자선과 경쟁해야만 한다. 그렇기 때문에 자선 광고는 "그것의" 질병 및 손상이라는 이미지, 그리고 끔찍한 손상을 입은 사람들의 후견인/구원자/지상의 대표자로서의 특별한 자선이라는 이미지를 만들어 내는 것이다(1993: 29-31).

헤비는 그람시의 헤게모니 개념을 자선 행위에 차용해 자선이 장애인들을 통제하는 기본적인 제도라고 주장하고 있다. 저널리스트이자 장애인권 운동가인 로라 허쉬는 자선 광고와 장애인권 운동의 반응을 이렇게나 완벽하게 묘사해 낸다.

사진 1: 한 여성의 눈에 눈가리개가 씌워져 있다. 그녀는 밧줄과 사슬, 그리고 갈고리가 달린 쇠줄에 묶여 있다. 사진 2: 또 다른 여성이 고개를 푹 숙인 채 서 있다. 마찬가지로 그녀의 팔과 몸통은 줄과 사슬로 칭칭 감겨 있다. 이 흑백 사진들은 성인 영화를 광고하는 내용이 아니다. 이 사진들은 실제로 동정을 간청하는 모습을 담고자 했다. 근경화증의 예측할 수 없는 증상을 극적으로 표현했다는 이 광고는 국립근경화증협회의 주문

에 따라 전국에 걸쳐 방송되기 시작했다. 폭력적이고 유사 포르노적인 이미지를 통해, 이 광고는 장애 여성이 본래 어쩔 수 없이 무력한 존재, 완벽한 희생양이라고 하는 개념을 적나라하게 보여 줌으로써 성과 장애에 대한 고정 관념을 강화하고 있다. … 근신경 관련 장애를 가진 여성으로서 그리고 한 사람의 페미니스트로서… 나는 코미디언 제리 루이스가 노동절에 방송하는 근육퇴행위축협회의 텔레톤에 대한 항의 행동에 참여해 왔는데, 이 프로그램은 근신경 장애의 "압도적으로 끔찍한" 영향을 보여 주기 위해 그리고 그를 통해 동정심을 불러일으키기 위해 전형적인 성역할과 최루성 음악을 이용하고 있다. … (한 소녀의 아버지가 통곡하며 말한다. "누구도 이 아이와 파티에 함께 가려 하지 않아요")(1995: 96).

골퍼스와 핑거와 허시는 미국에서 살고 있고, 헤비는 영국에서 살고 있지만, 주변부 국가에 살고 있는 운동가들 역시 이와 똑같은 이야기를 털어놓는다.

알렉산더 피리: 우리가 일을 시작했을 때, 재활 산업 쪽에서 우리를 막으려 했다는 것은 흥미로운 이야기이다. 그들은 정부 측에 우리가 게릴라 활동을 하는 조직원이라고 말했다. 그것은 우리들에게는 매우 어려운 문제로 발전할 수도 있는 이야기였다. 백인 정부가 우리를 진압해 버릴 수도 있었기 때문이다. … 나는 이런 종류의 자선을 몸소 체험했다. 초등학교를 마치고 내가 원하는 중학교의 입학시험을 통과했을 때, 당시 내가 살고 있던 자선 시설의 사람들은 내게 학교에 갈 수 없다고 말했다. 우리들 중에서 학업 성적이 우수하고 기독교 계열 학교[중학교]에 지원한 아이는 두 명이었다. 하지만 시설 측에서는 나에게 학교를 포기하고 구두 수선공이 되어야 한다고 했다. 그들은 장애인에 대해 수공예 기술직으로만 살아갈 수 있다는 생각을 갖고 있었다. 시설에 있던 몇 년

동안, 나는 학교에서의 학업 성취도와 상관없이 언제나 기운 빠지는 이 야기만 들어야 했다. 자우로스 지리 기관에서 나에게 비서직을 제안했 을 때, 그것을 거절하자 사람들은 그 자리가 내가 할 수 있는 유일한 일 이라고 이야기했다. … 자선의 역할은 우리를 억누르는 모든 것으로부터 우리를 자유롭게 하는 것이 아니라 우리를 통제함으로써 돕는 것이다.

프라이데이 만들라 마부소: 사회 복지 기관에 종사하는 수많은 사람들 은 우리들을 배은망덕한 인간들로 생각하고, 특히 장애인보호협회는 우리를 위협적인 존재로 간주한다.

호사엘라 베후만 비엘레흐: 재활 센터에서 조직화를 추진하던 당시, 우 리는…『클란데스티노』라는 이름의 소식지를 간행하기 시작했다. … 재활 센터에서 우리를 쫓아낸 것은 바로 이 소식지 때문이었다.

이러한 경험이나 결론은 결코 놀랄 만한 내용이 아니다. 자선의 임무는 사회에서 생계수단을 확보하지 못한 사람들, 특정한 조건만 주 어진다면 폭도로 돌변할 가능성이 있는 사람들을 돌보는 것이다. 예를 들어, 1916년으로 돌아가 보면, 헨리 포드는 노동자들의 "조직화"를 돕기 위해 노동자 공동체에 사회사업가들을 투입한 바 있다(Harvey 1992: 126). 사회사업가들은 사람들에게 어떻게 하면 자립적으로 될 수 있는지를 가르침으로써 진보적 역할을 수행할 수도 있었던 전통적인 사회 복지의 한 부류였으나, 그들은 (예외도 있기는 했지만) 주로 도움 을 준다고 하는 특유의 성향만큼이나 기관의 과정을 착실히 따랐고, 자신들의 "고객"을 돌보려고 들었다. 이것이 바로 파울로 프레이리가 논했던 내용, 즉 사회사업가들은 "보조자"로서의 교육을 회피하는 순 간 "온정주의, 의존의 촉진자"가 된다고 논했던 내용이다(1987: 115).

몇몇 국가들은 너무나 가난하기 때문에 자선 기관들은 자원이나 영향력이 거의 없다. 다른 곳에서는 자선이 중요한 사회 제도이다. 두 가지 경우 모두에서, 이러한 시설이나 네트워크가 작동하는 사회적 조정의 수준이 어느 정도이든지 간에, 자선은 무력한 이들을 돕는다는 기제에 따라 장애인들의 생활을 통제하는 것이며, 또한 그 안에서는 눈에 띄게 두드러지는 요소이다. 자선은 또한 모든 이에게 접근성을 제공해야 한다는 책임을 회피할 수 있게 해준다. 장애인들은 이런 말을 듣게 된다. "어디어디를 찾아가라. 그것은 장애인만을 위한 특별 프로그램이다."

자선과 전통적인 사회 서비스는 다른 방법을 통해 통제자로서 자신의 역할을 다한다. 첫째, 그것은 인간에 대해 책임을 진다(동시에 인간의 책임을 빼앗는다). 누군가 이에 항거하면, 그것은 지위 강등으로 직결된다("네가 뭘 할 수 있겠어? 그냥 감사하도록 해"). 다음으로, 자선과 사회 복지는 (감사할 줄 모르는) 반대자, 특히 정치적 의식이 있는 이들을 분리시키고 표적으로 삼으며, 필요할 때에는 그들을 짓뭉개기 위해 신속하지만 아주 안전하게 움직인다. 대부분의 경우, 자선이나 자선 단체는 사악한 놈들이나 사기꾼 같은 이들로 이루어지는 것이 아니다. 자선이 이런 식의 반작용을 보이는 이유는 자선이라는 것 자체가 장애인들의 경제적이고 심리적인 의존을 통해 유지되는 것이기 때문이다. 지금 우리에게 필요한 것은 기존의 지배와 복종의 관계를 유지시키기 위해서 존재하는 자선이 아니라 자립과 존중에 대한 요구를 들어주고 지원하는 프로그램과 제도인 것이다.

장애의 위계

중국에는 정신 장애인을 위한 것이 아무것도 없다. 실수로 정신 지체로 분류되기 때문에 뇌성 마비 장애인들도 마찬가지라고 할 수 있다. 그들은 난폭하게 다루어진다. 그들을 보고 있노라면 우리[시각 장애인들]의 상황은 그나마 견딜 만한 것으로 느껴질 정도이다.

찰스 룽, 홍콩장애청년연합 관리위원회 회장

장애에는 위계가 존재한다. 이는 전 세계의 대륙과 서로 다른 수준의 경제 개발 지역을 넘어 확장된다. 그 서열은 이러하다. 정신 장애인과 정신 장애를 가진 것으로 간주되는 사람들이 가장 어려운 생활을 하고 있다. 그 다음이 청각 장애 집단이다. 지체 장애와 시각 장애에 대한 정치적, 경제적, 사회적 기회와 지원 체계는 그나마 낫다.

왜 그럴까? 첫째, 시각 장애인들을 위해 만들어진 사회 복지 체계의 역사가 가장 길고, 청각 장애인이나 정신 장애인을 위한 체계의 역사가 가장 짧다는 점에 주목할 만하다. 둘째, 정신 장애는 시각적으로 드러나지 않기 때문에 더욱 고립되며, 그 결과는 부적절한 지원 체계로 이어진다. 셋째, 정신 질환을 가진 이들은 자신의 삶을 운영해 나가고 스스로의 권리를 위해 투쟁하는 데 필요한 능력이 가장 적다. 또한, 정신 장애인들은 학대를 당하거나 심지어 적대시되는 일도 많은데, 이는 많은 사람들이 "미친 사람"들이 (그들에게) 미친 짓을 할 것이라 두려워하기 때문이다. 넷째, 정신 장애인들과 청각 장애인들에게 적절한 지원 체계는 아주 복잡한 데다가, 전문적이고 기술적인 사항들이 필수적으로 요구된다.

대부분의 라틴아메리카와 아프리카 지역에서, 정신 장애 여성은 성추행과 강간의 희생양이다. 남성 장애인의 경우에는 야만스러운 폭력의 대상이 되는 경우가 많고, 우스꽝스러운 옷을 입은 채 대중의 구경거리가 되는 일도 있다. 결국 이런저런 방법으로 그들은 종적을 감추고 사라지게 된다. 가족들 또한 이를 알고 있으며, 정신 장애 아동을 살해하는 것도 그리 드문 일은 아니다. 장애 아동 본인을 위해서 말이다. 더 흔한 경우는 정신 장애인들이 버림받은 채 시설에 수용되거나 거리를 부랑하는 거지로 살아가는 것이다.

페르난도 로드리게스: 내가 보기에, 멕시코에서는 장애를 서비스와 태도에 따라 4개의 영역으로 나눌 수 있는 것 같다. 멕시코에서 가장 소외된 장애인은 정신적 결함이 있는 이들이다. 이들이 안고 있는 문제가 가장 많다. 비싼 시설도 몇몇 있기는 하지만, 말 그대로 비싸기 때문에 대부분의 사람들은 정신 의학적 지원을 받아볼 엄두도 내지 못한다. 정신 지체 장애인들에게는 가족이나 개인적인 상담자도 거의 없다. 그 다음으로 주변화된 장애인들이 청각 장애인 집단이다. 멕시코 전체에 걸쳐 숙련된 수화 통역사들이 거의 없다는 점을 고려할 필요가 있다. 그 결과, 이러한 지원 서비스를 필요로 하는 사람들이 교육을 받기가 어려워지며, 일상생활을 영위하면서도 의사소통을 가로막는 장벽이 생겨나는 것이다. 다른 두 집단의 장애인들[시각 장애인과 이동에 어려움을 겪는 이들]은 훨씬 잘 조직되어 있으며, 위에서 말한 두 집단에 비하면 많은 서비스를 누리고 있다. 그래봐야 우리가 누릴 수 있는 서비스 역시 절대적으로 부족하다는 사실은 말해 두어야겠지만 말이다.

알렉산더 피리: 우리에게 주어진 기회 역시 빈약하기는 하지만, 그래도 시각 장애인과 지체 장애인들이 가장 많은 기회를 누리고 있다고 말하고 싶다. 정신 장애인들과 청각 장애인들의 경우, 부유한 가족 출신이 아닌 이상 단기적으로는 아무런 희망도 찾아볼 수가 없다.

다닐로 델핀: 정신 지체가 있는 사람들에 대한 처우가 최악이라고 생각한다. 필리핀에서는, 정신적으로 지체된 사람들은 운이 나쁘다고 이야기한다. 특히 베트남, 필리핀, 태국에서는 시각 장애인들이 정치적으로 가장 의식화되어 있다고 하지만, 지체 장애인들과 함께 일하거나 그들을 위해 일하는 사람들의 수는 계속 증가하고 있다. 캄보디아에서 서비스라는 것을 찾는 이들은 지체 장애인들뿐이다.

올란도 페레스: [니카라과에서는] 정형외과 관련 장애를 가진 사람들이 가장 진보적이라고 생각한다. 또한 시각 장애인의 경우에는 앞으로 더 발전해 갈 가능성이 많다. 중앙아메리카에서 다른 장애를 가진 이들은 굉장한 어려움을 겪고 있다.

마리아 다 콩세이사우 카우사트: [브라질에서는] 장애인 집단 내에서도 어떤 종류의 장애인가에 따라 폭넓은 차이가 나타난다. 예를 들어, 청각 장애인들은 학교에 갈 가능성이 거의 없다. 시각 장애인들에 대한 처우가 그보다는 나으며 교육도 좀 더 받을 수 있다. 뇌성마비가 있는 이들에 대한 처우는 아주 심각하게 나쁜 수준인데, 어떤 종류의 지체 장애인과 비교해도 나쁘다고 말할 수 있을 정도이다. 사실 그들은 정신 지체 장애인과 동등한 취급을 받는다. 시각 장애인만큼은 아니지만, 그래도 지체 장애인들은 직업과 교육의 기회가 많은 편이다.

　다소 자의적이기는 하지만, 장애 내의 위계화가 장애 억압의 경험에 영향을 미치는 방식에 대해서는 따로 한 장을 필요로 할 정도이다. 그러므로 여기에서는 이러한 차이점들이 중요하고 복잡하다고 이야기하는 정도로 만족하자. 예를 들어, 단순한 구분의 범주를 넘어서는 중복 장애를 가진 이들도 있고(노인들의 경우에는 특히 그러하다), 또는 만성 피로 증후군이나 에이즈와 같이 사람들의 이해도가 낮은 장애를 갖고 있는 이들도 있다. 이러한 복잡한 계급화를 통해 장애인권 운동에는 다양한 논쟁의 역사가 생겨나는 것이며, 또한 완전히 해결하지 못한 방침상의 문제들이 나타나는 것이다.

폭력과 장애

열세 살이 될 때까지 내 삶은 고통이었다. 그리고 바로 그때 내 인생은 바뀌었다. 나는 나를 돕고 싶다고 제안하는 한 남자와 친구가 되었다. 가난에 지치고 고통에 지쳐 있었기 때문에 그는 내 꿈에 대한 응답과도 같은 존재였다. 나의 슬픔을 끝낼 수 있는 기회를 주신 신께 감사했다. 그 친구가 처음으로 시켰던 일은 나를 시험하는 일이었다. 그는 나에게 3.5킬로그램짜리 짐을 주었다. 45구경 리볼버도 한 자루 주었다. 그는 어떠한 경우에도 짐을 잃어버리면 안 된다고 내게 경고했다. 또한 나의 미래는 멕시칼리에 도착할 수 있느냐 없느냐에 달려 있다고도 했다. 그 짐은 목적지에 도착했고, 내가 돌아오자 친구는 나를 기다리고 있었다. 내가 옮긴 짐에 코카인이 들어 있었다는 것을 알게 된 것은 바로 그때였다. "넌 시험을 통과했어." 나의 친구가 말했다. "나를 위해 계속 일할래?" … 나의 딸이 두 살이 되었을 때 나는 그녀에게 파티를 열어 주기로 결심했다. 위험할 수도 있다고는 상상조차 하지 않았다. 우리를 데리러 온 자동차가 도착하고 몇 명의 남자들이 우리에게 총을 쏘기 시작했을 때 나는 품 안에 딸을 안고 있었다. 첫 한 발이 나의 아내를 맞추었고, 아내는 그 자리에서 즉사했다. 그러고 나서 그들은 나를 향해 총을 쏘았다. 내 품 안으로 일곱 발의 총탄이 날아들면서 안

겨 있던 딸이 죽어 가는 모습을 바라볼 수밖에 없었다. 그리고 내 척추를 관통한 한 발의 총알로 하반신이 마비되면서 아무것도 보이지 않게 되었다.

프록시모 프로젝트의 익명의 지도자
히스페리언 재단, 「시에라 마드레 #25에서 온 소식지」

왜 그리고 어떻게 장애인들이 고립되고 눈에 보이지 않는 존재가 되는지, 왜 필요한 지원과 장비를 받을 수 없게 되는지, 그리고 왜 한층 심화되는 계층화에 종속되는지의 문제들이 장애와 정치경제학, 문화 사이의 관계 속에 놓여 있듯이, 과도한 폭력을 불러일으키는 것 역시 그 사이에 존재한다. 장애인들은 폭력에 가장 취약한 집단이다. 평균 수준을 훨씬 웃도는 비율의 장애인들이 거리에서 살아가며 일하고 있기 때문이다.

폭력은 장애 발생의 흔한 원인일 뿐만 아니라 또한 장애를 입은 이후에는 공포의 근원이기도 하다. 내가 니카라과에 있었을 때인 1985년, 산디니스타 혁명의 가장 존경받는 지도자이자 수년에 걸친 고문의 희생양인 글라디스 바에스는 정신적으로 황폐해진 이들, 특히 소모사 독재 정권의 압제를 겪으면서 입은 장애의 결과마저도 견뎌내야 했던 아이들에 대해 이야기한 바 있다.[4] 폭력은 직접적이든 우연에 의한 것이든 간에 사람들의 마음속에 두려움을 심어 준다. 시카고 여성장애인병원의 관리자인 주디 팬코 레이스는 그녀의 약혼자와 함께 휴가를 보내던 하와이에서 공격을 받았는데, 그 결과 외상성 뇌손상을 입었다.

주디 팬코 레이스: 우리는 빅 아일랜드에 있는 주립 공원에서 캠핑을 하고 있었어요. 그곳에서 우리는 야만적인 공격을 받았고, 필립이 죽었

지요. 나는 두개골이 부서진 상태에서 내팽개쳐졌고요. 그것이 나의 오른쪽 대뇌반구가 손상된 경위랍니다. 상처를 감싼 붕대를 풀 때까지 몇 년 동안이나 힘든 시간을 보냈어요. 이제 그만 살자는 생각에 빠진 적도 있지요. 만성 우울증에 시달렸는데, 만성 우울증이라는 것이 빠져 나올 때까지는 자신이 우울증에 걸렸다는 사실을 깨닫지도 못하지요. 나중에 결혼을 하고 아이를 낳은 후에도 그 우울증은 악몽과 병적인 공포가 되어 언제나 내 속에 있었어요. 나는 남편과 아이가 살해당하거나 멀리 떠나버릴지도 모른다는 사실에 언제나 두려웠지요.

폭력에는 여러 가지 측면이 있다. 정치적 압제, 개인적 보복, 환경적이며 공간적인 우연 같은 방식으로 말이다. 제3세계나 미국, 동유럽에 비해 서부 유럽에서는 다소 약하다고는 하지만, 폭력은 전 세계에 걸쳐 만연되어 있다. 예를 들어, 최근 시카고에서 조사한 척수 손상의 첫 번째 원인을 살펴보면, 교통사고와 다이빙 사고보다 총격 사고에 의한 수가 더 많다. 지방에서의 폭력은 그로 인한 희생자들을 알아차릴 수도 없는 데다가 폭력적인 기질을 보이는 사람들만의 산물이 아니라는 것이 더 심각한 문제이다. 이는 부와 권력을 갖고 있는 많은 이들이 그 부와 권력을 지키기 위해 폭력을 사용하는 세상, 그리고 살아남기 위해서는 폭력에 호소해야 한다고 믿는 세상이 낳은 당연한 결과물이다. 제3세계 어느 도시에 가 보아도 이러한 논리의 견고한 야만성이 표출되는 것을 보게 될 것이다.

예를 들어서, 남아프리카공화국에서 가장 큰 도시인 요하네스버그를 많은 이들은 전 세계에서 가장 위험한 도시로 간주한다. 요하네스버그는 전 세계에서 가장 큰 몇 개의 타운십으로 둘러싸여 있는데, 그중 하나인 소웨토는 인구가 2백만 명에 달하는 곳으로서, 그 면적은 요하네스버그의 두 배에 이른다.[5] 소웨토에서 일어나는 생존을 위한 투쟁 그리고 남아프리카공화국의 주요 도시를 둘러싸고 있는 수많은 타운십들은 이미 밀집된 도시의 가장자리를 필연적으로 침범하고 있다. 절망적인 빈곤이 어마어마한 부와 그렇게 가까이 맞닿아 있을 때, 그 결과는 명백한 것이다.

이는 리우데자네이루에서도 분명히 나타나는데, 이 도시의 경우에는 이파네마, 라블론, 코파카바나의 일부 지역과 같이 사치스러운 자치구들이 전 세계에서 가장 인구 밀도가 높은 빈민촌favela들 바로 옆에 붙어 있다. 1970년대 브라질의 경제 기적은 전 세계에서 가장 부유한 이들을 몇 명이나 낳은 반면(주로 수십 년 동안 나라를 통치했던 군부 독재 정권에 속해 있거나 그와 관련되어 있는 인물들이다), 국내의 빈부 격차 또한 극대화시켰다. 그 결과 또한 명백한 것이다. 1988년에 리우 지역에서 한 달 동안 살인에 의해 죽은 사람의 수는 500명에 달했고, 이 비율은 뉴욕시의 연간 살해 피해자 수의 3배에 이르는 수준이었다. 두 도시의 규모는 대략 비슷한데도 말이다. 대부분의 도시 폭력은 본래 수평적(빈민 대 빈민)이거나 제도적(경찰이나 암살단, 폭력 조직에 의한 살해)이다. 브라질의 대도시에서는 해마다 수천 명의 부랑 아동들이 살해당한다.[6] 불법 마약 산업은 사람들이 살아남고자 또는 아주 드물게는 부유해지고 싶어 손을 대는 유일하면서도 가장 큰 범죄 활동이다. 예를 들어, 리우에서는 하루에 100대의 자동차가 도난당한다는 이야기를 호사엘라 베후만 비엘레흐에게서 들은 적이 있다. 폭력의 문화는 수백만 장애인들의 일상생활을 위태롭게 만들면서, 라틴 아메리카, 아프리카, 아시아의 일부에서 점차 영역을 넓혀 가고 있다.

파울루 사투르니누 피게레두: 브라질 문화는 지금 극도의 폭력에 그 뿌리를 두고 있다. 이는 소득에 대한 과도한 집착 그리고 이미지에 대한 과도한 집착에서 비롯된 것이다. 이는 장애인들을 양산해 내고, 버릴 가능성이 높은 문화이다.

다닐로 델핀: 캄보디아에서의 정치 문화는 "악한 것을 보지 마라, 악한 것을 말하지 마라"이다. 우리가 장애 관련 법률 제정 때문에 캄보디아에 갔을 때, 사람들은 참여하면 실종될 수도 있다는 이유에서 이 일에 연루되는 것을 두려워했다. 유일한 방법은 국제기구를 통해 처리하는 것이었는데, 역설적이게도 그렇게 하면 법률적 이행이 훨씬 더 어려워질 상황이었다.

폭력이 권력 부재와 빈곤의 산물이라는 점까지 생각해 본다면 수많은 폭력 행위들이 명백하게 정치적이라는 점은 그리 놀랄 일도 아니다. 정치적인 장애인들은 손쉬운 압제의 대상이 되기 때문에 특히 이 문제와 관련되어 있다. 필리핀, 캄보디아, 엘살바도르와 같이 군부 정치나 정치적 난국을 겪어 온 나라들의 경우, 정치적 폭력과 장애라는 논제는 매우 복잡하다. 이곳에서는 신변의 안전이 최우선이다. 1992년 11월, 엘살바도르 혁명군의 상이군인인 펠리페 바레라는 10년간 지속된 전쟁 중에 장애를 입은 다른 이들에게 공급할 장비와 물자를 마련하기 위해 미국 전역을 순회하며 강연회와 모금 활동을 하였다. 그가 강조했던 것은 엘살바도르에서 활동하는 5대 정치 저항 세력들 중 게릴라 정당인 마르티 민족해방전선(FMLN)의 장애 당원들이 사회에 재통합하기가 복잡하다는 점이었다.

펠리페 바레라: 많은 장애인들이 영향을 받는 요소들 중 하나가 FMLN의 참전 퇴역 군인들의 사회 복귀에 관한 문제이다. 참전 상이군인들은 지하 활동을, 심지어 그중 몇몇은 8-10년 동안이나 지하 활동을 해 왔다는 사실을, 그래서 우리는 사회와 가족으로부터 완전히 격리된 채 지내

왔다는 점을 기억해야 한다. 우리에게 있어 또 하나의 큰 이슈는 신변의 안전이다. 살바도르 안전보장군이나 암살대의 위협으로 인해, 많은 이들이 쿠바나 지하 세계에서 복귀하는 일에 엄청난 공포를 느끼고 있다. 우리는 장애를 갖고 있기 때문에 특히 눈에 띈다.

다닐로 델핀도 동남아시아, 특히 크메르루주가 수십 년에 걸쳐 말살 전쟁을 벌였던 캄보디아와 관련하여 비슷한 메시지를 전한 바 있다.

다닐로 델핀: 캄보디아는 30년 넘는 기간 동안 전쟁을 해왔다. 어린 시절부터 전쟁을 겪어 왔기 때문에, 사람들의 태도 역시 그러한 경험에 의해 영향을 받는다. 만약 당신이 장애인이라면 자동적으로 당신을 뒤쫓는 사람이 나타날 것이다. 크메르루주는 당신을 정부군이라 생각하고, 군대에서는 당신을 게릴라로 추정하기 때문이다. 이 나라에서 장애를 가진다는 것은, 특히 장애인이 난민 캠프에 머무른다는 것은 너무 위험한 일이다.

비접근성, 공간, 그리고 환경

학창 시절은 매우 힘들었다. 내 휠체어를 만지기만 해도 몸이 마비된다는 소문이 학교 주위를 떠돌았다. 그래서 친절하게도 나를 도와줄 친구를 사귄다는 것은 애초부터 너무나 힘든 일이었다. 식당과 화장실을 비롯하여 학교라는 공간은 접근성이 심하게 떨어지는 곳이었다. 학교 관리자들은 늘 돈이 없어서 학교의 접근성을 높일 수 없다고 설명하곤 했다.

알렉산더 피리, NCDPZ 의장

휠체어 사용자인 나는 여행에서 돌아오면 항상 접근성의 문제가 어떠했느냐는 질문을 받는다. 나의 대답은 항상 똑같다. "좋지 않더군요." 물론 "접근성"의 의미는 당신이 어디에 있는가, 그리고 당신이 무엇을 접근성으로 간주하는가에 따라 다양하다. 발리에 있는 집들의 출입구는 악령을 쫓기 위해 아치형 지붕이 달린 계단으로 되어 있다. 구 유고슬라비아, 체첸공화국, 캄보디아, 앙골라, 엘살바도르와 같이 전쟁으로 황폐화된 나라들의 경우에는 이동과 의사소통 어느 것 하나 전혀 편하지 않다. 유럽의 고대 건축물들이 매력적이기는 하지만, 재활이라는 면에 전혀 이바지하지 못한다는 것은 분명하다. (남이든 북이든 간에) 아메리카 대륙에서 도시가 지방에 비해 훨씬 접근성이 뛰어난 것은 택시, 공공건물, 식당, 상점, 아파트, 학교 등을 이용할 수 있기 때문이다. 하지만 내가 말하고자 하는 것은, 장벽 없는 환경을 이루기에는 아직도 가야 할 길이 멀다는 사실이다.

무엇보다도, 접근성은 각각의 사람들에게 서로 다른 것을 의미한다. 나의 경우, 접근성은 건축물이나 의사소통 도구보다 덜 실체적인 그 무엇인가를 포함한다. 그것은 합당한 수준에서의 삶의 질을 위해 필요한 자원이나 서비스, 도구와 같은 것들을 얻을 수 있는 가능성을 말한다. 이는 장애인들의 삶의 총체성을 포함하는 것이다. 그때의 접근성이라고 하는 것은 단순한 건축물이 아니라 사회적 구조물이 된다. 예를 들어, 도로나 교통수단보다 태도의 장벽 때문에 이동 장애를 가진 사람이 건물에 다다를 수 없다면, 건물의 구조를 접근 가능하게 만든다고 해서 도움이 된다고는 할 수 없다. 마찬가지로 접근 가능한 다른 역이 없을 때 지하철역 중 한 곳만 접근 가능하게 만드는 것 역시 의미가 없다. 대중교통, 의료 보험, 장비, 그리고 프로그램들을 도시에서만 찾아볼 수 있다는 사실은 시골 사람들이 생존을 위해 살아가는 방법에 대해 의문을 품게 한다.

페르난도 로드리게스: 멕시코에서 장애의 맥락을 이해하려면, 멕시코에는 아주 우수한 병원과 재활 센터가 존재하기는 하지만 그 수가 몇 개에 불과하다는 사실, 그리고 그 대부분이 주요 대도시 지역에 집중되어 있다는 사실을 알아두는 것이 중요하다. 이 지역을 벗어나면, 아주 부자이고 개인 치료사를 고용할 여유가 있는 정도가 아닌 경우 할 수 있는 일이라고는 외래 환자 치료뿐이다. 결국 장애인들은 실질적으로 의료 서비스에 전혀 접근할 수 없다.

접근성은 전통과 부wealth라는 이름으로 사업 내용과 자원에 우선순위를 매기는 편견에 의해 그 의미가 흐려지고 마는 단순한 명제이다. 보다 더 많은 부를 낳는 일은 착수되고 그렇지 못한 것은 시작되지도 않는다. 위에 소개한 알렉산더 피리의 언급은 교활하고 후진적인 태도가, 특히 자원이 부족하다는 인식과 결합했을 때, 존재하는 방식을 보여 주고 있다.

또한 장애인들은 적절한 주거 공간을 누리지도 못한 채 살고 있다. 이는 정치경제학과 접근성 사이의 강력한 연관 관계를 보여 준다. 발전과 저발전 사이의 엄격한 차이도 그려낸다. 주변부 경제 지역에서 살아가는 대부분의 사람들에게 있어 주거지는 많은 사람들이 거주하는 작은 공간을 의미한다. 엄청난 수의 장애인들이 버림받고 있음에도 불구하고, 대부분의 장애인들은 작은 집이나 움막, 오두막 같은 곳에서 가족과 함께 살아가고 있다. 대부분의 경우에 수도와 전기 정도는 있지만 필수적이어야 할 하수 시설이 없다. 이러한 공간에서 모든 가족 구성원들이 먹고 자는 공간을 공유하고 있다.

프라이데이 만들라 마부소: 물론 타운십에서 살아간다는 것은 매우 어려운 일이다. 사람들은 폭이 4미터 정도 되고 화장실은 밖에 있는 집에서 살아간다. 이런 집들 중에는 가족 수가 14명에 이르는 경우도 있다. 당신네 집에는 침실과 부엌이 있을 테고, 어쩌면 거실도 있을지 모르겠지만 말이다. 밤이 되면 모두들 아무 데서나 잠을 잔다. … 장애를 갖고 집으로 돌아올 때, 장애인 스스로가 가족의 생존을 도울 능력이 없다고 생각하거나 사람들이 그렇게 생각한다는 이유에서, 많은 장애인들은 거부당하게 된다. 내가 아는 많은 휠체어 사용자들은 물리적 거주 시설 문제만으로도 고민에 빠져 있다.

제3세계의 주거 공간은 휠체어나 보행 보조기, 목발과 같은 이동 보조 수단을 이용하는 사람들이 접근할 수 없는 경우가 많다. 접근 가능한 욕실은 매우 드물고, 그래서 이동 장애를 겪는 장애인들은 도우미를 필요로 한다. 지체 장애인들이 현관이나 거실과 같은 장소에 하루 종일 방치되는 경우도 많다. 물이나 소변기, 또는 과자 같은 몇 가지 물건들을 근처에 놓아둔다. 이러한 상황이 제3세계 전체에 걸쳐 주거 환경을 지배하고 있다.

가격이 적절하면서 접근 가능한 주택은 미국에서도 손쉽게 이용할 수 있는 것이 아니다. 많은, 어쩌면 대부분의 장애인들은 실질적이고 기능적인 접근성을 제공하지 못하는 장소에서 살아가는 일에 적응해야만 한다. 주택과 아파트에는 계단이 있고 좁은 현관이나 손이 닿지 않는 화장실과 샤워 시설, 이용하기 어려운 주방과 그 밖의 부대시설들이 있으며, 지각 장애가 있는 사람들에게는 음량이나 발광 장치가 부족하다는 등의 문제가 존재한다. 이런 문제점들로 인해 장애인들은 일상생활에 대한 통제 능력을 더욱 상실하게 된다.

내가 인터뷰했던 사람들은 집과 학교, 상점, 시장, 공공건물 등의 대부분이 접근 불가능하다고 입을 모았다. 매우 현대화된 도시라 해도 마찬가지이다. 물론 비접근성이라고 하는 것에도 등급이 있다. 다른 곳에 비하면 들어가기 쉽게 되어 있는 건물도 있다. 도시에서는 주요 도로의 연석緣石이 장애인용으로 낮춰져 있고 원하는 사람들은 언제라도 택시를 탈 수 있다(많은 장애인들이 택시를 탈 만한 여유가 없다고 해도 말이다). 공공건물의 경우, 엘리베이터가 있는 건물이 많으며(그런 건물들의 입구가 계단인 경우도 있지만 말이다), 또한 많은 레스토랑과 술집 역시 접근 가능하다. 이런 부대시설이 없는 곳에서, 장애인들은 창조성을 발휘하는 경우가 많다. 아니 그들은 창조적이어야만 한다. 그렇지 못하면 한곳에 눌러앉은 채 세상의 시야 밖으로 사라져 버리기 때문이다. 예를 들면, 차고로 들어가는 길을 휠체어용 경사로처럼 이용한다. 방관자들에게 계단 오르기를 도와달라고 요청한다. 버스에 오를 때는 다른 사람들이 들어올려 준다. 친구들은 시각 장애를 가진 사람들에게 길을 찾아가는 방법을 알려 준다.

    한 사람이 상점이나 시장에 갈 수 있는지 여부는 발전된 경제 지역과 저발전된 경제 지역을 극적으로 가르는 지표일 것이다. 미국과 유럽의 경우, 대부분의 물건들이 갖춰져 있는 쇼핑몰과 대형 슈퍼마켓들은 접근성 또한 좋다. 차를 탄 채 업무를 볼 수 있는 패스트푸드 상점들, 은행과 약국 그리고 컴퓨터와 텔레비전, 카탈로그를 통한 물품구입은 필요한 물건에 대한 접근성을 더더욱 높여 준다. 음식이나 다른 상품에 대한 접근성은 지방에서 좀 더 힘들지 모르겠다. 하지만 그것은 상대적으로 힘들다는 것뿐이다. 교통수단은 어느 경우에나 중요하다. 미국과 유럽에서, 교통수단은 아주 오랫동안 문제점으로 대두되어 왔다.

    레이첼 허스트: 이 나라에서는 교통수단과 관련하여 다른 선택을 할 가능성이라는 것이 존재했던 적이 없다. 끔찍한 일이다. 사람들은 그냥 집에만 머물거나, 아니면 버스 같은 것을 타기 위해 다른 이에게 의존해야

만 한다. 정말이지, 교통수단이라고 하는 것은 삶에 존재하는 수많은 측면들을 연결시켜 주는 열쇠라고 생각한다. 정말로 중요한 것이다.

이 부분에서 대부분의 유럽 국가들은 미국보다 훨씬 후진적이다. 미국에서 제한적이나마 교통수단을 선택할 수 있게 된 것도 지난 15년 동안에 불과하지만 말이다. 주요 구간을 다니는 공공 버스와 기차의 접근성이 확보되지 않은 상태인 북부 유럽의 경우에는 오히려 보조 교통수단으로서의 차량(문에서 문까지 이동하며 전화로 부를 수 있는 차량 서비스 등)이 광범위하게 퍼져 있는 상태이다. 역설적이지만, 보조 교통수단은 중대한 결여 상태를 채우는 동시에, 에드워드 사이드가 분리된 혹은 "고립된" 공간이라고 부르며 억압의 중요 측면으로 강조했던 것에 기여함으로써 이동성이 떨어지는 사람들을 더욱더 분리시키고 있다(Said 1993: 326-33).

마이크 어빈: 전화로 부르는 차량 서비스는 우스꽝스러울 정도로 치욕적이다. 처음으로 콜택시가 시작되었을 때, 나는 희망으로 가득했었다. 하지만 그다지 이용해 본 적은 없다. 택시를 이용하기 위해 전날 아침 6시에 전화를 걸었는데 안 된다고 대답하거나, 되기는 하지만 미니밴이 나타날 때까지 기다렸다가 혼자 힘으로 그 "특별" 차량에 올라타라는 말을 들었던 경험이 너무 많다.

아돌프 라츠카: 보조 교통수단은 언제라도 이용 가능하다는 점에서 좋지만, 다른 많은 서비스들과 마찬가지로 이 또한 사람들의 생각을 마비시키는 역할을 한다. 우리를 아프거나 특별한 사람으로 간주하는 고정관념이 격리된 교통수단을 통해 강화된다는 사실을 그들은 깨닫지 못하는 것이다.

레이첼 허스트: [스웨덴에는] 이러한 [보조 교통]수단이 풍부하기 때문에 장애인들이 여기저기로 움직일 수 있게 되었지만, 보조 교통수단이 장애인은 무력한 존재라는 잘못된 인상을 주는 것도 사실이다.

    교통수단이 가장 발전된 곳은 미국이다. 많은 도시들이 주요 노선에 대한 접근성과 (제한적이기는 하지만) 보조 교통수단 서비스를 갖추고 있다. 하지만 1992년에 제정된 미국 장애인법이 새로 도입하는 모든 도시형 버스와 최소한 몇 개 이상의 "주요" 기차역은 접근 가능해야 한다고 천명하고 있음에도 불구하고, 여전히 엄청난 문제점들이 남아 있다. 실제로 접근 가능한 고속철도 체계는 바트BART와 워싱턴 근교의 철도 체계뿐이기 때문이다. 시카고에서 접근 가능한 역은 전체의 15% 이하이다. 보스턴과 뉴욕, 필라델피아는 그보다 더 낮다.

    제3세계의 도시 내 또는 도시 간 대중 교통수단이나 그에 준하는 교통수단에 접근하는 것은 매우 저렴하기는 하지만 끔찍하게 힘든 일이다. 버스나 미니밴(민간이 운행하는 소형 버스), 트럭에는 장애인을 위한 공간이 없는 경우도 많다. 제3세계에서는 가난한 사람들이 교통수단을 이용할 때, 히치하이킹과 비슷하게 올라탄다. 사람들은 미니밴이나 트럭이 지나가기를 기다렸다가 손을 흔들어 차를 세우고 뛰어올라 값싼 운임을 지불한다. 이러한 차들은 항상 붐빈다. 그러니 입석 공간이란 오랫동안 서 있을 수 있는 사람들을 위한 공간을 의미할 뿐이다.

    접근성은 다른 지리적 고려 사항들의 영향을 받는다. 세상에는 사람들이 배를 타고 다녀야만 하는 곳도 많다. 아마존을 거슬러 올라가거나 니제르 강, 양쯔 강을 따라 내려가는, 사람들로 가득 찬 운송용 배의 이미지는 『내셔널 지오그래픽 National Geographic』이나 『뉴욕 타임즈 New York Times』의 여행 섹션에 흔히 등장하는 것들이다. 말할 필요도 없이 이러한 의미에서의 교통수단이라는 것은 지체 장애인들에게는 아무런 의미도 없는 것이다. 실제 상황은 이보다 더 복잡할 수도 있다. 한 국가에 지리적, 정치적, 민족적 다양성이 존재할 때, 예를 들어 1만 3천 개의 섬과 수백 가지의 문화와 파시즘적 정치 체계가 혼재하는 인도네시아와 같은 나라는 대다수의 장애인들에게는 넘을 수 없는 여행 장벽을 상징하는 것이다.

협소한 공간과 엄청난 수의 사람이라는 조건을 생각해 보면, 아시아에서 이동성은 믿기지 않을 정도이다. 중국은 미국 전체와 비슷한 규모의 면적인데, 인구는 전 세계 인구의 1/4을 넘어선다. 인도네시아의 인구 밀도는 엄청난 수준이라는 말밖에 달리 표현할 길이 없다. 태국 인구의 40%가 살고 있는 방콕은 내가 이동하기에 가장 힘든 도시였다. 실질적으로는 구조적인 비접근성(경사로나 장애인용으로 만든 연석, 엘리베이터 등이 없다는 사실)은 제3세계 어디에서나 비슷한 수준이지만, 방콕의 거리는 길을 건너는 것조차 불가능할 정도이다. 나는 세계 여러 도시의(심지어는 거대 도시 상파울로, 산티아고, 부에노스아이레스에서도) 거리를 돌아다녀 보았지만, 방콕만큼은 정말 위험했다. 거의 하루 종일 도로가 정체되고, 그로 인해 수백, 수천 대의 오토바이들이 인도를 달린다. 휠체어 사용자들에게 있어 방콕은 최악의 악몽이다. 자카르타와 봄베이도 그에 버금가는 수준이다.

접근성에 있어 공간은 중요한 구성 요소이다. 공간은 각기 다른 장소에서 각기 다른 사람들에 의해 각기 다르게 경험된다. 클로드 레비스트로스가 『슬픈 열대 *Tristes Tropiques*』에서 쓴 것처럼, "소리와 향기가 고유의 색을 갖고 느낌이 무게를 지니듯, 공간은 고유의 가치를 지닌다"([1955] 1922: 123). 한 폴란드 작가가 뇌졸중으로 쓰러진 이후에 쓴 책이 있다. 지금 그 작가의 이름은 기억나지 않지만, 그가 어른들을 위한 공간은 줄어드는 대신 아이들을 위한 공간은 확장되는 듯 보인다고 논했던 것을 기억하고 있다. 유년 시절의 순수한 가능성은 나이가 들면서 시들어 간다. 뇌졸중으로 인해 이 작가는 공간에 얽힌 흥미로운 점들을 발견해 냈다. 그는 아이들을 위한 공간은 실질적으로 수평으로 확장되어 나가는 반면에, 나이든 사람들의 공간은 수직으로 확장된다고 주장했다. 그는 자신이 수도 없이 지나다녔을 것이 분명한 계단을, 자기 집 앞 거리의 미묘한 경사를, 근처 공원의 오르막과 내리막을, 그리고 그 밖의 것들을 그제야 인식하기 시작했던 것이다. 그는 이를 나이 탓으로, 아니 더욱 분명하게 이야기한다면 이동성의 제약이라는 형태로 나타나는 나이와 뇌졸중 탓으로 돌렸다. 실제로 장애는 공간에 대한 지각력을 키워 준다.

최근에는 접근성의 문제가 환경 그 자체와도 관계되어 있음이 드러나고 있다. 환경이 파괴될수록 접근성은 부정적인 영향을 받게 된다. 대기 오염은 가장 명백한 사례일 뿐이다. 호흡기 장애나 만성 피로 증후군, 알레르기가 있는 사람이나 화학 약품에 과민한 사람들은 상당한 제약을 받고 있다. 이러한 내용은 1992년에 열린 환경과 장애에 관한 유엔 국제 심포지엄에서 장애인권 운동가들에 의해 통과된 결의문에도 잘 나타나 있다. "장애인들은 자연과 인간 등에게 장애라는 결과를 미칠 수 있는 사안들, 즉 대기 및 수질 오염과 유독 가스 폐기물의 방치, 빈곤과 영양실조, 군국화와 전쟁, 초超국적 기업에 대한 규제 결여, 인간 유전자 공학 및 생물학적 다양성에 대한 편협함, 사막화나 홍수 다발 지역과 같이 환경을 손상시키는 기후 변화를 예의 주시한다" (UN 1992).

도시 대 지방

도시와 지방 사이에는 기회와 접근성 그리고 장애인에 대한 태도에 있어 차이가 있다. [지방에서] 주변화와 빈곤이 더욱 심각하다. 지방에는 도로 없이 주택만 있는 경우가 많다. 지방의 문화는 전혀 다르다. 사람들은 더 내성적이다. 걷지 못하는 사람을 보면, 그를 환자로 생각한다. 장애를 죄와 연관 짓는 발상도 흔하다. 게다가 지방에서는 장애인들이 더욱 심하게 고립되어 있으며, 조직화 또한 어렵다. 장애인들이 집 밖으로 나가지 않고 집 안에만 머무는 것은 아주 일상적인 상황이다.

코르넬리오 누녜즈 오르다즈, 멕시코 오악사카 휠체어스포츠협회 회장

제3세계보다는 경제적으로 발달된 지역에 더 계몽된 태도와 더 많은 기회가 존재한다는 사실은 명백하다. 이러한 태도나 기회와 같은 이점들이 제3세계 내에서도 지방보다는 도시에서 상대적으로 더 이용 가능하다는 것 또한 명백하다.

주변부 국가의 지방 거주자나 지방의 구성원들을 보면, 가장 큰 박탈과 고립이 일어나는 곳이 어디인지를 알 수 있다. 이 지역은 촌락에서 중소 도시, 거대 도시에 이르는 박탈과 고립 정도의 연속선 위, 그것도 한 극단에 자리하고 있다. 역설적인 것은 촌락이나 작은 마을이 먹을 것과 머물 곳을 구하는 과정에서 가족이나 공동체의 지원을 받을 수 있을 것으로 생각되는 유일한 장소처럼 보인다는 점이다. 이러한 곳에 합당한 교육이나 진정한 자립, 일자리에 대한 희망은 전혀 없지만 말이다. 고립된 시골 지역에 살고 있기는 하지만, 이러한 촌락에서 장애인들은 눈에 보이지 않는 존재가 되지 않을 수 있다. 그러나 그들은 의존 상태에 빠져 지내고 있으며, 아주 강인한 이들이 아니라면 그런 상태를 벗어날 수가 없다.

코르넬리오 누녜즈 오르다즈: 나는 1954년 라 블란코 슈시탄이라는 작

은 마을에서 태어났다. 돌이 되기 전에 소아마비를 앓았다. 자라면서 손으로 걷게 되었다. 마룻바닥이나 땅바닥에서 생활했다. 가족은 자식이 10명이나 되는 대가족이었다. 내가 자라자 아버지는 나를 위해 손수레를 만들어 주셨다. 외바퀴 손수레처럼 생긴 것이었다. 9살이었던 형은 처음부터 나를 도와주었지만, 다른 아이들은 형을 비웃었다. 우리 마을에서 소아마비를 앓은 사람은 나뿐이었다. 나의 부모님은 글도 읽을 줄 몰랐지만, 나의 장애에 대해 열린 마음을 가진 분들이셨다. 많은 사람들이 나의 장애를 영양실조나 "카스틸로 데비노"[저주] 때문이라고 생각했기 때문에 부모님께도 쉽지 않은 일이었을 것이다. 의사는 우리 가족에게 소아마비는 의료적인 문제일 뿐이라고 이야기해 주었지만, 돈이 없었기 때문에 의학적 치료를 받는 것은 무척 힘들었다. 나는 소젖 짜는 일을 돕거나 돼지와 닭을 기르면서 자랐다. 열다섯 살이 되었을 때는 염소를 이용해 내 수레를 끌어 보았지만, 결국 손으로 땅을 짚는 상태로 돌아왔다. 마을에 사는 아이들, 특히 여자아이들이 염소를 보면 도망을 쳤기 때문이다. … 스무 살이 되었을 때 한 친구가 오악사카로 가서 휠체어를 구하는 게 어떠냐고 제안했다. 가족에게 이 이야기를 전했을 때, 부모님은 내가 그곳에서 살아남을 수 있을지를 걱정했다. 아무도 나를 도와주지 않을 것이고, 거기에는 자동차가 많은 데다가 사고라도 당하면 어쩌느냐고 했다. 하지만 내 결심은 확고했고, 그래서 1974년 아버지가 준 160달러(미국 돈이었다)를 들고, 나는 버스를 타고 오악사카로 떠났다. 도착하자마자 내가 했던 일은, 주지사 사무실로 가서 당시 오악사카 재활 센터의 대표였던 주지사 부인을 만나게 해달라고 요청한 것이었다. 처음에는 주지사 부인을 만날 수 없을 거라고 했다. 하지만 나는 강경했고, 그 자리를 떠나지 않았다. 한참 동안 기다린 끝에 결국 나는 부인을 만났고, 첫 번째 휠체어를 얻을 수 있게 되었다.

사람들은 거대한 도시의 미궁 속으로 빠져 들어가 제각각 사라져 버린다. 제3세계의 도시들은 저발전의 역설적 현실을 비추는 경직된 소우주이다. 도시의 엄청난 부의 집중은 절망적인 사람들의 얼굴을 간접적으로 비출 뿐이다. 도시의 기반 붕괴와 교통 체증은 사람들의 이동을 어렵게 만든다. 이런 상황에서 그냥 체념하고 조용히 눈에 띄지 않는 존재로 있을 뿐이다.

도시와 지방의 차이로 인해 형성된 접근성의 문제에는 일련의 모순이 존재한다. 일반적으로, 발달된 지역에서는 중심 도시를 벗어나면 벗어날수록 이동하기가 점점 쉬워진다. 그러나 주변부 국가의 거대 도시를 둘러싸고 있는 바리오barrio, 빈민가, 슬럼 지역, 예를 들어 멕시코시티(예를 들면, 네차왈코이요아틀), 리우데자네이루(로치노), 리마(비야 엘 살바도르), 카라카스(란초스)와 같은 지역을 생각해 보라. 여기서 라틴아메리카의 몇 개 지역만을 나열한 것은 내가 그 지역에 가장 익숙하기 때문이다. 이런 슬럼 지역들 중 어떤 곳은 콘크리트 도로나 보도가 없는 언덕 사면에 자리 잡고 있고(리우 지역), 전기나 수도, 쓰레기 수거와 같은 최소한의 도시 행정조차 존재하지 않는 불모지에 위치하는 경우도 있다(멕시코시티 주변). 마닐라에서 가장 큰 슬럼인 스모키마운틴은 쓰레기 하치장에 자리 잡고 있으며, 산살바도르 근교의 슬럼 역시 마찬가지이다. 카이로 외곽의 슬럼이 세계 최대 규모라고 하는 이들도 있다. 엄청나게 유명한 태국의 슬럼은 방콕의 오염된 물을 끔찍하게 쏟아내는 배수구에 위치해 있다. 돈이 있는 사람들에게는 주거 불능 지역으로 간주되는 이 지역들은 그 안에서 사는 무수한 장애인들에게는 믿을 수 없을 만큼의 인구 밀도와 이동 불가능한 지역이라는 말도 안 되는 조합을 제공한다.

도시와 지방의 가장 충격적인 차이는 아마도 장애에 대한 태도의 관점에서 그럴 것이다. 전 세계적으로 장애와 장애에 대한 생각들이 많이 바뀌고 있지만, 지방에서는 이러한 변화가 훨씬 느리다.[7] 그럼에도 불구하고, 지방에서 다소의 변화가 일어나고 있다는 사실은 주목할 만하다. 일부 지역에서는 이것이 주변화된 근대화의 산물이고, 제3세계 전역에 걸쳐서 본다면, 보다 발달된 지역으로 이주했던 이들이 출신 지역과 지속적으로 연결고리를 유지하면서 유입해 간 서구 문화와 이미지의 영향으로 가능했던 일이며, 무엇보다도 이 지역에서 일어난 장애인권 운동의 영향에 의한 산물이기 때문이다.

마이클 마수타: 전체 사회를 두고 말하라면 곤란하다. 하지만 소웨토만 두고 보면, 도시적 맥락 속에 존재하는 지방의 모습을 찾아볼 수 있을 정도이다. 시골 지역에서는 아직도 자급(자족)을 위해 농사를 짓고 있으며, 교육이라곤 거의 또는 전혀 받지 못한 채 교통수단도 없이 주술을 믿으며 살아가는 이들을 만날 수 있다. 그러나 다른 한편으로는 서구화된 세대의 출현도 볼 수 있다. 시골 지방이라 해도 어떤 젊은이들은 도시에 나가 공부할 기회를 잡으며, 집으로 돌아올 때는 도시의 음악이나 옷 같은 이런저런 것들을 가지고 온다.

알렉산더 피리: 시골에서의 장애에 대한 태도는 최악이라고 할 수 있다. 이러한 지역에서는 전혀 옳지 않은데도 꽉 막힌 생각을 고수하고 있고, 그 결과 장애인들은 언제나 어린아이 또는 그 이하로 취급받게 된다. 시골 사람들의 주술에 대한 믿음 때문에 우리는 악령과 연관되는 것이다.

라젠드라 비야스: 장애에 대한 태도를 생각해 보면, 지역적인 차이가 있다고는 생각되지 않지만, 도시와 지방 사이에는 차이가 있는 것이 분명하다. 힌두교도들은 업보를 믿는다. 그들은 지금 내가 앞을 보지 못하

는 것은 과거의 악행 때문이라고 생각한다. 오늘날의 도시에서는 그렇게 완강하게 믿고 있다고 생각하지 않지만, 이러한 믿음이 지방에서는 아직도 건재하다.

파놈완 부템: 태국 사람들은 청각 장애인들을 비웃는다. 특히 우리가 수화를 할 때 말이다. 도시에서는 의사소통을 하도록 훈련받기 때문에 좀 낫지만, 지방에서는 청각 장애를 가진 아이들은 집에만 갇혀 있게 된다.

위리야 남시리퐁푼: 태국의 시골에서는 장애인이 일을 하면, 그 가족이 [그를] 부양하지 못하는 것이라고 생각한다.

페데리코 플라이슈만: 지방에서는 다르다. 장애를 가진 아이가 태어났을 때, 가족이 그 사실에 대해 죄책감을 느끼는지, 벌을 받았다고 생각하는지, 또는 그 밖의 무엇으로 생각하는지는 잘 모르겠지만, 그들이 이것을 해결 가능한 문제가 아니라고 진심으로 생각한다는 것만큼은 분명하다. 그 아이를 무시하는 경우가 많다. 어머니보다는 특히 아버지의 경우가 더욱 심하다. 시골 지역에 사는 아버지들은 그 사실을 매우 수치스럽게 여긴다. 어머니는 아기를 계속 돌보거나 혹은 돌보려고 노력하지만, 어찌 되었든 아이에게는 정말 힘든 상황인 것이다.

가브리엘라 브리메르: 지방에서는 재활 과정이 훨씬 더 어렵다. 그들[장애인들]에게 경제력이 있다면 가까운 재활 센터에 갈 수도 있겠지만, 그렇지 못한 경우에는 죽을 때까지 보살핌을 받게 된다.

파딜라 라가디엔: 태도는 거대한 장벽이다. 특히 지방에서는 더 그렇다. 장애를 신이나 어떤 조짐 때문이라고 생각해서, 장애를 입은 자신의

아기를 거부했던 가족을 알고 있다. 시골 지역에서는 이러한 태도 때문에 소아마비를 가진 아이가 있다는 사실을 감추기도 한다. 성인이 된 후에 장애를 입은 사람은 이런 특별한 태도와 관련이 없지만 말이다.

지방과 도시에서의 태도 차이가 제3세계에서의 일상생활을 이루는 중요한 이데올로기적 요소이기 때문에, 이는 결코 과장된 것이 아니다. 하지만 도시에서의 태도라 해도 그리 계몽된 것은 아니다. 또한 장애에 대한 태도가 다소 바뀌어 덜 미신적이거나 덜 경멸적으로 여긴다고는 하지만 여전히 후진적이라는 사실을 알고 싶다면 굳이 외부로 눈을 돌릴 필요도 없을 것이다.

복잡한 세계 속에서 계속되는 일상

경제 영역들과 수천 개의 문화로 파편화되고, 보이지 않는 경제 질서나 네트워크를 통해 우리를 감시하는 눈에 의해 통합되며, 심지어 압축된 세계에서 계속되는 일상은 수많은 주의를 요하는 동시에 개인의 살아 있는 경험의 실체들을 위협하는 일반화를 낳는다. 이 장에서 내보인 일상생활의 특징들은 절대 다수의 장애인들의 삶 속에 광범위하게 퍼져 있는 것들이다. 나는 이를 간접적 경험과 마찬가지로 직접적 경험을 기반으로 하여 자신 있게 이야기할 수 있다. 개인의 삶이 일반적 특징을 벗어나 특별해지고 또 달라진다는 것은 생존, 혹은 "삶의 투쟁"이 어떻게 이해되는가 하는 문제와 관련되어 있다. 어디에 있든지, 대부분의 장애인들은 이 순간에도 계속되는 투쟁을 하고 있다.

III
역량 강화와 조직화

예를 들어, 내가 어렸을 때는 흑인Black이라는 호칭이 모욕이었다. 지금은 흑인들이 한때 경멸적이었던 이 단어를 차용하여 서로를 불러 모으는 구호이자 명예의 징표로 만들었으며, 자신의 아이들에게는 흑인임을 자랑스러워하라고 가르치고 있다. … 그 안에 담긴 흑인됨의 상흔으로부터 해방된다는 것은 자신의 내적 동의를, 그리고 자신들의 지위를 강등시켰던 그 권위자와의 협조를 영원히 끊는다는 것이다.

제임스 볼드윈의
『길 위에 선 무명씨 No Name In the Street』에서

7장
역량 강화된 의식과 역량 강화의 철학

　　　　　이 책을 통해 장애인권 운동가들과 관련된 경험들은 불가능한 것, 우연한 행운, 대리만족, 변형, 급진화 그리고 전환에 대한 이야기들이다. 트레이시 채프먼이 「왜Why」에서 노래했듯이, 이 책의 내용은 "보지 못하는 사람이 눈가리개를 걷고, 말 못하는 사람이 진실을 말한다"고 할 때의 의식의 강력한 역할을 그려낸다. 또한 이 책에서는 유사하기도 하고 다르기도 한 경험들을 통해서 장애인들이 어떻게 그들 자신과 그들을 둘러싼 세계에 대한 의식을 획득하게 되는지를 보여 준다. 이러한 새로운 이해는 장애인들의 열망과 책임에 영향을 미쳐 왔다. 그들은 장애인으로서 뿐만 아니라 억압받는 사람들로서의 자신에 대해 고양된 의식에 다다랐다. 게다가 그들은 그러한 고양된 의식을 통해 역량을 강화시켜 왔기 때문에 정치적 운동가가 되었다. 그들은 더 이상 장애를 의료적 상태가 아닌 한 인간의 상태로 생각한다. 그들은 더 이상 "장애인들의 복지"에 관심을 두지 않는다. 그들이 관심을 두는 것은 장애인들의 인권이다. 그들은 정치적, 경제적, 문화적 억압으로부터 장애인을 자유롭게 하기 위한 해방 운동에 참여해 왔다.

　　『여성성과 지배』에서 산드라 바트키는 고양된 의식의 힘을 이렇게 묘사하고 있다.

그 혼란된 일면에도 불구하고 이러한 경험, 즉 "고양된" 의식을 획득하는 것은 조작된 의식을 대치하는 수준을 뛰어넘는, 측량할 수 없는 진보이다. 눈을 가리고 있던 희미한 막이 떨어져 나가면서 지금까지의 잘못을 깨닫는다. 우리는 더 이상 실재하지 않는 적과 싸울 필요가 없다. 다른 사람들의 이익을 우리 자신의 이익보다 앞세우거나 스스로를 미워할 필요도 없다. 왜 우리가 스스로에 대해 그렇게 평가 절하된 이미지를 품고 있었는지, 왜 그렇게 많은 이들이 스스로의 개인적 가치에 대해 분명하게 확신하지 못했는지를 우리는 이해하기 시작한다. 이해한다는 것은, 아니 이것을 이해하기 시작하기만 해도 이러한 변화가 가능해진다. 무엇인가를 다르게 바라보기 시작함으로써 우리는 집단적 행동을 자유롭게 하게 될 가능성을, 전례 없는 개인적 성장을 위한 가능성을, 지금까지는 기만적인 성차별주의적 사회 현실이 감춰 왔던 가능성을 구축할 수 있게 되었다. 비이성적이고 파괴적인 체계에 사로잡힌 채, 정상적이고 진보적이며 일반적이지 않은 것은 인정받을 수 없으므로 지성과 개성을 훼손시켜야 한다며 개개인을, 바로 우리 자신을 속일 필요가 없다. 게다가 구축된 사회 체계에서 겪는 너무나 중요한 여성주의적 경험의 특징인 소외 감각은, 어떠한 상황에 처해 있는 여성들이라도 공감할 정체성과, 그 모호함이나 혼란, 헛된 시도에도 불구하고 그것을 해방의 경험으로 발전시키는 이들에 의해 이해되는 다른 여성주의적 의식의 연대를 통해 보충될 수도 있는 것이다(1990: 27).

바트키가 묘사한 변화를 명확하게 설명하는 것은 불가능하다. 개인이 고양된 의식을 획득하는 방법에 대해서는 하나의 또는 특정한 증거가 있을 수 없을 것이다. 개개인은 너무나 독특하고, 인식은 너무나 복합적이다. 수많은 철학자들이 노력해 왔고, 그 결론은 각양각색이다.[1] 기껏해야 내가 할 수 있는 일이라곤, 내가 인터뷰한 장애인권 운동가들에게서 들은 경험담이나 이야기, 일화들을 종합하여 제공하는 것뿐이다. 그러한 경험이 담고 있는 장애와 문화와 제도의 범주는 제한되어 있지만 그 내용들을 주목하지 않을 수 없으며 또한 의미심장한 것이다. 가족과 학급, 학교, 가난과 편견, 전쟁과 폭력, 그리고 기회의 영향은 너무나 명백하다. 창조적이고 영리한 사람들은 이 각각의 내용에서 그들의 일상생활의 방식들을 그려내었다. 이런 점을 완벽하게 설명해 주는 예가 한 가지 있다. 20년 전 짐바브웨에서 자우로스 지리 주거 시설에 수용되어 있었고, 스스로를 "피수용자들"이라고 묘사했던 한 젊은 장애인 집단이, 자신들을 위해 더 나은 세상을 만드는 유일한 방법은 조직화라고 하는, 깜짝 놀랄 만한 결론에 다다랐던 것이다.

란가 무핀두: 우리는 파업과 시위를 조직화하기 시작했다. 우리는 시설 내에서 조직화를 시작했는데, 이 상황에 시설 관리자들은 엄청나게 두려움을 느꼈다. 우리는 조직화를 위한 자금을 마련하려고 사기까지 쳤다. 알다시피 많은 이들이 자우로스 지리 기관에 기증품을 보내지만, 그것이 우리에게까지 돌아오지는 않는다. 그래서 우리는 기관 가까운 곳에서 활동하던 범죄 집단에 전화해서, 우리에게 수익의 절반을 나눠 주기만 한다면 지하시장에서 팔 수 있는 기증품들을 내놓겠다고 말했다. 그들은 우리를 꽤나 침착한 상대라고 생각했는지, 그들과 우리 사이에 협상이 이루어졌다. 이 사기는 2년 동안이나 지속되었다. 우리에게는 상당히 좋은 돈벌이였고, 종이 같은 여러 비품을 사는 데에도 도움이 되었다. 발각되었을 때, 나는 시설에서 쫓겨났다.

역량 강화된 의식이 정치적 운동가들에게는 필수적이다. 일상생활에 대한 의식적 관심이 없다면 사회 변혁은 변덕이나 가능성과 관련된 주제일 뿐이다. 만약 사회적 진보가 시간의 힘이나 가능성만으로 일어나는 것이라면, 정치적 조직가가 존재해야 할 이유는 없다. 사람들 스스로의 자발적인 의식적 활동을 통해서만 역량을 강화할 수 있다. 이것이 바로 모든 억압받는 집단들이 배워야만 했던 교훈이다.

역량 강화된 의식에 대한 이해를 향해

나는 시카고의 자립생활센터에 전화를 걸었고, 그들은 나를 교외 지역에 살면서 교통수단과 관련된 모임을 조직하고 있던 몇몇 장애 여성과 연결시켜 주었다. 첫 번째 모임에서 나는 완전히 겁을 먹고 말았다. 모임 내내 나는 이 사람들과 다르다고, 그리고 이 사람들은 나와 다르다고 생각하고 있었다. 나는 여성 사업가이다. 그러나 그곳에서 나의 의식은 놀라울 정도로 재빨리 변화되기 시작했다. 우리는 대중교통 환승장 모임 참여와 항의 시위 조직을 시작하기로 결정했다. 우리가 교통 문제 관련 기관의 전문가들과 모임을 갖기 시작했을 때, 나는 내가 "당신네들"로 분류되고 있다는 것을 근본적으로 그리고 즉각적으로 깨달을 수 있었다. 그때 나는 "당신네들"은 무엇을 원하는 것이냐는 질문을 받았다. 그리고 이 말 때문에 나는 급진적인 인간이 되었다. 그것이 바로 나, 주디 팬코 레이스가 새로 태어나는 순간이었다고도 할 수 있을 것이다. 여성 사업가로서의 나의 관점은 무너졌다. 나는 그때 함께 했던 여성들이 그 누구보다도 나와 더 비슷하다는 사실을 깨닫기 시작했다. … 내가 나의 상황에 진저리를 치며 교통수단 옹호 운동에 참여하지 않았더라면, 나는 나 자신을 끝내 인식하지 못했을지도 모른다.

주디 팬코 레이스, 시카고 여성장애인병원 행정소장

1981년, 필리핀 전국장애인협회의 대표였던 나는 싱가포르에서 열리는 DPI 학술회의에 초대 받았다. 그리고 그 사건이 나의 삶을 바꾸어 놓았다. 내가 그곳에 갔던 것은 얼마간의 재미와 공짜 여행을 즐길 심산 때문이었지만, 도착하자마자 나는 어떻게 하면 장애인들이 자신의 생활에 대한 통제권을 쟁취할 수 있을 것인가에 대한 온갖 모순에 연루되고 말았다. 에드 로버츠를 보고, 장애인인 그가 저렇게 많은 것을 할 수 있다면 나 역시도 무엇인가를 할 수 있을 것이라고 생각했던 것이 기억난다. 내가 필리핀 이외의 지역에서 다른 나라 출신 운동가들을 만났던 것은 그때가 처음이었다. 돌아온 이후 나는 조직화에 전념하게 되었다.

다닐로 델핀, DPI 지역 개발 담당관

이동 문제 때문에 나는 1975년부터 휠체어를 사용하기 시작했다. 휠체어는 내가 계속 일할 수 있도록 도와주는 멋진 이동 도우미라고 생각했다. 그래서 [나의 이런 생각에 대한] 사람들의 반응에 즉시 충격을 받고 말았다. 거의 밤새도록 이런저런 생각에 시달렸을 정도였다. 그 무렵 나는 춤과 연극을 가르치고 있었다. 내가 휠체어를 사용하기 시작한 날과 바로 전날의 나를 나 자신은 똑같다고 느꼈지만, 내가 즉각 무능력한 사람이라는 꼬리표를 달게 된 것은 아주 이상한 일이었다. 나는 무엇인가를 해야 한다고 결심했다. 그리고 한 사람의 힘으로는 아무것도 할 수 없다는 것을 재빨리 깨달았기 때문에, 그때부터 무엇인가를 많은 사람의 힘으로 어떻게 할 수 있는지를 알고자 노력하게 되었다.

레이첼 허스트, 영국 런던의 장애인식개선단체, 프로젝트 관리자 장애인권 운동가들의 삶은 고양된 의식에 대해 많은 것을 보여 준다. "고양된 의식"이란 경험적으로 진화된 자기 인식으로 나타난다. 일반적으로, 고양된 의식이란 장애가 가엾고 의료적인 문제라는 (조작된) 개념에서 사회적 문제라고 인식하는 (참다운) 의식으로의 변화를 의미한다. 이러한 새로운 의식은 그 심연까지도 자유롭다. 이는 개인으로 하여금 보다 큰 맥락에서 스스로를 인식하고, 자신과 다른 이들 사이에 존재하는 공통점에 감사하게 한다. 장애인으로서의 고립과 타자화는 연합과 연계로 대체된다.

비록 자기 자신이나 정체성에 대한 인식은 서로 다를지라도, 이 사람들은 지배 문화의 가치로부터 현저히 벗어나 있다. 고양된 의식은 장애에 대한 지배적인 이미지와 의미를 거부한다. 그것은 저항적이다.

"고양된 의식"이라는 용어에는 오해의 소지가 있을지 모르겠다. 이 말은 인간이 갖는 자아감을 거세하고 자신의 정체성을 왜곡시키는 지배 이데올로기로부터 벗어나려는 운동이나 그로부터의 전환을 표현하기 위한 것이다. 그것은 고상한 것도 심오한 것도 아니며, 노암 촘스키의 용어를 따르면, "양산된," 왜곡된, 즉 조작된 의식보다 더 분명하고 조직적인 것일 뿐이다. 고양된 의식이라는 말에서 내가 의미하고자 하는 것은 통일되거나 정치적으로 올바른 의식이 아니다. 그것은 다만 지배를 거부하는, 변화하는 가치와 생각의 연속체이다. 이러한 의미에서 본다면 이는 파울로 프레이리와 크와메 은크루마가 "의식화 conscientization"라고 언급했던 바로 그 진보이다.

몇몇 작가들은 억압받는 사람들 특유의 문화와 정체성에 대한 의식을 "변방 의식borderland consciousness"이라 불렀다. 변방이라는 은유는 "(지배 문화에서 벗어난) 소수자minority"의 복합적이고 상충적이며 주변부적인 삶을 생각했을 때 아주 적합한 표현이다. 피터 매클라렌은 변방 정체성을 "그저 반자본주의적이고 반헤게모니적일 뿐만 아니라… 어쩔 수 없이 유토피아적인 정체성"이라 했다(1994: 66). 이러한 절대적 의식을 설명하면서 매클라렌은 우리에게 찬드라 탈파드 모한티를 이야기한다. 모한티는 메스티사mestiza 의식을 "변방의 의식, 앵글로와 멕시코의 문화와 준거틀이 이루어낸 역사적 결탁에서 태어난 의식"이라고 묘사한 바 있다. "이는 다수의 이해를 요구하는, 어느 한 편에 자리하는 것이 아니라 반대되는 생각이나 지식도 많지만 이러한 내용들과 협상하는 경우도 많은 다중적 의식이다"(1991: 35).

내가 인터뷰했던 장애인권 운동가들을 포함하여 많은 정치적 운동가들에게 있어, 지배 이데올로기에 의한 자기 거세에 저항하는 의식 — '고양된 의식' — 은 활동적인 의식 — '역량 강화된 의식' — 으로 변형되어 왔다.[2] 나에게 있어 "역량 강화된 의식"이란 다른 사람들을 고취시키기 위한 집단적 활동을 의미한다. 이는 사람들을 교육시키고, 혼란을 불러일으키며, 제도에 맞서고, 교회나 학교, 공동체, 시설 등 이곳저곳에서 집단적 권력을 찾아내는 일을 의미하기도 한다. 역량 강화된 의식은 집, 학교, 개인이나 가족의 관계, 존중, 자립 등과 같이 삶의 필수적인 것들에 대한 통제를 활동적이고 집단적인 논점에서 강조한다.

역량 강화된 의식을 가진 사람들이라 해도 아직은 보다 큰 세계 속의 어느 한 부분만을 볼지도 모른다. 하지만 그들은 세계에 영향을 미칠 수 있으며, 또 그래야 한다는 것을 이해하고 있다. 이는 그들이 지도자가 되고자 한다는 의미가 아니다. 다른 사람들을 고취시키고자 한다는 의미이다. 이들은 그들 자신과 다른 사람들의 연결 고리를 보고, 자신들의 의식 속에서 흐릿해져 버린 총체성의 수준을 인식하기 시작한다. 그들은 "나" 또는 "그들"이라는 말 대신에 "우리"라고 말하기 시작한다. 이 운동가들의 일부는 개인적인 경험(빈곤, 추행, 시설화,

개인적 손실, 강간, 모욕 등)에 의해 동기를 부여받는다. 또 다른 이들은 학교에서 배우거나 또는 가족이나 종교적 믿음 등에 의해 길러진 사회적 부정의에 대한 분노감으로부터 동기를 부여받는다. 대부분의 사람들은 이러한 이유와 다른 이유들로 인해 정치적 활동을 하게 된다. 역량 강화에 대한 의식이 장애인들 사이에서 커지고 있다. 셰릴 마리 웨이드의 말에 따르면, 그것은 우리가 주의를 기울일 틈도 없이 스쳐 지나가는 것이지만, 그러면서도 자신에 대해 자부심을 갖고 그 느낌을 강화시키고 확산시키는 것과 관련된 그 무엇이다.

> 장애 문화. 말해 보라, 그것이 무엇인가? 장애인들은 그저 자연과 환경의 고립된 희생양이 아닌가? 그렇기도 하고, 그렇지 않기도 하다. 실제로, 우리는 종종 너무 심하게 고립되어 있다. 우리는 창고, 벽장, 계몽된 사회의 어디에나 있는 시설들에 갇혀 있다. 그러나 우리에게는 점점 자라나는 어떤 의식이 있다. … 언제나 저항 운동은 있었기 때문이다. 기록은 살아남은 자들 사이에서 돌고 돈다. 그리고 지금 우리가 건네주고 있는 기록에는 이렇게 써어 있을 것이다. "다름 속에 힘이 있다. 힘. 밖으로 나가 이 메시지를 세상에 전하라." 문화. 그것은 그 메시지를 세상에 전하는 방법이다. 따라서 장애 문화는 장애에 대한 새로운 정의가 존재하며, 거기에는 힘이 있다는 메시지를 전하는 것이다(1994: 15).

톰슨은 『영국 노동계급의 형성 The Making of the English Working class』에서 노동자들이 어떻게 정도 이상으로 착취당하고 억압당하는지, 그리고 일상생활을 반영하는 문화를 통해 어떻게 역량 강화되는지를 보여 주었다. 이러한 배움은 커피숍, 서점, 선술집, 교회 등에서 이루어졌다. 급진적인 문화는 빈곤과 문맹에서 발달한 것이다. 사람들은 돈을 모아 신문을 사서 술집에 앉아 큰 소리로 읽었고, 흥미 있는 주제에 대해 집단 토론을 벌였으며, 자신들의 삶에 대한 노래를 만들고 또 불렀다. 톰슨은 이렇게 결론 내리고 있다. "그리하여 노동자들은 고유의 경험을 극복했고, 자신들이 받아 온 조악한 교육의 도움을 받아 사회 조직의 한 일면을 형성했으며, 그것은 그 어떤 정치적 일면보다도 상위에 존재하는 것이었다. 그들은 자신의 삶을 일반적 갈등의 역사의 일부로서 바라보아야 한다는 것을 배웠다"(1963: 712, 795n). 자조 집단, 협력망, 역사의 기록과 발전의 전달, 대안적 이미지와 언어의 창조, 반동적인 체계에 대한 논쟁 — 이 모든 것들이 필연적으로 저항적일 수밖에 없는 대안 문화의 발전에 기여한다. 사실, 해방적인 문화라는 것은 그 자체가 역량 강화된 의식을 반영하는 것임과 동시에 그것을 강화시키는 것이다.

많은 소수자 집단이나 변방 경험을 소유한 집단들이 고유의 역사와 문화에 대한 설득력 있는 설명을 발전시킴으로써 대안을 창조해 왔다고는 하지만, 장애인들의 경우에는 그렇지가 못했다. 바로 이 부분이 변화하기 시작한 것이다. 장애인들을 위한 "사회 조직의 큰 그림"을 그리는 것도 가능해졌다. 캐롤 길은 자신의 글 「연속체에 대한 질문Questioning Continuum」에서 그러한 대안적인 일면들을 구성하고자 한다.

> 결국, 나는 장애를 대다수의 문화적 기준들에 비추어 다른 이들과 충분히 다르기 때문에 몸과 마음이 비정상이거나 부족하다고 판단되는 사람들에게 사회가 부여한 주변부적 지위라고 믿고 있다. … 그러나 이상적인 사회에서라면 이러한 나의 다름은 인식되기는 하지만, 나의 지위를 낮추지는 않을 것이다. 나 또한 그러지 않을 것이다. 그런 사회라면 나의 경험을 "장애 문화"로서, 즉 다시 말하자면 "인간의 다양성"의 일부로서 받아들이게 될 것이다. 그곳에서라면 내가 나중에는 사회에 가르쳐 줄

수도 있을, 다름이라는 경험에서 배운 것을 존중하는 태도로서의 호기심이 존재할 것이다. 그런 세상에서라면 어느 누구도 장애인이라 불리는 것을 꺼려하지 않을 것이다(1994: 44-5).

진보를 가로막는 장벽은 상당한 규모인데다가 복잡하다. 역사의 무게는 부담스럽다. 결과는 분명하지 않다. 시간이 흐르면 진보는 이루어질 것이다. 전 세계에 걸쳐 늘어나는 장애인권 운동가들의 수가 이를 입증하고 있다(8장 참조). 의식 수준과 장애인에 대한 통제 경험의 유의미한 증대는 공통의 언어, 공통의 억압 경험, 발전하는 문화와 정체성, 해방적인 사고와 정치학과의 접촉이나 유기적 형성을 통한 풀뿌리 장애 운동의 동원mobilization에 근거하는 것이다. 권력과 지식 사이의 변화하고 있는 관계에 대한 낸시 하트삭의 기술은, 그녀가 강조하려 했던 운동가들뿐만 아니라 장애인권 운동에도 꼭 들어맞는 내용이다. "비판은 다음과 같은 두 단계로 이루어진다. 첫째, 지배 문화 비판을 위해 우리의 삶에 대해 우리가 아는 것을 기초로 이용할 것, 둘째, 대안을 제시할 것. 다양한 '소수자'의 경험이 묘사될 때, 그리고 사회의 지배적 제도와 이데올로기를 비판하기 위한 배경으로서 이러한 경험들의 중요성이 보다 더 잘 인식될 때, 우리는 계급뿐만 아니라 인종과 성별의 실체에도 섬세하게 반응하는 세계에 대한 설명을 구성할 수 있는 최소한의 도구 정도는 갖추게 될 것이다"(1990: 172).

역량 강화의 정치학과 철학

장애인권 운동의 정치학과 철학은 전 세계 정치적 운동가들의 부상浮上하는 의식에서 전개되어 왔다. 그들은 역량 강화와 인권,

자립과 통합, 자조와 자기 결정의 상호 연관된 원칙들을 융합시킨다. 이 개념들의 의미와 그것들이 나아가는 곳이 서로 다르다는 것은 놀랄 일이 아니며, 더군다나 주목할 만한 것은 그 전략적 중요성 역시 각각 다르다는 점이다. 이는 운동을 하는 이들의 서로 다른, 심지어 반목적인 경우도 많은 정치학을 반영한 결과이다.

이러한 정치적 차이들이 운동의 전략적 추진에 영향을 미친 것은 겨우 지난 십 년 동안의 일이었다. 장애 관련 논점을 폭넓게 다루는 비판적인 운동가들이 다수 존재하게 된 것이 최근의 일이기 때문이다. 장애인권 운동이 갖는 방향성은 본질적으로 위태로운 것이다. 장애인권 운동이 지속적으로 성장했다고는 하지만 그 규모는 여전히 작으며, "모두 하나가 되자Let's all get together"는 이데올로기적 무게 중심은 유약하고 피상적이다. 수년간의 활동을 비교할 수 있는 서로 다른 집단이나 지도자들의 정치학을 포함하고 있다는 이유에서, 미국의 장애인권 운동 경험은 도움이 될 것이다. 규모와 영향력에 따라 그들을 살펴보면 다음과 같다.

- 자유주의적 정치 성향을 보이며, 몇몇 장애 관련 기관이나 사회 복지, 학계와 같은 관련 분야 전문가들과 관련되어 있거나 장애를 가진 정치가들과 관계되어 있는, 또는 장애 아동의 부모인 운동가들
- 중도 또는 보수주의적 정치 성향을 보이며, 위와 같은 연결 고리로 관계되어 있는 운동가들
- (알린스키와 같은) 저항적이고 반이데올로기적인 정치학을 지니며, 미국장애인이동권단체(ADAPT)의 구성원들처럼 특정 논점에 대해 주로 활동하는 투사들
- ADAPT, 학계나 정책 연구 또는 자립생활센터에 관계되어 있을 수 있는 좌파주의자들

• (장애를 가진) 부유층 또는 인류애적 입장을 취하고 있는 사람들

초창기에 장애인권 운동 내의 정치학과 조직화는, 특히 자립생활센터의 철학과 발전은, 전통적인 기관에서 떨어져 나온 급진적인 성격을 보였다. 역량 강화의 급진적 철학은 운동가들이나 운동가가 되고자 하는 사람들을 자립생활센터(CIL) 네트워크나 장애인권 운동 내의 다른 집단으로 이끌었다. 하지만 오늘날의 경우는 꼭 그렇지 않다. 대부분의 CIL들은 정치적 활동가들을 고용하지 않고, 조직가들을 두지도 않으며, 어떻게 사회 변화에 영향을 미칠 것인가 하는 전략적인 관점도 가지고 있지 않다. 수많은 CIL들의 실행 위원들과 장애인권 운동 집단들은 비정치적이며, 협소하게 정의되는 장애 관련 논점들을 벗어나 있다. 시대에 뒤떨어졌다고 생각하거나 자금줄이 떨어져 나간다고 생각하기 때문에 많은 장애인권 운동 집단들은 시위 활동을 피한다. 이에 대한 주목할 만한 예로는, 1995년 미시간 주의 주도인 이스트랜싱에서 ADAPT가 벌인 시위에 대해 미시간 자립생활센터연합이 보인 감상적인 대응을 들 수 있다. 주 전체에 걸쳐 있는 이 조직은 활동 보조원 파견을 위한 자금 확대와 요양원 사업의 개혁을 요구하는 전투적인 시위를 지지하지 않았을 뿐만 아니라, 주지사에게 보낸 편지에서 이러한 활동을 극렬하게 비난하기까지 했다. 일반적으로, 사회 대다수 사람들의 입장과 마찬가지로 장애인권 운동은 다소 우파적인 성향을 보여 왔다. 진보해 가는 장애인권 운동의 삶 속에서 역량 강화의 원리와 인권을, 자립과 통합을, 자조와 자기 결정을 어떻게 실천할 것인가 하는 문제는 정치적인 사항들의 영향을 받게 될 것이다.

역량 강화와 인권

역량 강화는 물론 권력, 어떤 종류의 권력을 의미한다. 역량 강화는 권력을 창조하거나 획득하는 과정으로 해석되어야 한다. 누군가 권력을 가지게 될 때, 그것은 또 다른 누군가로부터 나온 것이다. 또 다른 누군가는 권력을 잃게 되는 것이다. 미국의 장애인권 운동에서는 많은 지도자들이 타인에게 상실의 고통을 끼치지 않고 장애인들이 권력을 얻을 수 있다는 생각을 강조한다. 그 때문에 많은 운동가들은 장애인권에 반대하는 사람들이 오해를 하고 있거나 아직 배우지 못했기 때문이라고 결론을 내린다. 하지만 다른 "소수자" 운동들은 중대한 진보란 지배 문화로부터 반작용을 낳는다는 사실을 직접 배워 왔다. 이 반동에 성패와 관련된 모든 것이 담겨 있다. 미국에서는 여성들과 흑인들이 1980년대와 1990년대에 걸쳐 그러한 반동을 겪어 왔다. 긍정적 행동과 교육, 소수자 우대 사업, 다문화적 "올바름"이라는 것들을 이용하여 수세기 동안 백인 남성들이 누려온 특권이라면 제아무리 주변적이라 할지라도 과감하게 없애 온 것이다. 여성과 흑인, 그리고 다른 사람들이 얻을수록 백인 남성들이 잃었을 것이라는 사실에는 의심의 여지가 없다.

권력 및 성공과 실패와 관련된 비슷한 오해는, 장애인권 운동 내에서 경솔하게 논의되었던, 장애인권을 보장해 주는 것이 전혀 비싸게 먹히는 것이 아니라는 생각이다. 사실 미국 장애인법(ADA)은 장애인들이 요구하는 편의시설을 설치하는 데 거의 돈이 들지 않을 것이라는 생각에 기초하여 정치인들에게 팔려간 것이다. (내 입장에서야 아무런 문제도 없지만 말이다.) 이 법안은 현실과 정면으로 대치하게 되었다. 미국 전체가 그 법을 순순히 따랐다면, 이는 대단한 비용을 들여야 하는 결과를 낳았을 것이다. 노동자나 환경을 보호하는 법을 지키지 않듯이, 사람들이 장애인을 보호하는 법을 지키지 않는 이유는 결국 이익이 줄어들기 때문이다. 시민권 보장에 초점을 맞추는 운동가들도 있다. 즉, 시민권 보장이 우선이므로, ADA를 따르는 데 얼마나 많은 비용이 들어가느냐 하는 문제는 중요하지 않다는 것이다.

장애인권 운동에 몸담고 있는 대부분의 사람들에게 있어 역량 강화는 장애인이 더 많은 선택과 기회의 평등을 가져야 한다는 것을 의미한다. 기회의 평등은 DPI가 가장 좋아하는 슬로건이다. 불행하게도, 비장애인들 사이에서도 기회는 극적이라 할 수 있을 만큼 차이가 난다는 사실을 고려하지 않았기 때문에 이는 공허한 슬로건에 불과하다. 그 슬로건은 특권을 인식하는 데 실패한 것이다. 가장 극단적인 예는 인도네시아 DPI의 지도자인 코에스비오노 사르만하디가 자카르타에서 인터뷰 도중에 한 이야기이다. "나는 군인 가족 출신이다. 인도네시아와 호주에서는 좋은 학교에 다녔다. 나는 정치의 기술적 면모를 잘 알고 있다. 하지만 의회에 공천을 신청했을 때 나는 시각 장애인이라는 이유로 거절당했다." 네오파시스트 정권에서 명목뿐인 직위에 취임하는 일이 거부되었다는, 사르만하디가 경험한 이 차별에서는 그 어떤 동정도 느낄 수 없을 것이다.

인권이라는 쟁점은 역량 강화의 모호성을 보여 주는 가장 좋은 예이다. "인권"은 삶의 허용 가능한 최소한의 질을 강조하는 경제적, 정치적, 사회적 기준이다. 인권 문제를 장애와 연결시키는 것은 실질적인 잠재력을 지니고 있으며, 그 관계 속에서 아주 중요한 세 가지 쟁점들을 제기한다. (1) 민주주의 — 사람들이 정책 결정에 포함되는가? (2) 평등 — 부의 분배는 공정한가? (3) 주권 — 국제적인 권력의 분배는 불균등한가? 지역이나 국가의 엘리트들은 민주주의를 고려하고 싶어 하지 않는다. 그들은 모든 정책 결정에 포함되는 사람들을 통제하고자 한다. 다국적 기업은 평등이라는 문제에 집중하고 싶어 하지 않는다.

그들은 막대한 이윤을 남기고 있으며, 증가하는 빈곤이나 세계인들의 빈곤화에 대해 누군가 의문을 제기하는 일을 원하지 않는다. 전 세계의 지배적 군사력을 통제하고 있는 미국의 정치 엘리트들은 주권이라는 문제를 언급하고 싶어 하지 않는다. 그들은 모든 이들이 "제국의 시대"는 베트남과 함께 소멸해 버렸다고 믿기를 바란다. 이 각각의 쟁점들은 억압에 대한 권력의 체계적 관계라는 의문을 불러일으킨다. 각각의 내용들에서 우리는 현상에 대한 저항의 필요성을 절실하게 느낄 수 있다. 그러나 장애인권 운동에 미치는 자유주의적 정설orthodoxy의 영향과 현상(즉, 자본주의 세계 질서)에 대한 이데올로기적 수용이라는 것은, 인권을 일차적인 요구 사항으로 채택하는 데 있어 진정한 굴레로 작용한다. 게다가 그것은 운동가들의 고유의 특권과 애국심과 편견에 대해 의문을 제기할 수도 있다.

인권은 가시 돋친 질문들을 제기한다. 사람들은 외국의 간섭 없이 주권에 대한 권리를 지니는가?[3] 노동권은 인간의 기본권인가? 인권이라는 근본적인 쟁점; 장애인권 운동에서 종종 이루어 내지만 결코 완전히 달성할 수 없는 요구는 장애인권 운동이 막다른 골목으로 치닫고 있음을 예고하는 것이다. 주변부 국가에서의 장애인권 운동은 자기네 나라의 반민주적인 정치 엘리트들과 관계하는 것을 피하기 때문에 국제적인 수준에서만 인권을 강조할 수 있다. 중심부 국가, 특히 미국에서의 장애인권 운동은 시민권을 강조하며, 초국적 자본이나 미국 제국주의의 패권적 역할과 관련되지 않으려고 한다. 주변부 국가든 중심부 국가든, 이런 장애인권 운동은 탈출구가 없다.

자립과 통합

초창기부터 장애인권 운동은 정치 철학의 초석으로서 자립과 통합을 옹호했다. 1983년 전미장애인협의회(NCH)는 연간 보고서 『장애인을 위한 국가 정책 National Policy for Persons with Disabilities』에서 자립을 "의사 결정과 일상적 활동의 수행에 있어 다른 이들에 대한 의존을 최소화하는 선택에 기초하여 개인의 삶을 통제하는 것"이라고 정의했다(NCH 1983: 3). 더군다나 자신의 삶을 통제하고 공동체 안에서 살아가고자 하는 장애인들의 욕구는 역량 강화에 의해 결정된다. 1983년 후반, 전미자립생활협의회(NCIL)는 장애인들의 자립에 대해 또 다른 성명을 내놓았다. "간단히 말해서, 장애인의 자립에 있어서 방해물은 세 가지로 분류할 수 있다. 신체적인 것, … 내적인 것[자기 존중], 외적인 것[인권, 시민권]. 실제로 자립을 위한 근본, 즉 그 본질은 뒤의 두 가지이며, 그 두 가지가 역량 강화의 개념을 형성한다"(NCIL 1983). NCH와 NCIL의 관점은 그 당시에도 특징적이었으며, 운동가들에게는 지금도 여전히 영향을 미치고 있는 내용이기도 하다. 우리가 알 수 있듯이, 자립은 의지(자기 존중)와 시민권(통합)과 밀접하게 연관되어 있다. 통합은 미국에서 30년 동안 시민권 운동의 목표였다. 그 운동은 인종 차별주의적인 미국을 색맹으로, 피부색이 다르다는 것을 인식하지 않는 세계로 변화시키는 것을 상상했다. 이러한 시각들은 미국의 장애인권 운동에도 영향을 미쳐 왔다.

흑인이나 장애인의 완전한 사회 통합이라는 목표는 이룰 수 없다는 것이 이미 오래전에 분명해졌다 할지라도, 통합의 원리는 장애인권 운동에 있어서는 여전히 가치 있는 원칙이다. 이를 위한 노력은 대중교통, 공교육, 공공 접근성(의사소통, 건축, 상업)에서 통합을 촉진하는 정책이나 입법권, 법안 발의권이라는 형태로 미국 사회에서 장애인들을 위한 중요하고도 극적인 발전을 이끌어 내었다. 이러한 조치들의 일부는 장애인에 대한 시민권 보호로까지 확장되었다. 1992년 ADA의 통과와 함께 이러한 활동들은 정점에 달했다. 많은 유럽 국가들, 특히 영국이 유사한 입법 작업을 계속하고 있다. 이 입법의 효과는 역사가 판단하게 될 것이다.

같은 시기에, 자립과 통합을 증진시키기 위한 조직화와 프로그램이 제3세계 운동가들에게는 다소 다른 것을 의미했다. 정치적-경제적 상황이 달랐기 때문에 조직과 프로그램 모두가 정치적 자립과 경제적 생존이라는 점과 좀 더 깊이 관계되어 있었던 것이다. 미국과 유럽에서는 제한된 선택과 분리를 타파하기 위해 자립과 통합이 강요된 반면, 제3세계에서는 똑같은 목표가 장애인들에게는 아예 주어지지도 않은 열악한 상황과 극도의 사회적 고립 때문에 언급되었다. 자립과 통합을 획득하기 위한 투쟁은 정치적 현실과 장소에 따라 달라진다. 예를 들어, 장애 학생들이 어떻게 교육받고 있는가 하는 문제를 생각해 보자.

장애와 관련된 요구의 대부분은 교육에 대한 동등한 접근성을 포함한다. 다시 말해 장애인권 운동에서는 장애 학생이 "일반" 교실에서 교육받을 것을 요구한다는 말이다. 보다 급진적인 운동가들은 거기서 더 나아가, 전체 교육 체계는 지배 문화의 전체적인 가치와 선호도의 총합이며 그 반영임을 논하면서, 포섭과 통합은 반드시 이루어져야 할 공교육의 필수적 재구조화의 일부일 뿐이라고 말한다. 물론 제한적이라고는 하지만 교육의 통합은 의미 있는 진보이다.

제3세계의 경우, 운동가들은 어떠한 교육 환경에서든 장애 학생들이 교육을 받을 수 있도록 하기 위해 싸워야만 한다. 여기에서는 다른 학생들을 통역가나 책 읽어 주는 사람으로 이용함으로써 학생들이 각 단계를 밟아 올라가도록 조처하거나, 심지어는 장애 학생이 분리된 교실로 가는 것을 지지한다. 장애인권 운동은 통합을 지지하지만, 많은 나라의 운동가들은 제아무리 부족한 것일지라도 일단 얻어 내야만 하기 때문이다.

장애인권 운동 내부에 존재하는 정치적 차이들은 복잡하지만 조화 불가능한 것은 아니다. 미국 내의 다양한 요소들의 효과적인 협동을 보여 준 최고의 사례는 대중교통일 것이다. 1980년대 초반, ADAPT의 장애인권 운동가들과 다른 지역 모임들은 시와 지역의 대중교통국, 국가무역기구, 미국대중교통협회를 대상으로 하는 시위를 시작했다. 보수적인 미국 상이군인협회에서 필라델피아의 팀 쿡과 같은 진보적인 공익 변호사들에 이르기까지, 이들은 "분리, 불평등"이라는 생각에 기초를 둔 차별에 대해 소송을 제기했다. 게다가 정책 변호사들도 지역, 주, 연방 법률에 공공 버스에 대한 접근성을 지시하는 법률을 입법화하기 시작했다. 집단적인 압력들이 하나씩 결실을 맺게 되었고, 시 대중교통국은 이를 인가하기 시작했다.

또다시 저개발 국가의 현실은 다른 방식의 접근을 필요로 한다. 주요 노선버스에 리프트를 장착하는 일은, 중간 규모 이상으로 발달된 도시들을 제외한다면, 실행 가능한 해결책이 아니다. 대중교통을 필요로 하는 사람들의 수가 너무 많은데다가, 대중에게 제공되는 교통수단들의 대부분은 민영화되어 있다. 아시아의 툭툭tuk-tuk이나 멕시코의 페세로pesero는 결코 접근성을 높일 수 없을 것이다.[4] 실질적인 질문, 즉 장애인들의 보다 분명한 자립을 위해 효과적인 것은 무엇이며, 또 어떻게 해야 할 것인가 하는 문제는 언제나 국제적인 장애인권 운동에 앞서는 것이다.

마지막으로, 자립과 통합의 중추적인 입장이 장애인권 운동 내부의 몇몇 사람들에 의해 도전받아 왔다는 점을 지적해야 할 것이다. 네 명의 저명한 장애 관련 학자들은 「장애를 근거로 한 차별Discrimination on the Basis of Disability」에서, 장애인권 운동의 정치적 목표는 우리의 진정한 다름 대신에 우리의 "같음"을 강조함으로써 개개인의 특정한 욕구를 무시하는 경향이 있었다는 입장을 밝혔다(Tucker 1994). 그들은 장애인권 운동이 내걸고 있는 시민권이라는 의제는, 이를 통해서 성취할 수 있는 것은 이미 다 성취되었기 때문에, 시대에 뒤떨어지는 것이라고 주장한다. 그들은 장애인권 운동의 목표가 이제는 개인의 장애를 바탕으로 개인의 다름이 갖는 자부심과 그리고 부족한 부분을 채워주는 측면에 집중되어야 한다고 이야기한다. 불행하게도 "제3의 물결" 운동의 지지자들은 장애인권 운동의 "제2의 물결"인 시민권 정치학에 의해 많은 것이 성취되었다고 잘못된 결론을 내리고 있다. 그들은 통합이라는 강력한 원칙을 가진 이상적인 목표를 혼란스럽게 만든다. 사실, 장애인권 운동의 진보는 시민권이라는 투쟁의 장에서 굳건해져야만 하며, 그렇지 않으면 피할 수 없는 반동의 정치학에 의해 모두 뒤엎어지고 말 것이다. 제3의 물결 정치학의 논리는 아이리스 영의 『정의와 다름의 정치학Justice and the Politics of Difference』에서 언급되었던 논의를 반영하고 있다. "오늘날 우리 사회에는 편견과 차별의 흔적이 여전히 남아 있지만, 우리는 그런 흔적들을 타파해 왔다. 지금껏 계몽사상의 아버지들이 용감하게 제언했던 꿈을 이제는 거의 현실화시킨 것이다"(1990: 157). 편견의 흔적만이 남아 있다는 생각은 잘못되었을 뿐만 아니라, 심지어 방향조차도 전혀 엉뚱한 것이다.

시대는 변하고, 어떤 운동에 있어서나 정치적 원리를 재평가하는 일은 운동의 성장을 위해 필수적이다. 그러나 자립과 통합은 계속해서 역량 강화와 관련시켜야만 한다. 시카고의 심리학자 캐롤 길과 영국의 가수 조니 크레센도는 다름에 대한 통속적인 정치학보다 구조적으로 더욱 강력한 정치적 원리를 재구성했다. 길: "투쟁은 통합이 아니라 권력을 얻기 위해 수행되어야 한다. 우리가 권력을 갖게 된다면 통합은 언제든지 이룰 수 있다." 크레센도: "우리는 자립이 아니라 상호 의존을 추구하고 있다. 우리는 통합이 아니라 권력을 추구하고 있다. 권력이 있다면 우리는 누구와도 통합할 수 있기 때문이다"(Brown 1995: 150).

자조와 자기 결정

자조와 자기 결정은 장애인권의 정치 원리 중에서도 가장 급진적인 것이다. 또한 기존의 권력 구조에서 가장 수용하기 어려워하는 원리이기도 하다. 운 좋게도, 이 두 가지는 중심부 국가와 주변부 국가 모두에서 장애인권의 초석이 되고 있다. 이는 장애인권 운동에 자유주의적인 특징을 부여해 준 정치 원리이기도 하다. 이를 통해 장애에 대한 낡은 생각은 새로운 생각과 분리된다.

역량 강화에 대한 요청은 모호하다. 시민권에 대한 요구는 비강제적인 합법적 권한을 통해 수용될 수 있다. 통합을 대놓고 반대하는 이들은 거의 없다. 이러한 원리에 경계선을 긋는다는 것은 언제나 쉽지 않은 일이다. 반대로, 자조와 자기 결정은 단순하고 명쾌하다. 이 원리는 장애인들이 그들의 총체적인 경험의 측면들 모두를 통제할 수 있기를 요구한다. 그 의미는 단순하다 — 우리는 우리 자신의 삶을 책임질 수 있으며, 당신이 우리들의 일을 통제하는 것을 원하지도, 필요로 하지도 않는다. 무엇이 우리에게 최선인지는 우리가 가장 잘 안다. 우리는 우리의 조직과 프로그램을, 그리고 우리에게 직접적으로 영향을 미치는 정부의 기금, 공공 정책, 경제적 기획에 대한 영향력을 스스로 통제할 것을 요구한다 — 자기 결정에 대한 요구는 온정주의 이데올로기를, 기존의 정치 엘리트와 권력 구조를, 가족이나 학교, 의료 구조

체제와 같은 사회 제도나 사회 기관 및 자선을, 사람들에게 편입을 강요해 온 정치적, 경제적, 사회적 의존을 도발적으로 그리고 직관적으로 공격한다.

자조는 지난 20년 동안 매우 중요한 운동 원리였다. 이 원리는 자신의 삶을 통제할 수 있는 장애인 본연의 능력을 인식할 뿐만 아니라, 장식 같은 자격증이나 보상 등에도 불구하고, 장애 경험을 이해하는 과정에서 나타나는 비장애인 본연의 무능력 또한 인식하고 있다. 자조란 일대일 동료 상담, 토론 집단, 자립 생활 기술 훈련에서 시작하여 슈퍼마켓이나 산업적 생산과 같은 경제 발전 프로그램, 집단 농장, 상업적 투자에 이르는 모든 것을 의미한다. 통상적으로, 미국과 유럽에서는 전자를, 제3세계에서는 후자를 포함한다. 이러한 차이점들은 세계의 서로 다른 정치적-경제적 현실을 적절하게 반영하는 것이다.

이 원리들에 위험 요소가 없는 것은 아니다. 이 원칙들은 사람들이 실질적으로 자신의 삶에 대한 통제권을 취할 것을 요구하는, 그러나 준비되어 있지 않은 수많은 장애인들에게는 엄청난 노력을 요구하는 홀로서기를 강조하는 경향이 있다. 이와 관련하여 실패했던 사례로 정신 장애인들의 탈시설화 노력이 생각난다. 실질적인 문제이기 때문에 자조와 자기 결정은 착각하기 쉬운 단발성 목표이지만, 너무나 중요하고 강력한 요구이다.

결론: 전환점

장애인권 운동 내의 모든 조직에는 공통적으로 존재하는 기본적인 것들이 몇 가지 있다. 무엇보다도 그것들은 장애인들에 의해 운영되는 조직이다. 그들 각각은 각자의 환경 속에서 각자의 방식으로 일상 속에 존재하는 장애 억압의 현실과 직면하고 있다. 또 다른 중요한 유사점은, 그 조직들 각각은 장애인들이 고유의 목소리를 내고 자신의 삶을 스스로 통제할 수 있어야 한다는 일반적인 철학 원리를 갖고 있다는 점이다. 장애인권의 정치학과 조직화는 억압과 역량 강화의 변증법으로 얽혀 있다. 이러한 조직들의 놀랄 만한 성장은 전례가 없는 일이다. 이는 억압과 그 반대급부, 즉 저항의 논리에 의해 설명될 수 있다. 장애인 역사상 최초로, 엄청난 빈곤과 자기 소외, 고립, 차별, 절망이 장애인권 운동의 자유주의적 정치학에 의해 도전을 받은 것이다.

장애인들의 역사는 이제 전환점에 도달했다. 여기까지 다다른 것은 그 누구의 도움도 받지 않고 장애인 스스로 노력한 결과이다. 다른 억압받는 자들의 투쟁에서 배우고, 스스로 투쟁에 참여함으로써 그 억압을 떨쳐내고자 했던, 장애인권 운동의 운동가들은 온정주의와 의료화에 기초하는 이데올로기적 체계 전체를 해체하기 시작했다. 하지만, 사실 오늘날까지도 그 이데올로기적 체계의 근간을 명확히 이해하지 못한 상태이다. 결국 이데올로기적 체계를 해체할 유일한 길은 그것의 정치적, 경제적, 사회문화적 근본을 체계적으로 공격하는 것뿐이다. 이 근본의 정체성을 찾아내고 그것을 전략적으로 조각내는 것은 장애인권 운동에 있어 너무나도 중요한 도전이다. 왜냐하면 이 문제는 장애인권 운동 그 자체의 에너지와 도덕적 권위 그리고 단합과 관련된 문제이기 때문이다. 억압의 힘은 강하고, 국제적인 장애인권 운동의 현재의 힘과 능력은 너무나 미약하다. 그럼에도 불구하고 운동가들은 보다 나은 세상을 위해서 계속 투쟁할 것이다. 대안은 없다. 대답을 찾지 못한 질문은 이제 단 하나, 어떻게 성공할 것인가 하는 것뿐이다.

8장
장애인권 확립을 위한 조직과 운동

　　일상생활의 서로 다른 현실과 이따금씩 가혹한 현실을 일단 차치하고 본다면, 장애인들의 조직은 실제로 전 세계 어느 나라에서나 찾아볼 수 있게 되었다. 이 조직들의 대부분은 역량 강화와 인권, 자립과 통합, 자조와 자기 결정의 원리를 원칙으로 하며, 국제적인 장애인권 운동의 핵심을 형성한다. 아직 한참 부족하기는 하지만, 이러한 발전은 다양한 자유주의 운동을 초래한 의식의 진전이나 조직화와 나란히 나아가고 있다. 셰일라 로우버섬은 『여성들의 의식, 남성의 세계 Women's Consciousness, Man's World』에서 이렇게 상기시킨다. "인류의 많은 수는 언제나 자신들에게도 보이지 않는 존재였다. 그러는 동안 극소수의 사람들은 자신들의 생각에 고립되어 자신들을 소모했다. 억압받는 자들의 모든 대중 정치 운동은 필연적으로 그 자체의 전망을 빛이 비추는 곳으로 끌어낸다"(1973: 27).

　　장애인들이 수십 년 동안 정치적으로 활동해 온 곳도 있기는 하지만, 대부분의 장애인권 운동은 최근에 나타난 현상이다. 오늘날 대부분의 운동가들은 현재의 장애인권 운동이 구성된 시점을 1970년대 초반으로 보고 있다.

1973년과 1981년, 이는 새로운 이정표가 된 해였다. 반전 운동과 학생 운동, 시민권 운동에 직접적으로 연루되거나 영향을 받은 미국과 유럽의 장애인들이 장애 관련 논점들을 조직화하기 시작했던 것은 1970년대 초반의 일이었다. 많은 운동가들, 특히 유럽과 아프리카, 라틴아메리카의 운동가들은 좌파 정치 운동의 영향도 받았다. 아프리카에서 장애인권 운동이 시작된 남부아프리카 지역 전체에 걸쳐서는 민족 해방 운동의 영향이 중요했다. 그중 많은 이들이 자신의 삶과 사회적 조건과 사건들을 정치적으로 연결시키기 시작했다.

레이첼 허스트: 빅 핀클스타인은 남아프리카공화국 공산당에 참여했던, 아주 흥미로운 인물이다. 척수 손상을 입은 후, 그리고 몇 번인가 감옥에 들락거린 후에 그는 탈출하여 영국으로 갔다. 그는 1975년에 창립된, '분리에 저항하는 지체장애인들의 연합'의 창립자 중 한 명이었다. 그는 남아프리카공화국에서 엄청나게 벌어지던 분리Segregation를 목격했기 때문에, 우리가 분리 당한다는 것을 이해할 수 있었던 최초의 사람들 중 한 명이기도 했다. 우리는 그에게 큰 빚을 진 것이다.

에드 로버츠: 나에게 일어났던 많은 좋은 일들 그리고 내가 해온 좋은 일들은 내가 1960년대에 버클리에 있었다는 사실과 관련된 부분이 많다. 그때 그곳은 활기가 가득했고, 낙관주의가 만연해 있었다. 우리는 세계를 바꿀 수 있고 또 바꾸어 나갈 세대였다. 온갖 종류의 대안적이면서도 생생한 실험들과 새로운 아이디어들이 넘쳐났다. 다른 모든 사람들처럼 나도 그 속에 금방 빠져들었다. 운 좋게도 그곳에는 그런 꿈을 꾸고 있는 다른 장애인들도 있었다. 우리는 적절한 시기와 적절한 장소에 함께 존재하고 있었던 것이다.

1972년에서 1973년까지의 기간은 버클리 자립생활센터의 설립과 관련되어 있다. 또한 보스턴 자조 센터가 조직화의 대안으로 자립 생활에 관심을 갖게 된 것 또한 그 무렵이었다. 자립 생활 운동은 미국 장애인권 운동의 구심점이며, 그 지도자들은 여러 곳의 운동가와 지도자들에게 영향을 미쳤다. 1975년에 빅 핀클스타인과 폴 헌트와 다른 몇몇 사람들이 장애인들이 사회로부터 분리되는 것에 저항하는 지체장애인들의 동맹을 시작함으로써 유럽에서도 처음으로 권리 지향 집단Rights-oriented group이 만들어졌다.

미국과 유럽에서 운동가들이 장애 관련 문제들에 착수하기 시작하면서 장애인권 운동은 발달하고 성장하기 시작했다. 이러한 쟁점들은 초기에 대중교통 수단의 비접근성 문제, 접근 수단 및 적절한 주거, 활동 보조원에게 지불해야 하는 과도한 비용 때문에 시설에 머무르고 있는 가난한 중증 장애우들의 문제, 통합 교육에 관한 문제들을 담고 있었다. 뿐만 아니라 일반 대중이 장애와 관계 맺고 이를 받아들이며 이해하는 방식에 변화를 불러일으키기 위한 노력들도 담고 있었다. 장애에 관한 대중의 오해와 관계되어 있기 때문에 마지막 내용은 특히 중요하다.

첫 번째 자립생활센터는 1973년에 버클리에서 시작되었지만, 미국 내 대부분의 자립생활센터들이 세워진 것은 1980년대 초반이었다. 현재는 300곳 이상의 센터가 있다. 미국의 장애인권 운동에 있어서 자립생활센터는 두 가지 이유에서 가장 중요한 조직이다. 첫째, 초창기 지도자들의 대부분이 자립생활센터를 통해 정체성을 확립했으며, 자립 생활이라는 철학은 보다 큰 장애 운동의 철학적 토대의 많은 부분을 형성했다. 둘째, 엄청난 유급 직원들의 수 때문에 자립생활센터는 장애인권 운동의 초석이었으며, 또한 지금도 여전히 그러하다. 이 센터는 방대한 자원을 가지고 있다.

초창기 운동가들의 활동과는 별개로, "장애"와 관련된 법률 입안과 법제화가 나타나기 시작했다. 이는 북미와 북유럽 그리고 일부에 불과하지만 제3세계에서도 나타난 현상이었다. 북미에서 있었던 가장 중요한 일은 1973년의 재활법Rehabilitation Act이었다.[1]

1981년은 유엔이 정한 '세계 장애인의 해International Year of Disabled Persons'였다. 사실, 미국의 장애인권 운동가들에게는 여기에 특별한 의미가 없었다. 대부분의 중심부 국가들도 마찬가지였는지는 잘 모르겠지만(아마도 그렇지 않을까 생각한다), 주변부 국가의 장애인권 운동에서는 1981년이 매우 뜻 깊은 해였다. 대부분의 주변부 국가에서 1981년은 장애 관련 프로젝트나 프로그램에 장애인들을 참가시키려는 노력이 처음으로 시도된 해이기 때문이다.

나롱 파티밧사라키크: 세계 장애인의 해였던 1981년, 태국에서는 장애인들이 실제로 참여하는 장애 관련 워크숍이 처음으로 열렸다. 그해 말, 나는 DPI 국제회의에 참석하기 위해 싱가포르로 가는 위원으로 선발되었다. 사실, 이 모임에 참석하기 전까지 나는 철학이나 정치 운동 같은 것들에 대해서는 아무 생각도 없었다. … 에드 로버츠의 연설을 들으면서 나는 큰 충격을 받았다. 태국으로 돌아와서, 나는 태국 DPI를 구성하는 일에 참여하게 되었다. 우선, 우리는 청각 장애 학교 졸업생들을 조직화하기 위해 그들을 만났다. '정신지체장애아동부모협회'와도 만났다. 그러고 나서 나는 지체장애인협회를 시작했다. 1년 뒤, 우리는 태국 DPI를 만들게 되었다. 1983년에는 치앙마이에서 첫 회의를 열었다.

1981년 이전에 장애인권 조직들이 만들어졌던 제3세계 국가들의 경우에도 세계 장애인의 해는 일종의 탄력을 불어넣어 주었다. 브라질의 장애인권 역사를 정리하면서, 유진 윌리엄스는 이렇게 쓰고 있다

"결론적으로, 1980년 시각 장애인과 청각 장애인, [지체] 장애인, 한센병 환자들을 대표하는 1천여 명에 가까운 참석자들이 브라질에서 처음으로 모여 전국 장애인 총회를 개최하였다. 행동 강령이 만들어졌고, 장애 영역을 모두 아우르는 차원에서 국가 규모의 연합의 기초 또한 세워졌다. 게다가 이듬해의 세계 장애인의 해를 위해 새로운 정책이 결정되었다. 정책은 '전문가'들이 아닌 장애인들이 발의한 내용으로 구성되었다"(1989).

사실, 세계 장애인의 해보다 앞서 1980년 6월에 있었던 장애 관련 국제 단체인 국제재활협회(RI)의 분열은 매우 중요한 사건이었다. RI는 주로 재활 전문가들로 구성된 대규모 회원제 조직이었다. 스웨덴과 캐나다 사람들의 노력 끝에, RI에서는 처음으로 싱가포르에서 열리는 학술대회에 장애인들을 참석시키고자 했다. 그리고 거의 상징적인 의미였을 뿐인 이 노력은 기대 외의 결과를 낳았다. 수백 명에 불과한 장애인 참가자들이 RI는 그 대의원단의 50%를 장애인으로 구성할 것을 의무화해야 한다는 발안을 했던 것이다. 이 움직임은 회의장에서 3천 명의 대의원들의 의견을 묻는 투표를 통해 61 대 37이라는 결과를 낳으며 완전히 무산되었다. 장애인들과 몇몇 지지자들이 RI의 분열을 이끌어 냈고, 그 결과 DPI가 만들어지게 되었다.[2] 지난 15년간 DPI는 매우 인상적인 성장을 보여 왔다. 수십 개 국가들이 가맹했고, 국제 본부는 캐나다의 위니펙에 있다.[3] 나중에 DPI의 총서기가 된 조슈아 말린가, DPI의 유급 조직가가 된 다닐로 델핀은 각각 짐바브웨와 필리핀에서 참관자로서 싱가포르 학술회의에 참석했었다. 그들의 경험은 당시 참석했던 많은 사람들의 의견을 대변하고 있다.

조슈아 말린가: 싱가포르에 갔을 때 나는 보수파였다. 그렇지만 돌아왔을 때는 매우 급진적인 사람이 되어 있었다.

다닐로 델핀: 싱가포르에서 열린 학술회의는 나에게 큰 충격을 주었다. 나의 장애가 그리 심각한 것이 아니라는 사실을, 즉 가족이나 일을 가질 수 있다는 것을 깨닫게 되었다. 그 학술회의 이후 나는 장애 관련 문제를 다루면서 전일제로 근무하기 시작했다.

그 학술회의는 장애인 참가자들에게 충격적인 영향을 미쳤다. DPI는 이러한 초기 자극과 공동체 관리 및 자기 대표성이라는 메시지에 따라 추진되었다. "성공적인 운동을 위해 전제되는 것은 장애인 단체의 적절한 조직화와 장애 문제에 대한 높은 수준의 공공 인식이라 할 수 있다. … [우리] 조직은 이것이 장애인들의 진정한 목소리와 욕구임을 단언한다"(DPI 1986).

이러한 과정이 어디서나 균등하게 이루어진 것은 아니지만, 그런 변화가 이루어지고 있다는 사실만큼은 부인할 수 없다. 지난 15년 동안 남부아프리카에서, 캄보디아와 멕시코의 난민 캠프에서, 필리핀과 팔라우, 피지의 외진 섬에서 나환자 공동체 내부에 자조 집단이 만들어졌다. 멕시코 산맥의 한 마을은 약물 관련 폭력으로 장애를 갖게 된 사람들에 의해 관리되고 있으며, 지금까지 전국에서 수백 명의 장애인들이 그 마을로 몰려들었다. 슈퍼마켓이나 집단 농업과 같은 경제 발전 프로젝트가 이러한 조직들에 의해 아프리카에서 수립되었다. 최초의 자립생활센터들이 남아프리카공화국의 수많은 도시들에 세워졌다. 이 집단들은 대부분 상대적으로 새롭고 작고 유약하다. 그들의 뿌리는 80년대에 있다. 대부분은 자금이나 프로그램 없이 존재한다. 하지만, 다른 조직들, 즉 짐바브웨 전국장애인협의회와 남아프리카공화국 장애인단체와 같은 조직들은 조직적이고 정치적으로 세련된 경우들이다.

대부분의 장애인권 운동 조직들은 1979년에서 1986년 사이에 창설되었다. 초기에 복지 기관으로 등록되었던 짐바브웨 전국장애인협의회는 1981년에 국가 장애인권 단체가 되었다. 1979년에는 산디니스타의 성공에 힘입어 혁명 장애인 기구가 세워졌다. 1981년 하지마비 자조협회/소웨토(SHAP)가 경제 발전 프로젝트에 의해 시작되었다. 또한 1981년에는 서부 멕시코 청년 장애인 재활 프로그램(PROJIMO)이 농촌 지역의 공동체 기반 재활(CBR) 프로그램으로 시작되었다. 태국 DPI가 1983년에 세워졌다. 1986년에는 남부아프리카 장애인연합(SAFOD)이 장애인들의 비정부 기구 연합 형태로 구성되었다. ADAPT를 포함하는 다른 장애인권 집단들과 마찬가지로, 미국에서 대부분의 자립생활센터가 세워진 것도 이 시기였다.

브라질의 경우는 전형적이다.

> 60년대 말에서 70년대 초반, 장애인들은 낙관주의자 모임(리우 지역), 하지 마비인 모임(리우 지역 및 상파울루 지역), SADEF(리우 지역), 그리고 ARPA(리우그란데두술 지역)과 같은 운동 및 사교 목적의 모임을 발안하여 구성하기 시작했다. 그 모임들은 예전이나 지금이나 실크스크린, 복권 판매, 거리에서의 사탕 판매와 같은 수익 창출형 활동과, 매우 치열한 휠체어 농구팀을 특징으로 한다. 이러한 모임들은 본질적으로 정치적이지는 않지만, 토론과 사회화 그리고 공동체라는 개념을 세워 가는 데 중점을 두고 있으며, 이를 통해 또 다른 욕구와도 마주치게 하는 역할을 한다. … 80년대에는 자조 운동이 국가라는 경계를 넘어섰으며, 라틴아메리카협의회를 통해 DPI에서 브라질을 대표하는, 전국지체장애인기구(ONEDEF) 또한 생겨났다. 시각 장애인들은 세계시각장애인연맹(WBU)과 라틴아메리카 시각장애인연맹(LABU)에 가입했다. 이와 유사하게 자신들의 정치적 영향력을 확장시키고 리더십을 향상시키기 위해 청각 장애인들도 청각장애인통합교육연합(FENESIS)을 통해 지금은 세계청각장

애인연합의 일원이 되었다. ⋯ 1984년은 조직 구조화에 있어 매우 중요한 해였다. 일련의 단체들, 즉 브라질시각장애인총연합(FEBEC), 전국지체장애인기구(ONEDEF), 청각장애인통합교육연합(FENESIS), 한센병 장애인들의 재통합행동(MORHAN) 등이 이 해에 설립되었다. 또한 이 해 12월에는 4개의 단체를 통합하는 브라질장애인총협의회가 설립되었다. 장애인들 '의' 새로운 연계가 전국 여기저기서 발아하기 시작했다 (Williams 1989).

수많은 곳에서 시작된 각각의 모임들에서 공통점이라고는 찾아보기 힘들었으나, 곧 네트워크가 형성되기 시작했다. 1980년대에는 브라질에서 설립되었지만, 나중에는 남미 전역으로 퍼져 나갔다. 대륙 전체의 개인과 조직들을 아우르는 학술회의가 리우데자네이루에서 개최되었다. 남아프리카공화국, 짐바브웨, 인도, 태국을 비롯하여 수많은 나라들에서 국가적 규모의 연맹이 수립되었다. 태국 DPI 회원들과 DPI 지역 조직가인 다닐로 델핀은 방콕에 근거지를 두고, 장애인권의 철학을 전하고 운동을 일으키기 위해 베트남과 라오스, 캄보디아를 수없이 돌아다녔다. 홍콩과 중국 사이에도 국제적인 교류가 이루어졌다.
수년에 걸쳐 이루어졌지만, 조직화 과정이 순탄했던 것은 아니다. 다른 많은 진보 과정에서도 볼 수 있듯이, 여기에도 걸림돌은 있었다.

1981년에 세계 장애인의 해를 축하하면서 필리핀 정부는 당시 '장애인 복지 관련 국가 협의회'였던 단체를 통해 1983년에 첫 번째 전국장애인회의를 개최했다. ⋯ 그 회의에서 최초의 국가 단위 조직을 만들었다. ⋯ 그러나 그것은 몇 가지 이유 때문에 완벽하게 성공하지는 못했다. (a) 조직의 운영자들이 대부분 마닐라에 근거지를 두고 있었다. (b) 조직에 대한 지원 체계, 예를 들면 자금, 사무실, 통신 장비, 직원 등이 없었다. (c)

다양한 장애 집단들의 구성원들 사이에 연계가 이루어지지 않았으며, 파벌주의와 이익 분쟁이 만연해 있었다(Estrella 1992).

다닐로 델핀이 나에게 말했듯이, "1981년의 여세를 이어가는 것은 매우 어려웠다."

장애인권 운동가들은 어떻게 그리고 무엇을 조직할 것인지에 대해 서로 다른 선택을 해왔다. 1991년, 리우데자네이루의 장애인들은 남미 최초의 자립생활센터를 설립했다. 이는 상파울로에 또 다른 자립생활센터를 세우는 것으로 이어졌고, 남미 전역에 걸친 설립 가능성을 남겼다. 남아프리카공화국에서는 청각장애인연맹이 아프리카 최초로 수화 교본을 만들었으며, 수화 학습을 위해 미국과 영국으로 사람들을 보내고 있다. 봄베이에서는 인도시각장애인연맹이 현대화된 대형 점자 관련 장비를 마련했다. 짐바브웨 전국장애인협의회는 불라와요 외곽의 타운십에서는 슈퍼마켓을, 하라레 외곽에서는 집단 농장을 운영하는 등 경제 개발 기획을 주도하고 있다. 태국 DPI는 휠체어를 사용하는 하원 내각 구성원을 면직시킨 사실에 항의하는 시위를 벌였다. 니카라과 혁명 이후에 혁명 장애인 기구가 수행한 최초의 과업 중 하나는 지역에서 활용 가능한 재료를 사용하여 휠체어를 생산, 분배하는 체계를 만드는 일이었다.[4]

이러한 조직들 중 많은 수는 생존을 위한 단순한 요구에서 출발했으며, 그 목표는 경제적 자조 및 자족에 한정되어 있었다. 또 다른 몇 개의 집단들은 장애인들이 지역 공동체나 도시, 국가 또는 그보다 큰 규모의 지역에서 활동할 수 있게 되기를 소망하는 정치 집단으로 시작되었다. 이 집단들의 목표는 점차 뒤섞여 갔다. 모든 것은 자기 결정과 인권을 위한 투쟁으로 모아지고 있다. 거의 예외 없이 이는 모든 조직의 공통분모임에 틀림없다.

장애인권 운동 조직의 유형

조직화를 시작한 이래로, 장애인들은 실현 가능하다고 생각되는 문제들에 우선적으로 착수했다. 이러한 결정의 결과로서 기대 이상으로 성장한 조직도 몇 개 있고, 사라져 버린 조직들도 얼마쯤 있다. 다양한 구조와 전략들을 다시 살펴보면, 장애인권 운동의 조직은 몇 가지 유형으로 분류된다. (1) 지역 자조 집단(local self-help group, LSHG), (2) 지역 지원 및 프로그램 센터(local advocacy and program center, LAPC), (3) 지역 단일 문제 지원 집단(local single issue advocacy group, LSIAG), (4) 공공 정책 집단(public policy group, PPG), (5) 단일 문제 국가 지원 집단(single issue national advocacy group, SINAG), (6) 국가 회원제 기구(national membership organization, NMO), (7) 국가 연대/연합 모임(national coalition/federation of groups, NC/FG), (8) 특정 장애 유형에 근거한 국가 단위 기구(national single disability organization, NSDO), (9) 지역 기구(regional organization, RO), (10) 국제기구(international organization, IO)

(1) 지역 자조 집단(LSHG)

LSHG는 동료 상담과 소규모 원예, 농업 투자를 제공하는 작은 모임에서부터, 지원과 생산, 소득이라는 의미 있는 차원을 포함하는 대형 프로젝트에까지 걸쳐 있다. 많은 LSHG에는 특별히 발전된 장애인권 의제가 없다. 단지 자체 구성원들에게만 관심을 갖는다. 많은 인권 운동가들이 이러한 모임을 장애인권 운동 외적인 것으로 간주하지만, 이 모임들의 대다수는 극빈 상황에 놓인 중증 장애인들을 도왔으며, 더 큰 장애 관련 기구와 관계되어 있다. 서부 멕시코 청년 장애인 재활 프로그램(PROJIMO)과 같은 몇몇 모임들은 다른 자조 집단들의 모델이 되고 있다. PROJIMO는 1981년에 캘리포니아에 기반을 둔 히스페리언 재단Hesperian Foundation에 의해 팔로알토에 농촌 지역의 공동체 기반 재활(Community-Based Rehabilitation, CBR) 프로그램으로서 설립되었다. 1980년대에 PROJIMO는 멕시코의 각기 다른 8개 지역의 CBR의 모델이 되면서(뿐만 아니라 제3세계 전역에 걸쳐서도), 멕시코에서 꽤 유명해지게 되었다. 데이비드 워너의 『마을의 장애 아동Disabled Village Children』은 경험에서 나온 책으로서, 13개 국어로 번역되었고, 전 세계에서 읽히고 있다.

남아프리카공화국에는 175개가 넘는 소득 창출 자조 프로젝트가 있는데, 대부분 남아프리카공화국 장애인단체(DPSA)와 관련되어 있다. 대부분 30명 이하의 사람들을 고용한 상태이며, 소득을 거의 창출하지 못한다. 그러나 이 프로젝트는 생사의 기로에 서 있는 경우가 많은 가난한 구성원들에게 필요한 최소한의 음식과 소득 정도는 창출해낸다. 가장 크고 잘 알려진 모임은 소웨토 하지마비 자조협회(SHAP)인데, 프라이데이 마부소가 이끌던 소웨토 하지마비인 모임(주로 척수 손상을 입은 이들이다)에 의해 1981년에 만들어진 것이다. SHAP는 회원제로 운영된다. 의장과 집행부는 회계연도 말에 회원들에 의해 선출된다. 회원들은 소웨토 지역의 장애인이다. 의장을 주축으로 하는 운영위원회는 매달 열린다. SHAP는 DPSA에 가맹되어 있다.

멕시코의 PROJIMO나 니카라과의 ORD, 리우 지역의 자립생활센터(CIL)와 매우 흡사하게, SHAP의 핵심 구성원들 역시 요하네스버그 외곽의 바라그와나스 병원에서 서로 만났다. PROJIMO처럼, 그들도 자신들의 절망적인 상황을 벗어나고자 자조 모임을 조직하기 시작했다. 첫 번째 프로젝트는 1983년 소웨토에 인접한 모폴로파크에서 남아프리카공화국의 주요 기업체들과 신탁 기금을 자본으로 해 시작했던 공장이었다. 사업이 한창이던 1989년에는 고용원 수가 140명이었다. 8개 조로 구성되어 장애인의 관리를 받았던 노동자들은 전기 제품 조립, 재봉, 포장, 수리 등의 작업을 했다. 또한 SHAP에는 주거, 교육, 건강 및 (스포츠클럽을 포함하는) 여가 관련 프로그램도 있었다. 동료 상담과 (주로 육상과 농구였던) 스포츠 프로그램도 편성했다.

수백 개의 자조 집단들을 통해 쌓인 교훈이나 경험은 다양하다. 동료 관계와 우정, 물질적 도움과 지원, 그에 따른 관리 감각은 수백만 명의 건강과 생계에 엄청난 기여를 해왔다. 이러한 자조 집단들은 가장 쉽게 만들 수 있지만, 유지하기는 가장 어렵다. 장애인권 운동의 기치 아래 존재하는 10가지 유형의 장애 조직들 중에서도 지역 자조 집단은 가장 일시적인 성격의 집단이다.

(2) 지역 지원 및 프로그램 센터(LAPC)

가장 중요한 LAPC는 자립생활센터(CIL)이다.[5] 자립생활센터는 지원 활동advocacy과 서비스 그리고 공공 교육과 관련되어 있으며, 지역민이라는 제한을 두지 않는 비영리 조직이다. 지원 활동은 체계 지향적이기도 하고, 개인 지향적이기도 하다. 미국과 북유럽에는 수백 개의 자립생활센터가 있다. 또한 제3세계 국가에도 소수의 센터들이 존재한다. 1990년 리우데자네이루에서 문을 열었던 자립생활센터(Centro do Vida Independente, CVI)가 제3세계에 세워진 최초의 CIL이었다. 그 정치적인 뿌리는 장애인권을 위한 운동과 같은 이전의 국가적인 지원 집단이다. CVI는 직업 훈련, 건축 또는 법과 관련된 조언, 데이터뱅크 서비스, 동료 상담, 치료 및 보조 기구 지원, 자립 생활 기술 훈련, 문화 및 여가 활동 등을 제공한다. 『수페르 아사우*Super Ação*』라는 소식지도 발행한다. 1992년에는 장애에 관한 국제 좌담회를 조직했다. 이 좌담회[Ibero-American Meetings of People with Disability]에는 남북 아메리카 대륙의 장애인권 운동 지도자들이 참석했다. 정의 그대로, 자립생활센터는 장애와 관련된 모든 일을 수행하며, 임원진들 역시 대다수가 장애인이어야 한다.

내가 1985년부터 일해 온 시카고의 액세스 리빙은 1979년에 설립되었다. 이곳은 미국에서도 가장 큰 자립생활센터 중의 하나로서 예산이 180만 달러를 넘으며, 직원 수도 40명에 달한다. 조직의 예산 수입은 시, 주 정부, 연방 정부가 재단이나 개인들이 내놓은 민간 자원 부분을 승인한 것이다. 액세스 리빙의 대표인 마카 브리스토는 미국에서 아주 저명한 장애인권 운동가들 중 한 명이다. 이전에 전국자립생활협의회의 위원장이었던 그녀는 1993년 빌 클린턴 대통령의 지명으로 전국장애인협의회(NCD)의 위원장이 되었다.

액세스 리빙은 활동을 조직하고 지원하는 일에 상당수의 직원을 독자적으로 배치한다. 또한 가정 폭력이나 주거상의 차별, 아동 학대, 또는 의료 제도 개정 및 장애인에게 중요한 모든 문제들에 대해 진보적인 지원을 하는 것은 물론이고 ADAPT 지부도 지원하고 있다. 액세스 리빙이 집중적으로 다루고 있는 일차적인 문제는 주거, 개인 도우미, 대중교통, 의료 제도와 교육이다. 소비자를 위한 서비스도 다양하며, 정보 제공, 리퍼럴referral[매년 2만여 건의 전화를 연결한다], 개인 또는 집단 상담, 동료 상담, 자립 생활 기술 훈련, 개인 변호 훈련individual advocacy training 및 지원을 포함한다. 이러한 "핵심 서비스"들은 대부분의 자립생활센터에서 제공되고 있다. 액세스 리빙에서는 또한 가정 폭력 긴급 중재, 주거 합법화 서비스, 강연회나 미디어 캠페인을 통해 다양한 종류의 대중 인식 개선 활동을 펼치고 있다. 액세스 리빙의 연간 이용자 1,400명 중 75%가 흑인이며, 85% 이상은 연간 정규 소득이 1만 달러 이하이다. 대다수가 지체 장애인이기는 하지만, 청각 장애 혹은 정신 장애인의 수도 결코 적지 않다. 액세스 리빙은 시카고 지역에서 장애인권을 위해 활동하고 있는 수많은 지역 지원 및 프로그램 센터들 중 하나이다.

(3) 지역 단일 문제 지원 집단(LSIAG)

많은 지역 자조 집단들은 동시다발적으로 일어났다가 그만큼 빨리 사라진다. LSIAG도 마찬가지라고 할 수 있다. 그러나 두 집단 사이에 중요한 차이점이 있다면, 지역 자조 집단이 개인의 가능성과 주로 관련되어 있는 반면, LSIAG는 지원 지향적이라는 점이다. 이르든 늦든 간에, LSIAG들은 보다 더 큰 지원 조직과 협력하게 되며, 그 결과 큰 조직을 떠받치는 데 도움을 주게 된다.

이 집단들은 주거와 교통수단에서부터 접근성이나 대중의 인식에 이르는 다양한 문제들을 다룬다. 악세소 리브레는 멕시코시티에 있는 LSIAG이다. 여기서는 이름 그대로 건축물에 대한 접근성의 문제를 다루고 있다. 멕시코시티 남쪽의 오악사카에는 오악사카 지체장애인연합(ASOPELFI)이 있는데, 그것은 구성원들에게 휠체어와 고용을 지원하기 위해 설립되었다. 구성원 수가 60명에 이를 때까지 이 모임에서는 오악사카 시에 산재한 수많은 지원 관련 문제들을 다루었다. LSIAG의 발전 과정은 남아프리카공화국에서 '장애 문제를 인식하는 사람들'(PADI)을 설립한 파딜라 라가디엔의 이야기에서 잘 드러난다.

파딜라 라가디엔: 세계 여러 곳에서 장애에 대한 강연을 하였고, 케이프타운으로 이주한 수준 높은 투사 케이시 자고에를 만났다. 케이시는 내게 자기가 도와줄 테니 장애 인식 개선 모임을 시작해 보라고 제안했고, 우리는 그렇게 해서 PADI를 시작하게 되었다. 경험을 바탕으로 하는 이 연구회는 몇 년 동안 계속되었다. 교통수단이나 접근성과 같은 문

제들도 많이 제기되었지만, 우리가 가장 많이 논의했던 것은 장애 인식에 대해서였다. 우리가 생각하는 문제들을 소통하기 위해 컴퓨터를 사용하기 시작했다. 그리고 장애에 대한 태도가 너무나 후진적이었기 때문에, 소식지도 만들기로 했다. 텍사스에서 온 자원 봉사자가 한 명 있었는데, 케이프타운 시내에서 근무하던 그분의 남편이 소식지를 컴퓨터로 정리해 문서 형태로 만드는 일을 도왔다. … 그렇게 많은 일을 했기 때문에 지금은 남아프리카공화국 전역에 퍼져 있는 3천 명의 사람들에게 보낼 24쪽짜리 소식지를 만들 수 있게 된 것이다. 이런 경험들을 이야기해 달라면서 짐바브웨나 캐나다에서 초청을 받기도 했다. 현재는 자립생활센터를 세울 계획을 갖고 있다. PADI는 남아프리카공화국 장애인 단체에 가입해 있는 소규모 조직이다.

(4) 공공 정책 집단(PPG)

장애 관련 공공 정책과 관련된 센터와 연구소 그리고 프로젝트의 수는 엄청나다. 그러나 장애인들에 의해서 관리되는 경우는 거의 없다. 대부분은 정부나 준정부 기관, 재단 혹은 학계와 관련되어 있다. 장애인권 운동의 핵심 요소인 장애인들에 의해 운영된다는 원칙이 지켜지는 곳은 몇 곳에 불과하다. 미국에는 버클리와 워싱턴에 근거를 두고 있는 '장애인권 교육 · 보호 기금'이 미국 장애인법의 발의 및 조직에 있어 중요한 역할을 수행했다. 또한 홍콩에서는 장애프로그램 합동협의회(JCDP)가 홍콩의 재활 프로그램 계획의 기초가 된 "문서"를 만드는 과정에서 성공적인 역할을 해냈다.

에드 로버츠, 주디 휴먼, 조운 레온과 헤일 주커스가 1984년 샌프란시스코의 이스트베이에 설립한 세계장애연구소(WID)는 국제적인 공공 정책 기관이자 연구 및 훈련 센터이다. 이 기관은 라틴아메리카에서 구소련에 이르는 전 세계에 걸쳐 교육 및 리더십 훈련 프로그램을 개발해 왔다. 연구소 직원들의 대부분은 장애인권 증진을 위해 미국 이외의 곳에서 상당한 시간을 보냈다. 또한 개인 도우미, 리더십 훈련, 장애인권 철학과 관련된 국제 포럼이나 타국과의 교류를 추진했다. 개인 도우미 서비스와 과학 기술에 대한 학술회의에는 세계 각지의 장애인권 운동가들이 참석했다. 또한 개인 도우미 서비스를 위한 기금과 현재 부상중인 과학 기술의 의미 그리고 자립 생활에 대한 일련의 중요 문서나 책, 비디오들을 만들었다. WID는 또한 에이즈 관련 서비스나 지원을 상위의 장애 지원 네트워크와 연결시킨 일로도 잘 알려지게 되었다.

    WID는 정부와 민간에서 기금을 마련한다. 사무실은 오클랜드에 있으며 35명의 직원이 있다. 에드 로버츠와 주디 휴먼은 장애인권 운동가들 중에서도 가장 주목받고 있으며, 또한 유명한 지도자들이다. 많은 이들이 로버츠를 "자립 생활의 아버지"라고 부르는 이유는 그가 미국에서 버클리 자립생활센터를 처음으로 세웠기 때문이다. 휴먼 또한 미국 장애인권 운동에 있어서는 그에 못지않게 중요한 사람으로서, 특히 자립 생활 운동에서 실적이 뛰어나다. 1993년 그녀는 클린턴 행정부에서 특수 교육 및 재활 서비스 부서의 차관보가 되었다. WID의 향후 행로에 대한 중요한 과제를 남겨둔 채, 1995년 에드 로버츠는 세상을 떠났다.

(5) 단일 문제 국가 지원 집단(SINAG)

    단일 문제에 대한 지역 지원 집단들은 많지만, 국가적 차원에서는 아주 드물다. 특정 문제만을 가지고 먼 거리에 있는 사람들을 조직화하는 일이 어렵기 때문이다. 비용도 비싼 데다가 공통의 목표를 확정하는 것도 힘들다. 의사소통이나 조직 민주주의 역시 힘들다. 제3세계에 SINAG가 있는지는 모르겠지만, ADAPT의 혁혁한 기여를 통해 이러한 유형의 조직이 미국의 장애인권 운동에서는 매우 중요하다는 사실이 증명되었다.

ADAPT는 마틴 루터 킹의 영향을 받은 급진적 각료였으며 정치적 운동가인 웨이드 블랭크에 의해 1978년에 덴버에서 설립되었다. 초기에 블랭크가 대부분 요양원에서 살고 있던 중증 장애인들의 모임을 조직했던 것은 요양원 생활에 대한 의존을 뿌리칠 수 있도록 해줄 새로운 형태의 집단 공동체를 만들기 위해서였다. 이 공동체는 아틀란티스Atlantis라고 이름 붙여졌다. 아틀란티스와 다른 장애인권 운동가들이 덴버에서 착수했던 첫 번째 문제는 대중교통의 접근성을 확보하는 일이었다. 일련의 투쟁적인 시위와 공공 모임 그리고 협상 끝에 ADAPT/아틀란티스는 승리했다. 이 사건은 적은 수의 운동가들이라 할지라도 공공 서비스와 정책 같은 거대 이권을 쟁취할 수 있다는 사실을 입증함으로써 미국 장애인권 운동의 전환점이 되었다.

ADAPT에 대한 관심이 커지면서, 1983년에는 여러 운동가들에 의해 덴버, 시카고, 오스틴, 애틀랜타를 비롯하여 다른 몇 개 도시에도 전국적인 조직들이 설립되었다. 블랭크와 마이크 오버거는 전국 ADAPT의 가장 확고한 지도자가 되었으며, 전국 ADAPT는 이후에도 계속 덴버에서 조정 역할을 맡고 있다. ADAPT는 현재 수많은 도시에 활동적인 지부들을 두고 있다. 블랭크는 최근에 세상을 떠났지만, 오버거와 시카고의 마이크 어빈, 오스틴의 밥 카프카와 스테파니 토머스, 애틀랜타의 마크 존슨과 같은 이들이 ADAPT 지부 네트워크에 운동 방향에 대한 지침을 제공하고 있다. ADAPT는 지금까지도 대결적인 전술들을 지속하고 있다.

ADAPT는 아마도 교통수단 접근성 문제를 홍보하는 일에서 가장 중요한 장애인권 모임이었을 것이며, 결국 접근 가능한 대중교통수단이라는 발상이 미국 장애인 차별 금지법을 통해 보장되도록 만들어 냈다. 1992년 이래로 ADAPT의 초점은 개인 활동 보조원 서비스personal assistance services 문제로 옮겨 갔으며, 특히 요양원에 대한 정부 기금을 소비자가 집에서 직접 관리할 수 있는 가정 파견 보조원home-delivered assistants이나 개인 활동 보조원consumer-controlled personal assistants 쪽으로 전환하는 일에 중점을 두고 있다. 또한 ADAPT는 국가적인 의료 체제 개혁과 개인 활동 보조원 및 장기 치료에 대한 자금 지원 가능성에 관여해 왔다.

조직 면에서 봤을 때, ADAPT가 공식적인 국가 기관으로 운영되는 부분은 거의 없다. 반대 성향이 양립하고 있는 ADAPT의 정치 철학은 소식지『선동Incitement』을 통해서 퍼져 나간다. 집단 자체는 뚜렷한 이데올로기적 지향을 보이고 있지는 않지만, ADAPT를 이끌고 있는 구성원들 중 많은 수가 좌파적 의식을 보인다.

많은 ADAPT 지부들은 지역적 수준에서 뛰어난 일들을 수행하고 있으며, 어떤 이들은 ADAPT가 벌이는 전국적 규모의 연례 시위 기간까지 휴식을 취한다. 역사적으로, ADAPT는 운동가들이 연합할 수 있는 하나의 전투적 예를 제공했다. 불행하게도 보수적이고 냉담한 정치적 환경과 (그보다는 덜하겠지만) ADAPT를 이끄는 공식적인 지도자가 없다는 특징 때문에, 지난 5년간 ADAPT는 그리 크게 성장하지 못했다. ADAPT의 핵심적인 활동 구성원 수는 지금도 300-500명가량이며, 그 외에도 그들에게 영향을 받은 이들은 수도 없이 많다.

(6) 국가 회원제 기구(NMO)

NMO는 지부를 두고, 그 지부를 통해 소속 회원들이 마치 조직화된 기업체처럼 지원 또는 프로그램 활동에 참여하는 것이다. 장기간에 걸쳐 같은 지도자를 따르는 경향이 강하기는 하지만, 대부분의 NMO는 꽤나 민주적이다.

이 책에 등장했던 조직들의 대부분이 NMO이다. 남아프리카공화국 장애인단체(남아프리카공화국), 장애인 이동권 협회(멕시코), 혁명 장애인 기구(니카라과), 쿠바지체장애인협회(쿠바), 짐바브웨 전국장애인협의회(짐바브웨), 태국 국제장애인연합(태국), 인도네시아 장애인협회(인도네시아) 등. 아주 중요한 단체들이므로 여기에서도 간략하게 몇몇에 대해 언급하고자 한다.

혁명 장애인 기구(ORD)는 1979년 니카라과에서 집권한 산디니스타 혁명에서 생겨난 것이다. ORD의 설립 구성원들 중 많은 수는 마나과에 있는 병원이나 시市의 재활 센터에서 만났다. 초기 ORD가 영향을 받은 것은 1980-81년 겨울에 마나과를 방문했던 샌프란시스코 베이 지역의 진보적인 장애인 대표단이었다. ORD의 지도자들은 미국을 등에 업은 소모사 독재 정권에 맞서 무장 투쟁을 벌이는 도중 장애를 입은 산디니스타, 즉 FSLN의 투사들이었다. ORD는 (집주인이 마이애미로 도망가면서 버려진) 마나과 중심부의 대저택을 FSLN 정부에게서 받았고, 여기에서 자조 프로그램을 개발하여 키워 나가기 시작했다. ORD의 회원은 순식간에 전국에 걸쳐 수천 명에 이르렀고, 거기에는 멀리 떨어진 시골 지역을 총괄하는 활동적인 지역 모임도 포함되어 있었다. ORD는 국제 재단으로부터 설립 기금을 받았는데, 그 자금의 대부분은 휠체어를 생산하고 수리하는 곳을 세우기 위한 것이었다. ORD는 또한 의료 장비를 배급하고 스포츠와 문화, 교통수단, 공교육 프로그램을 조정한다. 1980년대 후반에 ORD는 분열되기 시작했다. 다른 장애 관련 조직들이 특정 문제를 들고 수없이 출현하기 시작했던 것이다. 예를 들어, 1986년에는 CEPRI가 장애 관련 정보를 제공하기 위해, 1987년에는 피피토스가 다운 증후 아동의 교육을 위해, 1988년에는 솔리데스가 고용 보조를 위해 설립되었다. 이들은 다른 많은 문제들에 대해서도 함께 어울려 일을 해 나갔다.

태국 국제장애인연합은 1983년에 만들어졌다. 이는 동남아시아 국가들 중에서 두 번째로 DPI에 참여한 NMO였다. 처음 10년 동안 태국 DPI는 공교육, 리더십 훈련, 입법 지원에 집중적인 노력을 기울였다. 그런 주안점들이 나중에는 고용 문제와 건물 접근성으로 옮겨 가게 되었다. 또한 소식지를 간행하면서, 장애인권에 대한 교본도 제작해 왔다. 이 조직은 예산 규모가 작으며, 급여를 받는 직원은 두 명이다. 집행위원회는 직원 관리를 위해 3개월에 한 번씩 만난다. 연례 모임에서는 의장과 집행위원회를 선출한다. 태국 DPI의 운동가들은 지역 DPI 활동에 정기적으로 참여하고 있는데, 활동 내용은 주로 태국 내 또는 이웃한 나라에 걸쳐 있는 DPI 가맹 자조 모임의 확대와 관계 있다. 1990년대 초반에는 베트남, 캄보디아, 라오스와도 연맹을 맺었다.

인도네시아 장애인협회(IDPA)와 동아시아에 있는 장애 관련 집단들 사이에 공통점이 있다면, 주로 정치적 지배 정당과 밀접한 관계를 맺고 있다는 점이다. 특히 흥미로운 것은 조직의 구조가 인도네시아 지배 정당의 모습을 그대로 반영하고 있다는 점이다. 이 모임의 회원들은 (5년에 한 번씩 만나는) 대의원회에서 의장을 선출하며, 의장은 관리자와 위원회, 직원 모두를 지명하고, 모든 간행물을 승인하며, 조직의 활동을 확정하여 지시한다. IDPA는 1987년에 세워졌으며 DPI에 가맹한 모임이다. (각 지방에 하나씩) 27개의 지부를 두고 있다. IDPA의 의장이자 서기장인 오트제 소에디오토는 인도네시아의 모든 정치인들과 접촉해 왔다. 변호사인 소에디오토는 인도네시아의 독재자 수하르토와는 절친한 친구 사이이며, 특정 법안에 대해서는 수하르토의 의중을 대변하기도 한다. IDPA는 수하르토 체제와 밀접한 협력 관계를 지향한다.

짐바브웨 전국장애인협의회(NCDPZ)의 규약에는 이 조직의 임무를 "모든 장애인들의 완전한 사회 통합, 우리의 삶에 영향을 미치는 계획과 정책 결정에 있어서 장애인들의 활발한 참여를 증진시키는 [것]"이라고 명시하고 있다. NCDPZ의 지도자들은 짐바브웨 전역에 널리 알려진 사람들이다. NCDPZ의 설립자인 조슈아 말린가는 짐바브웨에서 두 번째로 큰 도시인 불라와요의 시장이기도 하다. 또한 알렉산더 피리와 란가 무핀두 또한 국가적으로 저명한 인물들이다.

구성원들은 NCDPZ의 지부를 고정적인 근거지로 하여 정기적으로 만나며, 그들만의 지도자를 선출한다. 여기서 선출된 지도자나 운동가들은 15명으로 구성되는 NCDPZ의 전국집행위원회에 선출되기 위해 경쟁한다. 그 다음에는 그들이 중앙 조직의 직원을 선출하고, 국가 차원의 정책을 수립하며, 집행위원장을 지명한다. 중앙 사무실은 불라와요에 있고, 급여를 받는 장애인 직원의 수는 18명이다. NCDPZ의 일은 지원 활동, 풀뿌리 조직 만들기, 서비스, 리더십 계발 훈련을 포함하고 있다. 운용 기금은 북유럽에 있는 재단들로부터 확보해 왔다. 이 재단들은 특정 프로그램을 지원하기도 하고 개인용 컴퓨터나 조직용 차량 같은 물품의 구입을 지원하기도 한다.

(7) 국가 연대/연합 모임(NC/FG)

장애인권 운동의 조직이 많아지면서 국가적인 기반에서 그러한 노력들을 단일화하려는 시도로서의 네트워크가 형성되었다. 이 국가 연대national coalition는 각 집단의 자율성과 동등성을 보장하기 때문에 연합과도 같은 형태로 작용한다. 예를 들어, NCDPZ는 짐바브웨 장애인스포츠연합, 짐바브웨 시각장애인동맹, 그리고 본래 짐바브웨 장애인연맹으로 발족된 짐바브웨 다운증후아동협회와 강한 유대 관계를 맺고 있다.

　미국에서는 전국자립생활협의회(NCIL)가 1980년에 시작되었고, 1982년에는 공식적으로 CIL과 연계하여 그 활동을 지원한다. NCIL의 국내 사무실은 워싱턴에 있으며, 직원은 몇 명 정도 있다. 지난 10년간 이 단체의 주요 기능은 미국 의회와 정부 기금 기관에서 미국의 자립생활센터를 대표하는 일이었다. 예를 들면, NCIL은 자립생활센터의 기준criteria이 무엇이며 연방의 "인가"를 언제 어떻게 받아야 하는지, 연방의 재원을 CIL들에 어떻게 분배할 것인지, 어떤 종류의 보고서가 정부 기관에 제출되어야 하는지 등의 문제들에 대해 주요한 지원 활동을 수행해 왔다. 또한 NCIL은 인터넷을 통해 적절한 정보를 제공하는 컴퓨터 정보 프로젝트의 기금도 지원한다.

　영국장애인협의회(BCODP)는 장애인들이 이끌고 있는 110개 조직체들의 연대체이다. BCODP는 잉글랜드, 웨일스, 스코틀랜드를 포함한다. 도시와 지방 사이의 발전은 불균형하지만, 전체적인 조직력은 상당히 강력하다. BCODP는 당원 대회, 예를 들면 게이나 레즈비언과 같은 특정 사안에 관심을 두는 집단도 포함한다. 풀뿌리 수준에서 관리하는 지역 특유의 프로그램들도 있다. BCODP는 DPI와 협력하고 있다. NCIL이나 BCODP 역시 다른 국가 연대/연합 모임들과 마찬가지로 국가 규모의 모임을 열어서 의장을 선출하고 정보를 나누며 자원과 사안에 대한 우선순위를 결정하는 등 여러 가지 일들을 수행한다.

(8) 특정 장애 유형에 근거한 국가 단위 기구(NSDO)

　NSDO는 장애인 기구 중에서 가장 오래되고 또한 가장 전형적인 형태의 조직이다. 대부분의 운동가들은 이러한 집단들을 장애인권 운동의 범주에 포함시키지 않는다. 이 조직들은 장애인들에 의해 관리되지도 않고, 정부를 위해 일하거나 박애주의적 기구로 기능하는 경우도 많으며, 비정치적인 경향이 있기 때문이다. 하지만 이 조직들이 자선 단체에 가깝다고는 하지만, 자선 단체와 똑같은 것은 아니다. 비록 단일 장애 유형에 초점을 맞추고 있기는 하지만, 장애인들의 역량을 강화하는 데 중요한 기여를 해낸 단체도 몇 군데 있다. 이러한 몇몇 NSDO는 장애인권 운동 조직들과 연합하여 일하고 있으며, 따라서 장애인권 운동의 일부로 간주될 수도 있다. 한 예로, 1947년에 세워진 인도전국시각장애인협회(NAB)는 (인도의 25개 주 중에서) 17개 주에 지부를 두고 있는, 인도 최대의 장애인 조직이다. NAB는 장애인의 기회 균등을 위한 국가 차원의 조직이 창립되는 동기가 되었다. NAB는 장애에 관한 연방 자문 기구인 재활위원회에서도 중요한 역할을 수행하고 있다. 라젠드라 비야스와 같은 NAB의 지도자들은 인도의 장애인권 운동에 있어서 매우 중요한 인물들이다.

NAB의 첫 번째 주요 사업은 인도의 점자 체계를 통합하는 일이었다. 이 사업은 뉴질랜드 출신인 클루타 매킨지가 이끌던 유네스코를 고무시켰고, 결국 세계적인 점자 표준화라는 결과로 이어졌다.

오늘날, NAB는 연간 800~1,000여 명에 달하는 지방 거주 장애인들에게 교육과 이동을 위한 훈련 프로그램을 제공하고 있다. NAB 본부가 펼치는 주요 활동은 정책 개발과 네트워크 구축, 공교육, 도서 점자화 사업, 음성 테이프 재생산 등이다. NAB는 인도에서 점자책과 음성 테이프를 가장 많이 생산해 내고 있는 조직이다. 그 결과 연간 40만 명에 달하는 시각 장애인이 그 혜택을 보고 있다.

NAB는 3년마다 총회를 연다. 거기서 집행위원회가 선출된다. 집행위원회는 NAB의 실무를(도서, 점자 기술, 고용, 여성 문제 등) 담당할 위원들을 지명하며, 또한 프로그램의 방향을 제시한다. NAB의 부칙에 따라, 50명의 집행위원회 구성원 중에서 최소한 5명은 시각 장애인이어야 한다. 1993년에는 15명의 관리자들 중 9명이 시각 장애인이었다. 각 주의 지부는 지구별로 나뉘며, 거기서 다시 타불락Tabulak으로 나뉜다. 지난해 NAB의 예산은 8백만 루피였는데, 그중 13%가 정부에서 나온 기금이었다.

(9) 지역 기구(RO)

지역 기구 역시 조직들의 연합체이다. 그 기능도 NC/FG와 유사하지만, 사업의 전망이 국가 차원의 규모가 아니라는 사실만 다르다. 예를 들면, 일리노이 자립생활센터협회(INCIL)는 작은 지역을 통괄한다. 다른 지역 기구로는 유럽지역장애인연합, 절단장애인 및 장애시민들의 국제연합, 남부아프리카 장애인연합(SAFOD)과 같은 것들이 독자적인 연합체들이다.

SAFOD는 앙골라, 보츠와나, 레소토, 말라위, 모잠비크, 나미비아, 남아프리카공화국, 스와질란드, 잠비아, 짐바브웨에 있는 장애인권 운동 조직들을 대표한다. SAFOD의 목표는 장애인권 운동가들이 만나는 포럼을 열고, 공동의 관심사를 공유하며, 지역별 프로젝트를 조정하는 것이다. SAFOD에 따르면, 그들의 활동은 "조직에 필요한 장애 관련 정보를 지원하고, 이러한 조직들의 지도자가 되도록 장애인들을 훈련하며, 장애인의 삶 전반에 걸쳐 관계있는 공교육 프로그램, 세미나, 여행, 교류, 회의, 출판 등을 통해 정보를 교류하기 위해 계획된다."

SAFOD는 짐바브웨의 불라와요에 총서기장과 몇 명의 직원이 있는 서기국을 두고 있다. 자금은 주로 옥스팜OXFAM과 같은 북유럽 재단들에서 충당한다. SAFOD는 DPI의 회원 조직이다. 또한 2년에 한 번 열리는 총회에서 선출되고, 국내 조직들에서 파견된 집행위원회에 의해 운영된다.

SAFOD의 남부아프리카 지역 개발 프로그램에는 공교육, 자조, 접근성 자문, 경제 개발을 위한 소규모 사업, 훈련과 교류, 여성들의 지역 개발 프로그램 등이 포함된다. 또한 『장애 전선 Disability Frontline』이라는 소식지도 널리 배포한다. SAFOD는 특히 아프리카 남단 지역의 장애인권 운동 모임들을 만드는 과정에 큰 영향을 미쳐 왔다. 그 노력의 결과는 1991년 짐바브웨의 하라레에서 열린 학술대회에서 나타났는데, 거기에는 아프리카 전역에서 온 40여 개의 대표인단들이 참여하여 장애 문제에 대해 논의했다. 이 모임의 가장 중요한 성과는 모든 대표단들이 서명한 「범凡 아프리카 장애인연맹 수립에 대한 하라레 선언서」의 채택이었다. SAFOD의 편람인 『개발 운동가 안내서 Development Activists Handbook』[맥켄지 음베웨, 피터 리 지음]는 전 지역에 걸쳐 중요한 리더십 훈련 교재로 사용되고 있다.

(10) 국제기구(IO)

국제적인 차원에서 일하는 장애인권 조직들의 수가 많아지고 있다. 오리건 주의 유진에 근거지를 두고 있는 이동권 국제연대 Mobility International와 같은 몇 개 단체들은 장애가 있는 운동가들이 다른 나라를 방문할 수 있도록 기회를 제공한다. 이러한 교류는 다양한 문화의 벽을 넘어 자립 생활, 동료 상담, 자조 프로젝트나 장애의 정치학에 대한 각성의 경험들을 널리 알렸다는 점에서 매우 성공적이었다. 또 다른 중요한 국제 조직은 런던에 있는 장애와 발전을 위한 행동 모임(ADD)이다. ADD는 152개국의 연계로 만들어진 단체인데, 그 중 121개국이 저발전 국가들이다. ADD 소식지를 읽는 전체 구독자의 78%는 정보, 동료 접촉, 지원이라는 측면에서 절망적이었던 상황에서

ADD를 접하게 되었다고 한다.

가장 중요한 국제 조직인 국제장애인연합(DPI)에 대해서는 앞에서도 많은 이야기를 했으므로 여기서는 짧게 언급하고자 한다. DPI는 싱가포르에서 1981년에 설립되었다. DPI의 프로그램은 리더십 계발, 공동체 조직, 자조를 강조한다. 그 지도자들 중에서도 가장 현저하게 두각을 나타냈던 의장 헨리 엔스의 지도에 따라, 유엔의 장애인 10년 계획Decade of Disabled Persons[1992-93]은 물론이고 역시 유엔의 장애인에 관한 세계 행동 계획World Program of Action Concerning Disabled Persons의 형성에도 개입했다. 70개국 이상에 DPI의 지부가 있다. DPI의 회원은 국가별 총회에서 구성된다. 장애인에 의해 운영되는 국가 차원의 조직이라면 누구나 DPI 국가 총회의 회원이 될 수 있다. 개별 국가의 참여는 지역적 구조를 통해 이루어진다. DPI 회원국은 총 5개, 즉 아시아 및 태평양, 아프리카, 유럽, 라틴아메리카, 북미 및 카리브의 5개 지역으로 나뉜다. 각 지역별 총회는 최소한 2년에 1회 이상 열리며, 세계위원회 위원으로 5명을 선출한다. 이 세계위원회가 DPI에 의해 이루어지는 모든 활동에 대해 책임을 진다.

반헤게모니적 대중 사회 운동으로서의 장애인권 운동

사회 변혁의 정치학 내에서 장애인권 운동의 자리는 어디쯤인가? 중요한가, 아니면 쓸데없는가? 자유주의적이고 변혁적인가, 아니면 자체의 편협한 문제에 한정되어 있는가? 사회 전복적 성격을 갖고 있는가? 만일 그렇다면 무엇을 전복시킬 수 있는가? 다른 정치적 운동가들이 장애인권 운동의 정치학 및 조직화에서 배울 만한 교훈이 있는가? 답변보다도 더 많은 질문들이 존재한다. 그리고 몇몇 답들, 적어도 내가 제안할 수 있는 답변들은 부분적인 것들뿐이며, 필연적으로 격려가 되어 줄 내용들도 아니다.

장애인권 운동을 평가하는 방법 중 한 가지는 우선 장애인권 운동이 이루어지고 있는 사회적 환경을 명확히 하고 비슷한 사회적 환경에서 진행되는 다른 운동들과 비교해 보는 것이다. 이 영역은 대체로 시민 사회의 영역으로 간주되는 것이다. 오늘날 우리는 시민 사회를 다루는 책과 영화 그리고 논의들이 폭발적으로 증가하는 현상을 목도하고 있다. 시민 사회의 중심부에는 "중재 기관intermediate institution"이라 불리는 것이 있다. 이것은 비정부 기관으로서, 학교, 공동체 조직, 자선 단체나 교회 집단 등이 포함된다. 이러한 기관들이 민주주의의 최대 공로자이며, 사람들은 이러한 기관들과 관계를 맺어야만 한다고 주장해 온 이들도 있다. 미국에서는 8,900만 명의 성인들이 평균적으로 일주일에 4시간 이상을 이런 기관들을 위해 할애하고 있다고 평가하는 이들도 있다(『네이션Nation』, 1996년 2월 6일).

이러한 현상과 맞물려 있는 것이 대중 사회 운동들이다. 이 운동들은 주거 또는 토지, 식량, 환경, 몸을 포함한, 필요한 자원들과 관련된 문제들에 초점을 맞춘다. 대중 사회 운동은 시민권 운동, 환경 보호 운동과 같은 거대 규모의 운동에서부터 소작농 운동이나 문맹 퇴치와 같은 중간 규모의 운동들, 그리고 반상회, 택시 운전사들의 모임, 학생회와 같은 소규모 조직화 프로젝트에 이르기까지 펼쳐진다.[6] 또한 가장 중요한 문제로 생각하는 것은, 이러한 새로운 정치적 형태들이 그들의 목표를 달성하고 그 상태를 유지할 만한 영향력을 확보할 수 있는가 하는 점이다.

아주 최근에서야 정치적 운동가들은 중재 기관들이 존재하는 곳에서 정치권력을 추구해야 한다는 것을 이해하기 시작했다. 이러한 기관들을 통제한다는 것이 사실 상대적으로 소외된 세력들의 입장에서는 자신들의 삶을 변혁하기 시작하는 중요한 열쇠를 갖는 일이 될 수도 있다. 이러한 인식은 대중 사회 운동이 낳은 중요한 정치적 기여이다. 이매뉴얼 월러스틴은 『변화하는 혁명 Transforming the Revolution』에서 이렇게 요약한다. "실제로 권력은 엄청나게 발산되는 법이라는 사실을 알기만 하면, 그 중요성에서는 부차적인 것이 아닐지라도 최소한 일시적으로는 부차적일 수도 있는 국가 권력에 대한 투쟁보다도 반체제적 운동 속에서 벌어지는 권력 투쟁이 훨씬 더 많은 영향을 미친다는 사실 또한 알 수 있을 것이다. 그러므로 국가 기구를 통제하는 것이 모든 것에 대한 열쇠가 된다는 눈먼 믿음을 이제 우리가 세우는 모든 전략에서 버려야만 한다. 오히려 그 외의 모든 것이 국가 기구를 통제하기 위한 열쇠일 수도 있다"(Amin et al. 1990: 47).

장애인권 운동이 대중 사회 운동인가에 대해 논의하면서, 영국의 장애인권 학자인 마이크 올리버와 게리 자브는 장애인권 운동의 궤적을 반영하는 대중 사회 운동의 주요 궤적에 대한 칼 보그스의 요약을 인용하고 있다. "또한 새로운 운동은 다양한 정도와 다양한 방법으로 개인적(또는 문화적) 영역과 정치적 영역을 연결시키고자 했으며, 혹은 적어도 지금까지는 가려져 있거나 무시되는 일이 많았던 심리학적 문제들을 끌어낸다"(Boggs 1986: 51). 올리버와 자브는 여기서 한 걸음 더 나아가 단언한다. "그러므로 장애 운동은 반헤게모니적 정치학과 사회 변화에 있어서 항구적으로 기반이 되어 줄 중심적 역할을 하게 될 것이다"(Oliver and Zarb 1989: 237). 장애인권 운동이 반헤게모니적 정치 운동에서 중심적 역할을 한다는 논의에는 다소 의문이 드는 것도 사실이지만, 급부상하는 정치 운동들과 장애인들의 역량 강화를 위한 조직들이 대중 사회 운동의 하나, 그것도 아주 중요한 운동의 하나라는 사실에는 의심의 여지가 없다고 믿고 있다.

장애인권 운동을 파괴적인 성격으로 만드는 것은 역설적이게도 전 세계에 비정상적으로 퍼져 있는 장애인에 대한 억압이다. 그 억압은 체계적이다. 장애인권 운동의 원칙과 요구, 목표들은 현재의 세계 체제에서는 수용될 수 없다. 제아무리 좋게 생각해 봐도 이러한 열망은 세계 체제와 지배 문화의 잔혹함을 폭로할 뿐이기 때문이다. 하지만 장애인권 운동이 총체적인 지배 상황을 전복시킬 수는 없다 할지라도, 일상생활의 중재 기관들 내에서 아주 조금씩 변화를 시도해 볼 수는 있으며, 실제로도 조금씩 변화시키고 있는 것이 사실이다. 장애인권 운동의 강력한 원리와 신념들이 장기간에 걸친 지배 문화의 변화를 낳는 데 도움이 될 것인가 하는 문제는 시간이 말해 줄 것이다.

IV
결론

인종 차별이 지금 이곳에 존재하며 지속될 것이라는 나의 결론에 동의하는 많은 이들은 이 불행한 결과에 대해 무엇을 해야 할 것인지를 확신하지 못한다. 그들은 묻는다. "인종 차별이 영속적인 것이라면 투쟁에는 희망이 없는 것 아닌가?" 질문은 쉽지만 대답은 결코 쉽지 않다. 심지어 몇몇 흑인들이 개인적으로 반대하고 있는 이 상황에서 모든 흑인들이 완전히 인정받고자 하는 투쟁은, 우리가 이미 알고 있듯이, 이 사회에서는 명백하게 불가능하다. 하지만 인종 차별에 대한 최종적인 승리가 너무나 힘들거나 심지어 불가능하기 때문에, 오히려 부정의injustice로 인한 (백인을 포함하는) 희생자들이나 흑인들을 위한 몫을 얻고자 그리고 향상시키고자 하는 의무에는 끝이 없다. 충만한 삶의 진수眞髓, 즉 올바른 이유에 따라 행하는 일련의 행동들은 그 자체로 승리인 것이다.

데릭 벨
『우물 바닥에 비친 얼굴들 Faces at the Bottom of the Well』

9장
억압과 역량 강화의 변증법

해방 운동의 이론과 실천들을 연대기적으로 정리하면서 그 운동의 궁극적 성공을 가늠하고 싶어지는 것은 당연하다. 인종 차별의 영속성에 대한 데릭 벨의 확언은 내게 그러한 주장들이 잘못되었거나 심지어는 정직하지 못하다는 인상을 주었다. 유감스럽게도 인종 차별의 영속성이 학자이자 정치 운동가인 그에게 있음직한 일로 보였듯이, 장애 억압의 영속성 또한 내게는 있음직한 일로 보인다. 아무래도 좋다는 식으로 내린 결론은 아니다. 장애인들이 서로 다른 사회 체계와 문화 속에서 겪어 온 경험들을 통해 봤을 때 이러한 결론이 우세하다는 말이다. 이는, 많은 이들이 데릭 벨을 비난했던 것과 같은, 패배주의적인 실존주의의 입장이 아니다. 내 생각에, 이 결론은 정치적, 경제적, 문화적, 심리적 차원에서 이루어지고 있는 장애 억압의 확산과 심화에 대한 합리적이고 실질적인 평가이다.

그럼에도 불구하고 장애 억압의 "영속성"에는 양면이 있다. 한 면은 일상생활 속의 무수한 권력 관계를 통해 스스로를 재생산하는 억압 구조와 제도의 역량이다. 다른 한 면은, 억압은 그 반대급부, 즉 저항과 역량 강화를, 또한 이를 통해 잠재적으로는 해방과 자유를 낳게 될 것이라는 필연성이다.

　사회 현상을 이중성이나 모순과 역설이라는 면에서 분석하기는 쉽지 않지만, 현실은 우리가 아무리 단순한 것을 간절히 원한다 해도 무척이나 복잡하고 모순적인 법이다. 변증법은 이렇게 이해 불가능한 면모를 이해하게 해주며, 역설적인 것들을 통찰하여 그 모순을 해결하거나 최소한 양립 가능하게 해주는 사고방식이다.

　우리의 일상생활은 이러한 모순들이 어떤 식으로 표현되는지, 즉 사랑과 증오, 행복과 슬픔, 부와 빈곤, 승리와 패배 같은 것들을 보여주지만, 지배 문화는 우리에게 조금 다른 내용을 "가르치려" 한다. 우리는 지금 이 순간에도 여전히 건재한 고립된 사건들과 파편화된 사실들을 생각하도록 가르쳐지며, 심지어 그런 가르침은 놀라운 성공을 거두고 있다. 실패한 쟁의가 더 나은 정치적 승리로 나아갈 수 있다(예를 들면, 성공적인 혁명의 발발로 이어진다). 혹은 의존의 상징인 휠체어가 더 큰 자립을 제공할 수 있다는 식의 가능성들은 지배 문화의 논리에 대한 우스꽝스러운 추종일 뿐이다.

　변증법은 우리가 직관적으로 알고 있는 것, 즉 일상생활의 모든 것, 다시 말하자면 정치, 경제, 예술과 문화, 우리의 개인적 신념이나 우리 자신의 정신과 같은 것들이 끊임없이 움직인다고 서술한다. 변증법의 핵심은 변화이며, 억압은 변화를 위한 조건이기 때문에, 변증법은 억압을 이해하는 데에는 최고의 방법이다. 억압에 대한 반대 역시 하나의 과정, 즉 인식, 정체성, 교육 그리고 저항의 과정이다. 낙관적이지만 현실적인 관점을 취한다면, 장애 억압의 변증법은 이러하다. 장애 억압의 진정한 종결이 안고 있는 불가능성이라는 것은 중요한 정치적, 사회적 과정으로서의 가능성, 심지어는 개연성의 자리에 위치한다. 1) 역량 강화, 즉 가능한 많은 사람들과 연합하여 운동을 일으키려는 도전이라는 의미에서의 역량 강화와 관계있는 억압, 그리고 2) 해방과 자유, 즉 이러한 운동의 궁극적 목표로서의 해방과 자유와 관계 있는 억압이라는 측면을 정교하게 하여 결론 내린 맥락에서 봤을 때 말이다.

억압과 역량 강화

장애인권 운동이 직면해 있는 근본적인 모순은 장애인들의 진보가 중대한 경제적 발전(자본의 축적과 팽창), 그에 따른 장애에 대한 (좀 더) 근대적인 생각의 부상浮上(자본의 영향). 그리고 동시에 사회 정의와 평등을 추구하는 운동의 발전(자본의 제약), 지배 이데올로기에 대한 인식론적 타파(자본의 거부)를 부수 조건으로 한다는 사실이다.

억압은 개별적으로도 그리고 집단적으로도 경험된다. 어느 한 개인이 매우 특정한 억압을 경험하는 일은 있을 수 없다. 억압은 사회적 현상이며, 모든 사회 현상은 정치적-경제적, 사회문화적 요소들에 의해 구조화되거나 영향을 받기 때문이다. 이러한 이중성, 즉 개인성과 집단성은 개인적·사회적 변화의 중심에 위치한다. 억압에 대항하는 사람들의 투쟁은 물질적, 육체적 방법으로 최대한 그들을 결합시킨다. 이 투쟁은 차이점을 하나로 통합시키지만, 또한 역설적으로 그런 사람들을 구별 짓기도 한다. 역량 강화의 과정에는 두 가지, 즉 개인의 변화와 사회의 변화가 모두 진행된다. 개인들은 맞서 싸울 때마다, 세상을 바꾸기 위해 움직일 때마다 자신의 의지와는 상관없이 자기 정체성에 대한 개인적 탐색을 필연적으로 시작하게 되는 것이다.

개인과 집단, 차이와 단결, 개인적인 것과 정치적인 것 사이의 모순이 (아마도 완벽한 해결은 아니겠지만) 조화를 찾는 것 역시 이러한 이중적 수준에서이다. 자기 정체성에 대한 운동가들의 개인적 요구를 지원하면서도 가능한 한 폭넓은 결속을 이루려 하는 운동의 내적 투쟁이 해방을 향한 모든 노력이나 계획의 동기가 되는 것은 분명하다. 이러한 개인적 목표와 집합적 목표 사이의 모순은 조화를 이루어야 하며, 그렇지 못하면 그 운동은 실패하게 된다. 불행하게도 지금까지 다른 해방 운동에서는 이것이 그다지 성공적이지 못했다. 이러한 모순은 결코 양립 불가능한 것이 아니다. 우리가 이야기하는 보다 나은 삶을 위한 투쟁이 개인적인 수준에서든 아니면 사회적인 수준에서든 간에, 이러한 투쟁들은 본질적으로 정치적이다. 이것이 여성 해방 운동에서 얻을 수 있었던 가장 큰 교훈이다. 개인적인 것은 정치적이며, 정치적인 것은 또한 개인적이어야만 한다.

이 교훈은 개인과 집단 사이의 모순, 즉 모든 해방 운동의 기초이자 그 운동에 있어 가장 어려운 과제인 관계의 문제를 해결하는 데 도움을 주는 방향으로 확장될 수 있다. 개인들이 얼마나 오랜 시간 동안 정치적, 경제적, 사회적 주변부로 분리되었는가 하는 질문을 통해, 우리는 서로의 차이 또한 그만큼 복잡한 개인사를 낳는다는 사실을 받아들이면서도 그 개개인들을 찾아내어 그들이 공통적으로 겪어 온 억압의 경험을 중심으로 결속할 수 있는 것이다. 개인과 집단 사이에 존재하는 모순은 장애인들 사이에서는 고립과 낙인, 그리고 장애의 유형(다발 경화증[multiple sclerosis, MS], 정신 장애[mental disorder, MD], 정신 지체[mental retardation, MR], 정신 질환[mental illness, MI], 감정 장애[emotional disability, ED], 교육 가능한 정신 장애[educable mental handicap, EMH], 학습 장애[learning disability, LD], 뇌성 마비[cerebral palsy, CP], 척수 손상[spinal cord injury, SCI], 선천적 청각 장애deaf, 후천적 청각 장애late-deaf, 난청hard-of-hearing, 시각 장애blind, 시력 손상visually-impaired 등)에 따른 분류화 때문에 특히 복잡하다.

장애인들 사이에는 계급, 성별, 인종에 따라 장애 경험의 폭넓은 스펙트럼이 존재한다. 다른 인간적 경험들과 마찬가지로, 장애 억압은 개인적 차원에서의 사람과 집단적 차원에서의 구조 사이에 일어나는 것이 아니라 실제로 살아가는 사람들 사이에서 경험되는 것이기 때문에, 사회 변혁은 개인이 생각하고 행동하는 방식에서의 집단적인 변화를 요구하게 된다.

집단에 대한 개인의 관계라고 하는 것은 새로운 주제가 아니다. 장-폴 사르트르가 『방법론 연구 Search for a Method』에서 행한 마르크스주의 이론 비판은 1968년에 출판되었다. 사르트르는 집단에 일방적으로 고착된 마르크스주의를 해방시키고자 노력하면서 이렇게 썼다. "실존주의의 부흥을 불러온 것은 분명 인간의 배제, 마르크스주의적 인식으로부터의 인간의 추방이다. … 그 토대가 그러했듯이 사람들을 다시 그 속으로 통합시키지 않는다면, 마르크스주의는 비인간적 인류학으로 전락하고 말 것이다. … 마르크스주의 사상이 인간적인 차원(이는 실존주의적 과제이다)을 그 인류학적 인식의 근간으로 취하게 될 그날이 오면, 실존주의는 더 이상 존재할 이유가 없게 될 것이다" (1968: 179, 181).

사르트르의 노력은 성공적이었다. 60년대 후반의 급진주의는 인간적·개인적 발전, 창조성, 책임에 대한 관심과 함께 프랑스뿐만 아니라 세계 전역으로 퍼져 나갔다. 이 운동은 비록 균등하지는 못했지만 일관적인 방향성을 갖추고 있었으며, 지배 문화를 이데올로기적, 구조적 변화로 이끄는 데 대단한 성공을 거두었다. 사르트르가 개인적인 면을 강조했다고 해서 집단의 가치를 평가 절하했던 것은 아니다. 그는 결코 개인과 집단을 서로 대치시키지 않았으며, 그 두 가지를 언제나 상호 간의 관계 하에 위치시켰다. 억압의 현상학, 개인적인 측면과 집단적인 측면 모두에 존재하는 현상학이 바로 그곳에 존재한다는 것에는 의심의 여지가 없다.

앞서 6장에서 나는 대부분의 장애인들이 다른 장애인들과 자신을 동일시하는 데서 겪는 실패가 장애인권 운동의 잠재적 영향력과 권력을 한정짓는 모순이라고 제안했다. 장애인권 운동의 근본적 문제점들을 이끌어 낸다는 측면에서 본다면, 장애 경험의 차이점과 공통점 사이에 존재하는 관계는 정체성 문제의 핵심이다.

장애 안에 존재하는 다름을 인식한다는 것을 장애와 관련된 주요 연구에서는 거의 언제나 놓쳐 왔다. 이는 어빙 고프먼의 저명한 저서 『스티그마 Stigma』에서도 마찬가지이다. 고프먼은 장애인에 대한 억압을 비정치적인 것으로 만들었을 뿐만 아니라 장애를 균일한 대상으로 다루기까지 했다. 장애인들 사이의 다름을 인식하지 못했기 때문에 고프먼의 억압 이론은 억압의 다양한 형태와 경험을 이해하는 데 실패하고 있다. 예를 들어, 숨겨진 장애(사람들이 거론하는 것만으로 암을 "낙인찍는다"고 볼 수 있겠는가?)를 가진 사람들이나 극빈자, 흑인, 에이즈에 걸린 동성애자의 "낙인" 지위는 어떠한가? 영어가 서툰 멕시코인 뇌성마비 이민자가 알레르기 검사를 마친 이후에 시카고의 병원에서 의문의 죽음을 당한 이유를 이 억압 이론에 따르면 이해할 수 있을까? 신부전증을 앓는 마오리 인들이 투석을 받을 수 없는 이유는 무엇인가? 장애인들 사이에 존재하는 계급, 인종, 성별에 따른 차이는 어떠한가? 총상으로 척수 손상을 입고 공영 주택이나 극빈자를 위한 공공 임대 아파트 단지에서 살고 있는 브루클린의 16세 흑인 소년과, 교통사고로 척수 손상을 입고 마사스 바인야드에서 살고 있는 16세 백인 소녀가 동일한 낙인과 고정 관념을 경험한다고 하는 말을 꿈에서라도 믿을 수 있겠는가?

에이드리엔 애쉬와 미셸 파인이 『장애 여성 Women with Disabilities』의 서론에서 썼듯이, "지금까지 장애에 관한 대부분의 연구는 단순하게도 성별, 인종, 민족, 성적 지향 또는 사회적 지위의 무관계성을 가정했다고 생각된다. 장애가 있다는 것만이 사회적 경험의 측면으로 다루어졌던 것이다. 장애에 민감했던 학생들(예를 들어… 고프먼의 경우)도 장애를 단일한 개념으로, 심지어 '중요'하게 바라보는 입장이 아니라 명백하게 장애를 가진 사람들을 배제하는 입장에서 다루어 왔다" (1988: 3).

사회 집단 내에 존재하는 차이점을 고려하지 않는 이론들의 경우, 문제점은 주로 두 가지로 나타난다. 첫째, 이런 이론들은 억압을 인지하는 주체에게 억압을 위치시킨다. 사람은 자신이 억압당하고 있다는 것을 알 때 비로소 억압당할 수 있다. 이는 억압당하는 집단의 구성원들은 집단과 스스로를 동일시하는 사람들로 한정된다는 의미이다. 당신 자신이 장애를 갖고 있다고 생각하지 않는다면, 당신은 장애라는 낙인을 경험할 수 없다. 그것을 "느끼지" 않는다면, 낙인을 경험하지 않은 것이다. 장애인권 운동에 있어서는 이러한 구별 기준이 매우 중요하다. 둘째, 만약 이러한 정체성 이론이 옳다면, 억압당하는 집단은 자기 자신의 욕구에 관심을 갖고 있는 사람들만의 무리로 줄어들게 된다. 이런 의미에서 장애인권 운동은 노조, 담배 생산자, 임신 중절 합법화 지지자 그리고 특정 정책이나 예산, 법에 관심을 두는 수천 개의 다른 집단과 마찬가지로 하나의 "이익 집단"이 된다. 우리는 억압당하는 집단이 아니다. 그저 우리의 요구가 묵살당했던 것뿐이다! 다시 말하지만, 이러한 노력은 장애 억압의 본질을 흐리고 있을 뿐이다. 그들은 장애인을 "소유자" 부류(소유한 것이 있는 이들)와 대비되는 "요구자" 부류(요구 사항이 있는 이들)로 위치시킨다. 장애인들은 억압을 당하는 것이 아니다. 단지 교육받지 못한 대중에 의해 낙인찍힐 뿐이며, 그 안에는 아직 채우지 못한 욕구가 존재할 뿐이다.

최근, 우리는 이와 정반대되는 또 다른 잘못을 봐 왔다. 집단 내에 심각한 차이들이 확산되고 있음에도 불구하고, 특정 집단의 집단성이라는 측면만으로 억압의 문제를 규정하는 대신, 온갖 종류의 책과 글들이 개인적 차원에서만 억압 문제를 규정하면서 대두되어 온 것이다. 이러한 포스트모더니즘적 혹은 탈구조주의적 입장은 다양성에 빠져든다. 모든 곳에서 다름을 볼 수 있기 때문에, 가장 추상적인 수준을 제외한다면 어디서라도 공통점을 찾아 결속하는 것을 거부해야만 한다. 결국 인간 경험은 너무나 개별적이어서 장애 억압에 대한 어떤 (메타)이론을 만들 수 없다는 것이다.[1] 보편성이 포기될 때, 특정 집단으로서의 특수성만을 인정하는 대가의 전부가 다름일 때, 그때 남는 것은 외롭고 고립된 개인뿐이다. 이러한 관점은 그렇게나 완고하게 거부했던 관점과 마찬가지로 계속해서 개인과 집단을 대립시키며, 그 사이의 변증법적 관계에 대한 명확한 이해 또한 거부하게 만든다.[2]

포스트모더니즘과 마르크스주의에 관한 자신의 글에서, 미국의 흑인 사회 비평을 이끌어 온 매닝 매러블은 "변형transformation"이라는 제3의 길을 도식화한다. 매러블은 미국의 흑인 공동체에 존재하는 두 가지 역사적 경향성을, (시민권과 관련하여 프레더릭 더글러스나 마틴 루터 킹, 로이 윌킨스를 옹호하는) 통합inclusion과 (마커스 가비, 젊은 시절의 말콤 엑스 그리고 휴이 뉴턴과 관련되어 있는) 블랙 내셔널리즘Black Nationalism으로 구분한다. 그리고 여기에서 매러블이 제시하는 대안적 패러다임인 변형은 뒤부아, 폴 로버슨, 패니 루 해머 그리고 후기의 말콤 엑스와 관련되어 있다. 매러블은 변형론자들에 대해 이렇게 쓰고 있다.

"[그들은] 이데올로기적 기초, 사회적 범주, 인종의 제도적 권력을 해체하고 파괴하려 해왔다. 변형론자Transformationist들은 백인 주류와의 통합이나 동화도, 인종 구분이라는 정적인 고립도 추구하지 않으며, 그저 잠재적으로 인종이 사회 권력과는 무관하도록 집단과 계급 사이에 존재하는 권력 관계와 권위를 재구조화하기만을 원한다. … 사회 변화에 대한 이러한 중요한 접근은 문화에 대한 급진적 이해와 함께 시작된다. … 문화란 투쟁의 성과이자 결과이다. 문화는 집단적 기억과 전통에 따라 구조화되는 것이지만, 역동적이며 항상 변화하는 것이다. … 미국이라는 사회에서 인종을 변형시킨다는 것은 보존하는 동시에 파괴해야 할 문화에 대한 변증법적인 접근을 요구한다. 우리는 예술과 문학에서, 음악과 영상에서 필수적이고 창조적인 흑인 문화의 정체성을 위한 조건들을 만들어야만 한다. … 그러나 우리 또한 열등함이나 인종적 불평등의 언어와 논리를 파괴하고 뿌리 뽑아야만 한다"(1995: 86).

이러한 제3의 패러다임은 장애인들과 장애인권 운동에 많은 것을 알려 준다. 이 패러다임에서는 (열등, 조작된 의식, 동일시 실패의) 이데올로기를 체계적 수준, 즉 억압에 두고 있다. 또한 사람들의 공통된 억압에 대한 조직적인 저항의 가능성, 즉 역량 강화를 논하고 있다. 변형 이론은 개인과 집단 사이의 모순을 구조적으로 해결할 수 있는 진정한 가능성도 제시한다. 오로지 장애인으로서의 정체성을 확립하는 동시에 우리를 집단으로 격리시키고 구별 짓는 사회적 분류를 파괴함으로써 우리는 빈곤하고 권력 없으며 지위 강등된 개인이라는 우리 스스로의 집단적 현실을 변형시킬 수 있는 것이다.

억압과 자유

장애인권 운동의 전략적 목표는 무엇인가? 엄격하게 인권인가, 아니면 자유와 해방인가? 장애인들에게 있어서 해방은 정확하게 어떤 것인가? 장애 억압의 종언으로 가는 최선의 길은 무엇이며, 사회 변화를 위해 투쟁하는 우리의 기반은 무엇인가? "우리 없이 우리에 대한 것은 없다"라는 요구는 우리의 자기 결정권에 대한 순수한 해방의 외침인가, 아니면 지배 문화가 우리를 인식하기를 갈구하는 탄원인가? 자유와 해방으로 가는 길의 걸림돌은 무엇이며, 장애인권 운동에 대한 도전은 어떤 것인가? 일상생활에서의 욕구가 해방적 존재가 되는데 자원이나 실질적 경험을 제공하면서 기여하는가, 아니면 그저 진보에 대한 족쇄로서 작용하는가? 수많은 질문이 있고 그만큼 많은 답들이 존재한다.

자유는 억압에 대한 유일하고도 진정한 부정으로 보인다. 자유는 억압으로부터 자유로운 상태이다. 어떤 이들에게 자유는 절대적 상태이다. 또 다른 이들에게 자유는 절대적 상태나 마음의 상태가 아니라, 욕구하는 것과 그 욕구하는 것을 만족시킬 방법과 관련하여 점차 발달되어 가는 사람들의 인식의 측면에서 서술된다. 프리드리히 엥겔스가 『반듀링론』에서 썼듯이, "자유란 필요necessity에 대한 인식이다" ([1878]1972: 167).[3] 자유는 자연 법칙으로부터의 독립을 꿈꾸는 데 있는 것이 아니라, 이러한 법칙의 인식과 그러한 법칙을 명확한 목적을 향해 작용하게 하는 가능성에 있다는 것이다. 자유와 해방이 과정으로 이해되어야 하는 이유는 그것이 개인과 집단의 물질적, 정신적 욕구 Necessity를 변형시키기 때문이다.

필요 또는 욕구는 욕망이나 소망이 아니다. 그것은 사회적으로 질서 지워진(형성된) 조건이다. 예를 들어, 개인위생은 보편적으로 가치 있는 욕구이다. 이러한 욕구는 현대화된 욕실만으로도 쉽게 해결된다. 그러나 현대화된 욕실을 갖추지 못한 수억 명의 사람들을 생각해 보자. 많은 경우, 단순한 필요라는 것이 그리 단순한 것이 아닌 법이다.

좀 더 필수적인 욕구는 물을 마시는 일이다. 제3세계를 방문하는 모든 여행객들은 물을 마시지 말라는 말을 듣는다. 멕시코에서는 이를 지키지 않은 결과를 몬테수마의 복수[멕시코 여행자가 걸리는 설사병. 아스텍의 마지막 황제의 이름을 딴 것이다: 옮긴이]라고 부른다. 사실, 당신은 엘리트들의 사회적 우선권 때문에 물을 마실 수도 없다. 제3세계에 공중위생 기술자가 없기 때문이 아니다. 그것은 엘리트들의 돈이 너무 많이 들어가기 때문이며, 다른 한편으로는 병에 담은 물을 팔아서 엘리트들이 큰돈을 벌 수 있기 때문이다. 당신이 그들의 수도꼭지에서 나오는 물이 유럽이나 미국에서 나오는 물만큼이나 깨끗하다고 장담한다 해도 상관은 없다. 내가 말하고 싶은 요점은, 저발전이라는 사회적 조건이 수돗물 정화를 막고 있다는 사실이다. 물론 가난한 사람들도 물을 마시기 때문에 오염된 물과 관련된 질병들(A형 간염, 콜레라, 기생충 감염)이 제3세계 전역에 확산되어 있다는 사실은 그리 놀랄 만한 일이 아니다. 심지어 많은 나라에서는 기생충 감염을 치료하지도 않는다. 왜냐하면 기생충 감염을 만성질환으로 간주해, 치료를 시간 낭비로 보기 때문이다.

물 확보의 필요성은 단지 위생상의 문제가 아니다. 소웨토를 방문해 보면 공동 수도에 양동이를 들고 줄지어 서 있는 여성들과 아이들을 쉽게 볼 수 있다. 대부분의 집에 수도가 설치되어 있지 않기 때문에 4-6구역마다 공동 수도가 설치되어 있다. 욕구는 개인적인 것이 아니라 사회적으로 조건지어지는 것이다. 아프리카 민족회의(ANC)의 집행위원이자 남아프리카공화국 대법원의 법관인 알비 삭스와 가졌던 대담에서, 그는 ANC가 권력을 잡게 된다면 점진적으로 자원을 재분배하는 방향으로 나아가게 될 테지만, 지금 당장 할 수 있는 노력은 물을 쉽게 구할 수 있도록 공동 수도의 수를 증가시키는 것이라고 했다.

더욱이 필요는 주거, 치안, 건강, 우정, 가족, 공동체, 존경과 같은 욕구의 발달을 말하는 것이 아니다. 욕구의 계급화도 아니고 단순한 생존의 문제도 아니다. 그것은 전체 그 자체, 삶의 사회적 조건, 즉 사회에 의해 질서지어지고 결정된 복잡한 사회적 전체이다. 사회는 욕구를 다스린다. 어느 곳에서는 필수품(예를 들어, 벽난로)으로 간주되는 것이 다른 곳에서는 사치스러운 것으로 간주될 수도 있다. 어느 지역에서는 사치스러운 것(예를 들어, 전화기)이 또 다른 곳에서는 필수품이 되기도 한다. 필요를 인식하려면 우선 사회를 이해해야 하지만, 사회를 이해하기 위해서는 필요를 알고, 바꿀 수 있고, 어떤 의미에서는 필요에 대한 통제권을 가져야 한다. 대부분의 사람들은 스스로의 삶에 대한 통제권을 충분히 갖지 못한다. 통제권이 없는 이들은 사람으로서의 욕구를, 아니 최소한의 그들의 필요에 있어서 핵심적인 면조차도 극복할 수 없는 것이다.

개인적으로든 또는 계급적으로든, 엘리트들이 자신들의 필요를 알고 그에 따라 행동한다는 것은 이미 명백하다. 이것은 외국의 독재자를 "원조"라는 형태로 지지하고, 파업을 막거나 조장하고, 진보적인 법제를 폐지하거나 심지어는 만들기도 하는 군사적 개입, 무역, 통화 협정 등을 의미하기도 한다. 급여를 올리거나 삭감하는 것, 이율을 올리거나 내리는 일을 의미하기도 한다. 나열하자면 길다. 그들에게는 엄청난 "자유"가 있고, 그들은 그 자유가 권력 및 통제권과 관련되어 있으며, 자신들이 영원히 그런 연계를 강화시키고 있음을 알고 있다. 그들은 자신에게 필수적인 것들(자유, 권력)이 사회 전체와 밀접하게 관련되어 있다는 것을 알고 있다. 필연적으로 변해 가는 사회는 그들에게, 개인적으로든 또는 계급적으로든 간에, 가능한 한 그 변화에 영향을 미치고 그 방향을 이끌고 갈 것을 요구한다. 그들은 무관심하지도 않고 비정치적이지도 않다.

대부분의 사람들은 자신들이 무엇을 필요로 하는지에 대해 인식하지 못한다. 마치 잉크가 번진 듯 불투명해서 들여다볼 수 없기 때문이다. 사람들은 경험을 통해 생존의 방법을 알고 있으며, 생계 자체를 넘어서기 위해 자신들에게 필요한 요소의 많은 부분 또한 경험을 통해 인식한다. 하지만 삶의 제약과 경계를 부수기 위해 도전할 수 있는 역량은 그들의 손에는 닿지 않는 저 먼 곳에 있다. 이렇게 흐려진 외관은 필요 그 자체에 의해 조정된다. 지속적으로 생존의 문제에 직면하고 있는 사람들에게는 이러한 "바보스러운" 활동을 할 시간이 없는 것이다. 바로 이것이, 사람들로 하여금 자신의 삶에 대한 통제권을 그리고 삶 속에서 보다 큰 통제권을 요구하고 발전시키지 못하게 하는 역설적 현실이다.

이런 상황이 장애인들에게도 일반적으로 나타난다. 그들의 삶은 과도할 정도로 힘들다. 우리들 대다수가 합당한 수준의 삶을 살기 위해서는 필수적인 것이라고, 그렇게 너무나 당연하게 생각하는 것들을 그들은 갖지 못했다. 이러한 상황과 더불어, 사람들이 삶에서 느끼는 통제력의 부재가 존재한다. 바로 정신적, 감정적 진공 상태인 것이다. 물질적이고 감정적인 보호의 결핍은 의존을 낳는다. 시간이 흐르면서, 의존은 사람들이 가지고 있는 자기 이미지를, 창조성을, 그리고 생산적 능력을 거세시키고 만다. 일상생활의 (실질적인) 활동 속에서 의존은 자유와 대치된다. 다시 말해, 의존은 자유가 결여된 상태인 것이다. 자유란 일상생활상의 단순한 필요를 채움으로써 얻을 수 있는, 정치적이고 개인적인 통제권이기 때문이다. 사르트르는 이를 역량 강화된 의식을 가질 수 있는 잠재 가능성으로부터 소외된 상태라고 보았다. "'의식consciousness'에서 '실천praxis'으로 가는 과정에서 사르트르는 필요의 문제에 직면했다. 필요는 실천과는 양립할 수 없을 듯하나, 필요의 한가운데에서 발견되는 실천을 통해서만 능가할 수 있는 문제이다"(Girardin 1972: 320). 자유와 해방을 위한 장애인권 운동의 투쟁은 일상생활의 필요들, 즉 주거, 교육, 교통, 접근성, 여가, 가족과 우정, 일,

사랑 등과 밀접하게 관련된 맥락에서 인식되고 또 이해되어야만 하는 것이다.

좀 다르기는 해도, 자유와 해방은 필요에, 사회적 현실에 함께 매여 있는 것이기 때문에, 그렇게 인식되고 이해됨으로써 자유와 해방의 과정은 보다 큰 통제력을 얻는다고 볼 수 있다. 사르트르가 발견했듯이, 이러한 과정들은 사회적 실천으로 "연결되어야" 한다. 실천을 다른 말, 즉 일반적으로 정치적 행동주의, 또는 더욱 명확하게 역량 강화라고 쓸 수도 있다. 무엇이 필요한가의 문제는 가능성의 경계를 만들어 낸다. 그리고 역량 강화 혹은 실천이라는 것은 그 경계를 탐색하고, 궁극적으로는 그 경계를 넓혀 나간다.

자유는 또한 일차원적인 조건 또는 겨우 결핍을 벗어난 사회에서 누릴 수 있는 수준의 기초적 필요만을 간신히 채우는 상태가 아니다. 권력의 단계나 통제의 단계가 존재하듯이, 자유에도 단계가 있다. 그 단계의 각각은 일상생활의 과정이나 정치적 투쟁의 과정에서, 간단히 말하면 사람들에 의해 자신의 삶을 통제하는 개인적이고 집단적인 행동에서 형성된다. 이것이 역량 강화 또는 아마도 사르트르가 필요 혹은 욕구의 한가운데에서 발견되는 실천이라는 말로 의미했던 바로 그것이다.

나는 장애인권 운동이 해방 운동이라고 생각한다. 장애인권 운동은 언제나 자기 통제와 공동체 관리를 안건의 중심에 두어 왔기 때문이다. 지금까지 장애인권 운동의 역사는 장애인들의 의식과 활동이 성장해 온 과정이었다. 전부는 아니지만 다른 많은 진보적 대중 운동들의 현재와는 달리, 장애인권 운동은 영역을 확장하고 있다. 역사상 최초로 각기 다른 수백만의 장애인들이 저항하고 있고, 보다 나은 삶을 위해 투쟁하고 있으며, 비참한 수준에 처해 있는 자신의 필요를 채우고자 노력하고 있다. 이는 많은 이들에게 희망이 되는 해방의 등대가 된다. 역량 강화의 실천은 장애인들이 자신의 삶 속에서 활용 가능한 선택을 만들고 그래서 그런 선택들이 늘어난다는 것을 의미하며, 또 지금까지도 그것을 의미해 왔다. 장애인권 운동의 중요한 교의, 즉 역량 강화, 자립, 자조는 그 각각이 상당 수준의 통제권을 갖출 것을 요구한다. "우리 없이 우리에 대한 것은 없다"라는 외침은 장애인의 지역 사회 통합을 넘어서, 그 이상의 무엇을 의미해야만 할 것이다. 그것은 다름 아닌 자기 결정권에 대한 요청이다.

 해방이 단순한 사건이 아니듯이, 자유도 어떤 절대적 상태를 의미하지 않는다. 자유와 해방은 그 자체를 일반화된 사회 현상으로 간주하게 될 정도로 성숙해지는 결실을 맺기 위한 과정일 뿐이다. 자유와 해방은 일반화된 사회 현상이라는 성숙함의 앞에 있는 억압의 조건(그것이 어떤 의미이든) 내에서 혹은 그 조건을 벗어나려는 개인의, 심지어 수많은 개인들의 "진보"를 막아서지 않는다. 개인은 "나는 자유롭다. 나는 해방되었다"고 선언할 수 있게 되고, 또 그 선언은 합리적으로 옳은 것이 된다. 해방은 미시적인 수준에서 본다면 개인적으로 경험된다. 이는 또한 전략적 결말, 벨Bell의 표현을 따르자면, "최종적 승리final victory"가 있기 때문에 지향성을 보이는 과정이기도 하다. 그 결말이 장애인들에게도 올 수 있을지는 모르겠다. 게다가 지나온 길보다 더 먼 길을 가야 할지 어떨지도 모르겠다. 그날이 올 때까지는, 파농이 『대지의 저주받은 사람들』에서 말했듯이, "살아간다는 것은 존재 상황을 유지한다는 것을 의미한다. 매일 매일이 승리… 삶의 정복처럼 느껴지는 승리인 것이다."

과거와 미래에 대한 개인적 일화

나는 모든 과정에는 과거의 흔적이 남아 있음을 끊임없이 되새기게 된다. "보행 보조 기구"를 이용하는 노인들을 볼 때면, 장애인들이 살아가는 방법에서의 세대 차이와 발달 차이 때문에 언제나 충격을 받곤 한다. 언젠가는 사람들이 우스꽝스러울 정도로 한물간 그런 보조기를 던져버릴 만큼 충분히 자유로워지게 될 것이다. 내가 매일 휠체어를 사용하는 사람이 아니었다면, 절뚝거리면서 느리게 걷는 것이 전동 휠체어를 타고 재빨리 움직이는 것보다 낫다는 생각에 충격을 받았을지도 모르겠다.

예전에 어느 지역 방송 뉴스에서, 휠체어 때문에 발이 묶인 한 남자가 화재 현장에서 사망했다는 이야기를 들었다. 내가 매일같이 "휠체어에 묶여 있다"는 말을 듣지 않는 비장애인이었다면, 이동 보조 기구인 휠체어 때문에 불타는 건물 안에 누군가가 갇힐 수도 있다는 이야기를 터무니없다고 생각했을 것이다. 내가 보기에, 휠체어 사용자인 한 남자가 구조적으로 이동이 불편한 건물에서 살고 있었기 때문에 죽었다는 사실, 그리고 언제나, 매일 이러한 조건에 갇혀 있다는 사실은 억압의 가장 기본적인 증거라고 생각한다.

제3세계를 여행할 때마다 휠체어 사용자들은 내가 사용하는 가벼운 수동 휠체어에 대해 묻는다. 돈이 있는 사람들은 어디서 살 수 있는지를 묻는다. 돈이 없는 이들은 기증받을 방법이 있는지를 묻는다.

현지 사람들이 사용하는 휠체어를 보면 그 나라의 경제 발전 수준과 장애인 조직의 수준을 가늠할 수 있다는 것이 나의 믿음이다. 적절하고 현대적인 휠체어가 없다는 것이 나에게는 집이나 식량이 없는 것과 유사한, 노골적인 인권 침해로 생각된다.

오늘날, 장애인들은 장애를 얻는 그 순간부터 장애인으로 분류된다. 갑작스럽게 우리는 부족한 사람이 되고 만다. 1장에서 나는 이를 "위축shrinking"으로 언급한 바 있다. 이것이 수잔 손택의 묘사이며, 십중팔구는 그녀가 암 판정을 받았을 때 느꼈던 내용일 것이다. 이것이 레이첼 허스트가 휠체어를 타고 세상으로 나갔던 바로 그 순간을 어떻게 묘사했는가에 대한 답일 것이다. 그리고 이것이 피플 퍼스트 네브래스카 지부의 낸시 워드가 사람에게 꼬리표를 붙여서는 안 되는 것은 그렇게 붙여진 꼬리표가 자동적으로 사람들을 제약하기 때문이라고 말했던 이유일 것이다. 언젠가 모든 꼬리표(ED, LD, EMH, DD, MR, MI 등)들과 모든 프로그램(특수 교육, 특별 서비스, 장애인 올림픽 등)들이 역사의 쓰레기통에 처박히는 날이 올 것이다.

우리 장애인권 운동가들은 이 모든 분류가 엉터리라는 것을 알고 있다. 우리는 피에르 부르디외가 "분류 체계의 실질적 기능"이라 했던 것을 느껴왔다(Dirks, Eley, and Ortner 1994: 155).[4] 사람들은 자신의 기준에서 다른 사람들을 억압한다. 그러한 억압은 두 가지 단계로 행해진다. 첫째, 사람들은 우리가 열등하다고 생각한다. 둘째, 사람들은 지배 문화에 의해 버려진 존재들이며 사회 부적응자라고 생각되는 우리를 시설화하도록 한다. 정신 질환자들의 분류와 "치료"가 가장 좋은 예이다. 우리가 알고 있는 모든 권력 구조, 즉 노예제나 19세기 중반의 자본주의에서부터, 반국가주의자들을 시설에 가두었던 20세기의 소련에 이르기까지 모든 권력 구조들이 이런 종류의 분류법을 이용해 왔다(Gamwell and Tomes 1995, 특히 p. 105).

고양된 의식을 지닌 친구들이나 장애인 동료들을 생각할 때마다 나는 상대적으로 소수인 우리가 역사의 끔찍한 무게로부터 해방되었음을 알게 된다. 이상한 일이지만, 우리는 미래를 생각하며 살아가고 있다. 나는 과거 속에 강압적으로 그리고 억압적으로 갇혀 있는 수많은 다른 이들과 우리가 얼마나 가까운 관계인지를 끊임없이 되새겨본다. 미래는 결코 다다를 수 없는 법이지만, 과거는 천천히 사라져 갈 것이다. 오래된 낡은 생각과 분류들도 언젠가는 자취를 감추고 소멸하게 될 것이다.

도전과 선택

어떤 측면에서 본다면 이 책은 도전과 선택에 관한, 좀 더 명확히 말하면, 넘치는 도전과 거의 없다시피 한 선택에 관한 책이다. 이러한 상황을 헤쳐 나가기 위해 턱없이 부족한 자원을 어떻게 사용할 것인가 하는 점이 전 세계 대부분의 장애인들이 직면하는 딜레마이다. 따라서 가장 명백한 도전이 가장 기본적인 것이 된다. 즉, 장애인들이 살아가는 데 필요한 욕구들을 어떻게 보장할 것인가 하는 점 말이다. 이것이 제3세계에 살고 있는 3억 7,500만 장애인들 중 대다수에게는 생사를 가르는 문제가 될 수도 있다. "발전된 세계"에 살고 있는 우리들에게 자급 수준에 도달하는 것은 삶의 질의 문제로 직결된다.

이는 다른 사람들이라 해도 그리 다르지는 않다. 장애 억압 현상은 계급, 성별, 인종에 대한 억압과 많은 유사점을 보인다. 가부장적 온정주의와 노예 이데올로기, 이 두 가지는 장애 억압의 이데올로기적 뿌리가 글자 그대로 수억에 달하는 다른 사람들이 딛고 있는 바로 그 영역과 같은 곳에서 자라난 것임을 보여 주는 단순하고도 충격적인 예이다. 엄청난 수의 장애인들이 극도로 빈곤하며 정치적 권력도 거의 없다는 사실, 그 경험은 수억에 달하는 다른 이들도 마찬가지이다.

장애인들이 역사적, 문화적, 사회적 요소에 따라 서로 다른 억압을 경험한다는 데에는 의심의 여지가 없다. 특정한 신체적, 감각적 그리고/또는 정신적 조건에 따라 지배 문화는 우리를 식별하고 정의하며 구별해 왔다. 이러한 배제 때문에, 장애의 조건들은 일상생활 속에서 경험되는 불이익이 된다. 게다가 단 한 가지 독특한 이유, 즉 우리가 처해 있는 물리적, 의사소통적, 태도적 환경이 우리에게 적대적이라는 이유에서 우리의 다름은 우리 스스로를 다른 이들과 구별 짓게 만드는 일이 많다. 따라서 우리의 필수품에는 이동 수단과 의료적 지원은 물론이고, 건축과 의사소통에서의 접근성, 활동 보조원, 통역사, 운동 훈련사, 그리고 장애에 대해 지금까지와는 다른 인식상의 변화가 포함된다.

역사적으로, 장애인들이 생존을 위한 개인적인 투쟁에서 유일하게 선택할 수 있었던 것은 다른 사람들에게 의존하여 고립에, 심지어 죽음에 개별적으로 저항하는 일이었다. 구체적으로 말하자면, 구걸을 하거나 가족이나 자선 단체의 피부양자가 되었다는 의미이다. 이것이 변하기 시작했다. 지금은 자신과 공동체를 위해 이러한 욕구에 대한 통제권을 원하는, 역량 강화된 사람들의 운동이 있다. 그러나 이 운동 역시 거대한 도전과 선택에 직면해 있다. 어떻게 이 도전들과 맞설 것인가 하는 것이 장애인권 운동 그 자체의 효과와 장애인들의 일상생활에 미치는 영향을 형성하게 될 것이다.

일련의 복잡하고 번거로운 이 문제들을 다루는 과정에서 근본적인 것은 인권 운동이 어떻게 정치적으로 발전하는가 하는 점이다. 운동가나 지도자들이 어떤 종류의 분석과 정치적 프로그램들을 투쟁에 이용하는가? 장애인권 운동이 이론과 실천을 얼마나 잘 연결시키고 있는가? 어떻게 하면 장애인들이 정치화될 것인가? 운동가로서 전방에 나선 사람들을 어떻게 정치적인 일들과 운동이라는 삶으로 통합할 것인가?

이번에는 또 다른 전략적 선택들이 떠오른다. 그것은 장애인권 운동이 어떻게 정치 과정을 이해하고, 그에 영향을 미치며, 권력의 문제와 대면하는가와 관련되어 있다. 체계적인 문제에 대해서라면 체계적인 해결 방안을 찾아야만 한다. 이는 복잡한 논제이다. 한편으로, 수십억 인구에 대한 전 지구적 억압과 빈곤화가 5억 인구의 장애인의 문제와 상관없다고 여기고, 게다가 장애인의 열악한 상황이 국제 자본주의의 정치경제학에 지배당하고 있다는 점을 무시하는 것이 정치적인 파국임을 알아야 한다. 다른 한편으로, 장애인권 운동이 성장하고 정치적으로 번성하기 위해서는 장애인들의 역량 강화와 자기 결정권의 원리에 따라 결속할 수 있는 모든 이들을 결속시켜야 한다. 장애인권 운동은 폭넓은 지지자들을 확보해야 한다. 이론만 내세우거나 분파주의적으로 되어서는 안 된다.

모든 해방 운동은 이러한 전략적 선택들과 타협해야 한다. 불길하게도 이러한 문제들에 대해서는 확신할 수가 없다. 장애인권 운동이 역량 강화와 자기 결정권이라는 진보적인 원리에 따라 결속한다 해도, 보다 광범위한 정치적 전망이 커져 가고 있다는 증거는 없기 때문이다. 현재와 미래의 운동가들을 도울 수 있는 전망은 자신들이 왜, 누구와 싸우는가를 이해하는 것뿐이다. 이러한 전략적인 질문들에는 답이 주어져야만 하며, 그렇지 않다면 운동은 퇴보하고 말 것이다. 이것은 또한 장애인이 직면하고 있는 객관적, 주관적 조건들로서 끊임없이 재평가되어야 하는 문제이기도 하다. 지금까지는 장애인권 운동이 철학과 권력에 대한 질문으로 분열되지는 않았지만, 그렇게 될 가능성은 있다. 장애인권 운동이 해방 운동이라는 의미를 완전히 잡아내지 못하면 운동은 도덕적 권위를 잃게 될 것이기 때문이다.

이러한 도전들은 무엇보다 다음과 같은 세 가지 요소로 인해 더욱 어려움을 겪고 있다. 첫째, 대다수 장애인들의 빈곤과 고립, 둘째, 이미지를 투사하고 생각에 영향을 미치며 동의를 생산해 내는 지배 문화의 역량, 그리고 마지막으로는 장애인들이 살아온 방식과는 많이 다른 대안적 사회 체계 — 예를 들어, 가장 널리 확산된 것으로는 기존의 사회주의와 같은 — 의 실패 등이다. 다행히, 이러한 선택과 도전들이 제 아무리 어렵다 할지라도, 장애인권 운동가들의 개인적 삶을 통해, 장애인을 수동적인 비인간으로 여기는 장애에 대한 잘못된 믿음은 타파될 것이며, 자기 자신의 역사를 만들어 가고 또 만들 수 있는 것은 자기 자신이며, 생존을 위한 투쟁은 삶의 정복이라는 점을 우리 스스로가 확신하게 될 것이라는 사실만큼은 분명히 말할 수 있다.

인간적 조건의 일부로서 장애

두 아이가 뉴욕 시에서 태어난다. 백인 남자아이와 흑인 여자아이이다. 남자아이의 부모는 대학에서 교편을 잡고 있다. 여자아이는 복지 수당으로 살아가는 미혼모의 아기이다. 두 아이의 신체적 특징은 단 한 가지만 제외한다면 거의 비슷하다. 백인 남자아이가 근육 퇴행 위축을 갖고 태어난 것이다. 의사는 흑인 엄마에게 말한다. "예쁜 공주님이군요." 백인 부부에게는 이렇게 말한다. "유감입니다만, 아이에게 중증 장애가 있군요." 의사는 흑인 여성이다. 개인적으로 그녀는 흑인 여성이 맞닥뜨리는 인종 차별과 성 차별을 경험해 왔다. 그녀는, 통계적으로 보아, 이 흑인 여자아이에게 놓여 있는 삶 역시 고난과 역경으로 가득하리라는 사실을 알고 있다. 하지만 그녀는 중산층 가정에서 자라고 훌륭한 교육을 받고, 아마 대학에도 진학하고 건실한 직업도 갖게 될, 그러므로 아마도 보다 나은 삶의 질을 누리게 될 백인 아이를 보며 더 큰 슬픔을 느낀다. 그런 것이다. 이것은 우월/열등의 이데올로기가 얼마나 깊이 퍼져 있는가 하는 문제뿐만 아니라 얼마나 심하게 왜곡되어 있는가를 보여 주는 예이다.

나는 장애가 단순히 인간적 조건의 일부일 뿐이며 그러한 조건의 다른 측면들보다 본질적으로 더 좋거나 더 나쁜 것이 아니라고 주장해 온 후부터, 그렇다면 장애를 막기 위해 노력해서는 안 되느냐는 질문을 끊임없이 받았다. 예상 가능한 최후의 일격은 보통, 그렇다면 장애 아기의 출생을 막기 위해 우리가 할 수 있는 모든 노력을 기울여서는 안 되느냐는 것이다. 내게는 그것이 관념적인 의문으로 들린다고, 나는 나름대로 꽤나 진지하게 대답한다. 그리고 되묻는다. 우리는 어떤 선입견을 갖고 시작한 것인가? 어떤 특정 사회 조건에서 이 특별한 아이들이 자라게 될 것인가? 그리고 이번에는 내가 질문을 던진다. 뉴욕이나 시카고, 로스앤젤레스에서 태어나는 대부분의 여자아이들이, 혹은 제3세계의 수많은 나라에서 태어나는 수많은 여자아이들이 어려운 인생을 살아가게 될 것이라는 사실을 통계적으로 입증할 수 있다면, 그렇다면 우리는 여자아이의 출생을 막기 위해 노력해야 할 것인가? 물론 그렇지는 않다. 우리는 그 아이들이 살아갈 사회 현실을 바꾸고자 일하는 것이다. 대다수의 장애 아동들이 힘든 삶과 대면하게 된다는 사실은 그들의 본질적인 육체적 혹은 정신적 특징보다도, 그들이 몸담고 살아가는 사회적 환경과 더욱 깊이 관련되어 있다. 그러므로 이런 종류의 금지에 대한 질문은 언제나 우리의 실제 삶을 벗어난 관념적인 질문으로 남는다.

장애인이 된다는 것은 **본질적으로 좋은 일도 나쁜 일도 아니다**. 그저 그렇게 된 것이다. 이러한 장애의 본질적 "중립성"이 장애와 관련된 모든 모순의 우선적 특징이다. 그러나 장애에는 부수적인 일면, 즉 부정적인 면이 존재한다. 장애는 육체적 고통과 쇠약, 심리적이고 인지적인 감각 상실, 부자유, 비이동성을 가져오거나 도뇨관이나 인공호흡기처럼 귀찮은 장치를 이용하게 만드는 경우가 많다. 장애의 이런 부수적인 면은 전혀 과소평가되지 않는 반면에, 이런 면들만으로 장애는 열등하다/나쁘다고 본질화시키는 뒤틀린 반전, 바로 그것이 장애인권 운동에서 지금까지 공격해 온 대상이다. 장애 자체의 중립적 본질을 최소화시키고, (영웅 숭배 등으로) 후원하고, 또 이따금씩 뿌리 뽑아 버림으로써, (마치 그것만이 전부라는 듯이) 지배 문화는 장애에는 본질적 복합성이 존재한다는 사실을 무시한다. "치료되기"를 원하는 장애인들도 있고, 그렇지 않은 이들도 있다. 장애가 얼마나 복잡한 것인지만 알아도 양측 모두가 이성적인 입장이라는 사실을 이해할 수 있을 것이다. 그리고 진보는 이런 문제에 대한 사람들의 선택의 폭이 확장되는 것을 말한다고 나는 믿고 있다.

현실 세계에서 어떤 장애인들은 일반적으로 훌륭한 삶을 살아가며, 다른 이들은 전반적으로 좋지 못한 삶을 살아간다. 장애라는 조건은 모든 사람들이 살아가면서 마주치게 되는 인생의 중요 국면과 별반 다를 것이 없는, 온통 새롭고 가끔은 힘든 선택과 도전이 있는 인생의 갈림길 중 한 가지일 뿐이다. 어떤 장애인들은 장애에도 불구하고 행복한 삶을 살아간다. 다른 이들은 장애 덕분에 행복하게 살아간다. 이것이 바로 다름의 정치학을 설파하는 이들의 입장이다. 만인은 모두 다른 것이다.

다르다는 것은 사실이다. 분류와 선입견은 왜곡된다. 장애인들 사이에 수많은 본질적 다름이 있음에도 불구하고 장애 억압이라는 일반적 경험이 생겨나는 것은 왜곡된 분류와 선입견을 바탕으로 하고 있기 때문이다. 이러한 역설 또는 모순, 즉 다름을 벗어나 하나가 된다는 것이 장애인권 운동의 근본이다. 활기 넘치는 반헤게모니적인 운동은 그 실천적 작업을 통해 이 모순과 싸우면서 풀어나가야 할 것이다.

인생 그 자체가 일련의 투쟁이다. 누군가는 승리하고 누군가는 패배한다. 대다수 장애인들에게 있어 저항은 생존을 위한 필요조건이다. 장애인권 운동은 이러한 관점을 버려서는 안 된다. 이 책을 쓰고 준비하는 과정을 통해, 나는 정치적으로 활동하고 있는 장애인들이 털어놓은 이야기와 경험들 속에 이러한 입장이 얼마나 많이 반영되어 있는지를 보고 깊은 감명을 받았다. 우리는 우리 스스로의 힘으로 말하고, 요구하고, 조직하고, 다른 이들을 교육시키기 시작했다. 그리고 아무리 지배 문화가 우리를 조건 짓는다 할지라도, 앨리스 워커가 말했듯이, 우리는 우리 스스로와 화해하기 시작한 것이다.

그 "사고" 이후 30년이 흘렀다. 아름다운 한 기자가 찾아와 나와 인터뷰를 가졌다. 그녀는 최근에 내가 쓴 책에 관해 잡지 기사를 쓰려는 참이었다. "표지 사진에 어떻게 나오면 좋을지 정해 주세요." 그녀는 말했다. "매력적으로? 아니면 다른 뭔가?" "매력적"이라는 말에는 신경도 쓰지 않았지만, "다른 뭔가"라는 말이 계속 귓속을 맴돌았다. … 남편과 함께 잠자리에 든 밤, 나는 표지에 나오지 않아도 될 이유를 고민하고 있었다. "나를 흠잡으려 드는 비평가들은 내가 싸게 팔려간 거라고 하겠지." 나는 말했다. "가족들은 이제 내가 창피하기 짝이 없는 책을 썼다고 생각하게 될 거야." "그래서, 당신이 표지에 나오고 싶지 않은 진짜 이유는 뭔데?" 남편이 말했다. "아무리 생각해 봐도…" 나는 급히 대답했다. "눈을 똑바로 뜨고 사진을 찍을 자신이 없어." "제대로 뜨고 찍을 수 있을 거야." 그가 말했다. 그리고 덧붙였다. "게다가 난 당신이 이미 그 문제와는 결판을 냈다고 생각하고 있었는데." 바로 그 순간 나는 내 안의 투쟁들을 그리고 그 해방의 과정들을 기억해 낼 수 있었다(1983: 390-1).

주

2장. 장애 억압의 범위: 개관

1. 아이나 헬란더Einar Helander가 쓰고 유엔에서 출판 및 배포한 보고서 『인권과 장애인 Human Rights and Disabled Persons』(『시카고 트리뷴Chicago Tribune』, 1993년 12월 5일). 헬란더는 『편견과 위엄 Prejudice and Dignity』, 파드마니 멘디스Padmani Mendis, 거넬 넬슨Gunnel Nelson, 앤 궈트Ann Goerdt와 함께 쓴 『공동체에서의 장애인 훈련 Training the Disabled in the Community』을 포함하여 수많은 유엔 보고서를 저술했다.

2. 예를 들어, 무임금 가사 노동은 사회 유지 및 임금 노동을 지원하는 데 기여한다. 그러므로 이러한 노동과 관련된 인구 집단, 특히 여성들은 노동 계급으로 간주되어야 한다. Ferguson(1989)을 참조할 것.

3. 오코너O'Connor에 따르면, 잉여라고 정의된 사람들이 불필요하다는 의미를 내포한 것은 아니었다. 그의 발언은 그들이 현재의 정치적-경제적 체계에 부적절한 집단임을 의미하는 것이었다. 그의 잉여 인구에 대한 개념은 Farber(1968)에 이르러 정신 지체 장애인 처우에 대한 근거로 발전되었다.

4. 크게 보면, 망명을 하게 되면 이러한 지위 박탈declassing을 피할 수 있었다. 망명을 감행했던 많은 이들은 고향에서 강제로 축출된 이후에 새로운 경제 환경 속으로 편입해 들어갔다.

5. 많은 이들이 전자본주의적 경제 형태에 대한 글을 썼다. 그것의 원시, 봉건, 혹은 반봉건적 특성의 분류를 정교하게 하려는 많은 시도들이 있었다. 예를 들면, "고대" 경제(Polanyi 1944), "종속" 경제(Amin, 1990), "전자본주의" 경제(Dobb, 1946) 등이다. 대부분은 단순히 "전통" 경제라는 용어를 이용한다.

6. 앞에서도 논의되었듯이, 이를 구별하려는 노력은 심리학뿐만 아니라 칸트와 헤겔, 쇼펜하우어 같은 독일의 관념 철학자들에게도 있었다. 이들은 사회와 존재를 의식과 사고로부터 분리했다. 예를 들면, 헤겔은 『정신현상학』에서 사회적 관계를 진리와 분리시켰고, 모든 시민 또는 국가(정부) 관계를 정의와 구분하였다. 후일 『논리학』에서는 둘을 통합했다. 사유thought는 존재being이며, 실재와 행동에는 구별이 있다.

7. 중층 결정overdetermination은 일차적으로 루이 알튀세르Louis Althusser와 관계있는 이론이다. 경제 관계가 모든 사회관계를 결정짓는다는 정통 마르크스주의를 비껴가면서, 그는 상부 구조(언어, 법, 관습, 종교 등)가 "고유의 영향력"을 갖는다고 이해했다. 그러나 "상부 구조의 상대적 자율성과 고유의 영향력"에도 불구하고 명확한 실체는 "종국에 가서는 [경제적] 생산 논리에 의해 결정"되는 결과에 종속된다고 주장했다(1964: 111). 이것이 중층 결정이다. 나는 상부 구조가 명백한 실재reality라는 알튀세르의 생각(그의 구조주의)에는 동의하지 않지만, 중층 결정은 관계에 대한 통찰력 있는 고찰이라고 생각한다. 이 경우, 권력(들)은 고유의 영향력을 갖고 있으면서도 계급 규정의 지시를 따른다. 총체적 권력 관계는 일단 형성되거나 지휘되기 시작하면 주로 내부적 역량을 통해 발전해 가는 것이다.

8. 헤게모니 이론은 이탈리아 공산주의자인 안토니오 그람시Antonio Gramsci의 위대한 공헌 중 하나이다. 그는 (1920년대 이탈리아의) 자본주의 지배 계급에 의해 권력이 투사되는 기본적인 방법은 헤게모니 또는 이데올로기적 지배를 통해서라고 주장했다. 칼 보그스Carl Boggs는 『두 개의 혁명 The Two Revolution』에서 그람시의 헤게모니 이론은 이데올로기(가장 두드러진 문화)가 정치경제학과 만나는 권력의 영역을 꿰뚫어보고 있다고 했다. "그람시는 사람들로 하여금 행동하도록 고무하는 권력이란 경제적 조건들과 상호 영향을 주고받는 것이며, 만일 그렇지 않을 경우에는 그 모든 것은 공허한 추상에 불과하기 때문에 생각, 신념,

문화적 선호도 그리고 심지어는 신화와 미신마저도 특유의 물질적 실재material reality를 갖는다고 보았다"(1984: 158).

9. 파울로 프레이리Paulo Freire의 『페다고지 *The Pedagogy of the Oppressed*』(1973)에 등장하는 "은행 저축식 이론banking theory"을 보라.

10. 프레이리는 학교 교육의 헤게모니적 실천에 대해 가장 잘 알려진 이론가일 것이다. 그는 반헤게모니적 교육 과정 개발에 큰 영향을 미쳤다. 그는 쿠바, 기니, 니카라과, 브라질에서 식자 운동識字運動에 관여했다. 비판적인 이론가이자 교육자인 헨리 지루Henry Giroux는 『이데올로기, 문화 그리고 교과 과정 *Ideology, Culture, and the Process of Schooling*』에서 "프레이리에 따르면, 학교는 후일 인간의 정신과 성격 구조 안에 뿌리 내리게 될 신화와 신념을 억압받는 이들에게 주입하는 과정에서 중대한 역할을 수행하고 있는, 지배 엘리트 계층의 문화 기관이다. 이 강압적 기관들이 억압하는 계층의 신념 체계를 일반화시키는 데 성공하면, 민중은 스스로에 대한 착취와 무권력 상태에 동의하게 된다"(1988: 134)라고 쓰고 있다.

새뮤얼 보울즈Samuel Bowles와 허버트 긴티스Herbert Gintis(1976), 마이클 애플Michael Apple(1979), 헨리 지루(1988), 파울로 프레이리(1968, 1973, 1987), 미셸 푸코(1980) 등은 단일 문화와 기존 권력 관계의 재생산에서 나타나는 학교 교육의 역할을 성공적으로 입증해 냈다. 최근 들어 학교 교육의 헤게모니적 실천에 대한 이론화가 꽃을 피우고 있는 반면 급진적 교육자들의 목소리, 특히 그런 관점을 증진시켜 온 비판적 이론가들이 장애, 통합 혹은 장애 학생에 대한 억압과 통제가 가장 심화되어 온 특수 교육에 대해 침묵하고 있다는 사실은 역설적이라 하지 않을 수 없다. 장애를 가진 학생들에 대해 일상적으로 행해지고 있는 잔혹한 취급을 급진적 교육에서 빠뜨리고 있는 것은 대조적이라 볼 문제는 아니지만, 그 사실 자체가 장애 학생의 현 위치를 말해 주고 있다.

11. 조지프 트로페아Joseph Tropea의 글「관료적 질서와 특수 아동Bureaucratic Order and Special Children」이 유용하다. 이 글에서는 "구제할 길이 없거나, 뒤져 있거나, 결함이 있는 학생들"을 창고에 몰아두려 했던 초기의 시도들을 역사적인 사회경제적 필요에 따른 결과로 보고 있다.

12. 그것이 교육적으로 이익이 될지 해악이 될지 의문으로 여기게 만드는 결

과를 낳고 있기는 하지만, 학생들을 특수 교육 과정으로 보낼지 결정하는 데 이용되는 기준은 수많은 학생들을 일반 교육 과정으로부터 부적절하게 제거하는 것과 동일한 방법으로 이루어지고 있다(Gartner and Lipsky 1987). 이는 특히 경증 장애의 영역, 즉 교육 가능한 수준의 정신 장애, 학습 장애, 행동 또는 정서 장애 등에서 가공할 만한 사실로 드러난다. 특수 교육이라는 것은 지금까지 "경증 장애"라는 꼬리표가 달린 학생들, 즉 학교 측에서 감당하기 힘들거나 감당하지 않기로 결정한 학생들을 격리시켜 왔으며, 그 수는 지속적으로 증가해 왔다. 이러한 학습 계획 때문에 소수 인종에 속하는 학생들의 등록 문제에서 불균형한 결과가 빚어지는 일도 흔하다. 예를 들어, 미국 공립학교에 재학중인 학생들 중 흑인의 수는 전체의 16%인데, 그중 35%가 교육 가능한 수준의 정신 지체 학생으로 분류되는 식이다.

13. 시카고 장애문제연구소Chicago Institute of Disability Research에서 길Gill과 보스Voss가 작성한 미발간 논문「교실 너머의 통합: 교육에 대하여 장애인에게 물어보기Inclusion Beyond the Classroom: Asking Persons with Disabilities About Education」에서 인용.

14. 1993년 잡지『배니티 페어 Vanity Fair』에서는 텔레톤에 대한 기획물을 연재했다. 기사 내용의 대부분은 장애가 있는 인간의 "귀중함"에 중점을 두고 있었다. 내용의 근거는 [기사에서] 전면에 내세운 폴 롱무어Paul Longmore의 연구였다. 장애인권 연구의 선두 주자로서 스탠포드 대학에 있던 롱무어는 자선 홍보용인 텔레톤이 미국에서 장애에 대한 태도를 주입하고 매개하는 이데올로기적 매체임을 입증했다. 롱무어는 4가지 거대 규모 텔레톤을 예로 들면서, 그것들이 2억 5천만 명의 시청자들에게 "장애에 대한 생각과 태도를 창출하는 헤게모니적 성향"의 메시지를 주입시킨다고 썼다(Longmore, Bennets에서 인용, 1993: 92).

15. 이 책의 목적에 따라, 나는 "언어language"라는 단어를 일반적으로 이해되고 있는 의미에서 사용했다. 페르디낭 드 소쉬르Ferdinand de Saussure는 『일반 언어학 강의』에서 "언어"를 변형될 수 없는, 무의식적인 기호라고 주장함으로써 "발화langue"와 구분하였다. 에밀 뒤르켕Emile Durkheim은 이러한 "분절split"이 사회의 기반이라고 했다. 이러한 의미에서 본다면, 비록 앞에서 계속 그랬듯이 언어가 내재화되고 그 의미가 주입된다는 사실에 훨씬 더 강조점을 두고 있기는 하지

만, 나는 주로 '발화'를 이야기하고 있는 것이다.

16. 어떤 이들은 이데올로기를 태생적으로 지배 문화에 봉사하는 당파적 성격을 지니는 것이라 주장한다. 또 다른 이들은 그것을 중립적이며 사상의 영역에서 경쟁하는 것일 뿐이라 한다. 죽기 직전에 사르트르는 이데올로기를 전자의 의미로 정의했다. "이데올로기는… 소외된 행위의 밑바탕에서 그것을 반영하는 사상의 집합체이다. … 이데올로기는 권력을 표방하는 것이며 동적이다. 철학은 언제나 일정 정도의 이데올로기를 반영하게 마련이지만, 이데올로기를 비판함과 동시에 그것을 넘어서려 하는 한 철학은 이데올로기에 대립하여 형성된다" (Schilpp 1991: 20). 사르트르는 이데올로기가 언제나 당파적이라고 본다. 『이데올로기 탐험 Mapping Ideology』의 편집자인 슬라보예 지젝 Slavoj Zizek 은 이데올로기를 좀 더 제한적이고 좀 더 중립적인 것으로 이해한다. "이데올로기는 소수의 사회 계층에게 잔혹하지만 제한된 영향력을 행사하거나 사회적 재생산에서 제한된 역할을 수행한다"(1994: 14). 이 책의 목적을 위해서는 이데올로기를 투사되는 사상과 신념의 체계로 생각하는 편이 훨씬 유용하다.

3장. 정치경제학과 세계 체제

1. 『인권과 장애인 Human Rights and Disabled Persons』은 유엔의 위탁 연구물로서 1993년 12월에 발표되었다. 그에 따르면, 전 세계적으로 보통에서 심한 정도의 신체적·정신적 장애를 지닌 사람들은 약 2억 9천만 명에 이르며, 그중 2억 명은 개발도상국에 살고 있다고 추정하고 있다. 노인 인구의 증가율을 고려할 때, 35년 이후에는 이 숫자는 두 배 넘게 증가할 것이며, 그 증가율 또한 인구 성장률을 초과할 것이라고 한다. 또한 일부 국가에서는 장애 아동이나 장애 청소년이 살해되거나 방치된 채 죽어 가고 있다는 내용 또한 서술되어 있다.

2. 동남아시아의 경우 일자리의 80%가 자카르타, 싱가포르, 콸라룸푸르, 방콕, 마닐라, 이 다섯 개의 거대 도시에 집중되어 있다. 정치, 경제, 사회, 문화 자원들 또한 이 도시들에 집중되어 있다. 거대 도시화된 멕시코시티 일대 지역에 사는 2천만 명의 사람들이 멕시코의 정치, 경제, 문화, 사회를 지배한다. 상파울

루, 리우, 리마, 부에노스아이레스, 봄베이, 델리, 캘커타, 방콕, 자카르타, 베이징, 홍콩, 상하이도 역시 마찬가지이다.

3. 예를 들어, 멕시코의 경우 상위 20%의 부유층이 벌어들이는 소득은 하위 20%의 빈곤층의 소득보다 14배 많다. 브라질은 25배이다(미국에서 그 수치는 "단지" 11배이다). 토지 분배 역시 눈에 띈다. 브라질의 상위 0.9%에 해당되는 지주가 국토의 44%를 소유한 반면에 하위 53%의 사람들이 가진 땅은 국토의 2.7%인 것으로 나타났다(NACLA 1995: 16).

4. 예를 들어, 라틴아메리카와 카리브해 국가들의 외채는 1994년 말을 기준으로 했을 때, 5,210억 달러에 달한다. *Notimex* (1995년 7월 13일)와 *Latin America News Update* (1995년 9월)를 참고할 것.

5. (다른 두 종의 러시아제 지뢰와 더불어) 클레이모어는 가장 일반적인 지뢰이다. 루이지애나의 모턴 티오콜Morton Thiokol이 개발했으며, 1개에 3-28달러의 가격으로 거래된다. 1970년 이후 미국에서는 5백만 개의 지뢰가 생산되었다. 1995년 1월 12일에는 30여 개의 유엔 기관들과 국제적인 비정부 기구들이 지뢰 사용 금지를 촉구하기 위해 만났다. 모임의 선봉에 선 것은 국제장애모임(HI)[프랑스에 기반을 둔 조직이다]과 인권을 지키는 의사회(PHR)였다. PHR은 1993년 말에 510쪽에 달하는 지뢰 관련 책을 펴내기도 했다. 『뉴욕타임즈』(1995년 10월 8일, 3면)와 『뉴욕타임즈 매거진』(1994년 1월 23일)을 참조할 것.

6. 대만의 경영과학원 산하 여성조사연구소의 소장인 웡 싱주엔Wang Xingjuan에 따른 내용이다(『월스트리트 저널』, 1993년 12월 30일). 1995년 6월부터 모성 및 유아 관련 건강 보호법Maternal and Infantile Health Care Law이 발효되었다. 이는 유전적 질환을 가진 태아의 낙태를 요구함과 동시에 정신 장애인들의 결혼을 제한하고 있다. [본토] 중국의 장애인권 운동가들이 이에 대해 어떤 반응을 보였는지는 잘 모르겠다. 덩샤오핑Deng Ziaoping의 아들 중 한 명인 덩푸방Deng Fubang이 장애인 관련 국가 기관을 이끌었다는 사실은 주목할 만하다. 덩푸방은 문화혁명 때 척수 손상을 입었다.

7. 인도 남부 마두라이 지방에 있는 칼라르에서는 여자아이가 태어나면 독이 든 열매를 먹인다. 결혼 지참금이라는 어려움을 피하기 위해서이다. 640가구를 조사했는데, 그중 51%가 출생 1주 이내의 여아를 살해해 본 적이 있다는 사실을

시인했다. 마을사람들은 이 관습을 옹호하면서 "평생을 비참하게 사느니 차라리 일찍 죽는 게 낫다"고 했다. 이런 행동을 하게 만드는 생각을 통해 장애 아기를 처분하는 방법을 알 수 있다. 「원하지 않는 성The Unwanted Sex」(*New Internationalist*, 1993년 2월)을 참고한 자료이다. [일리노이 주립대학에서 장애학을 전공하는 인도 남부 출신 실파 아난드Shilpaa Anand에 따르면, 이러한 여아 살해는 옛날에는 있었지만 이제는 거의 없다고 한다. 저발전 국가에 대한 잘못된 이미지가 신오리엔탈리즘을 만들고 있는 것이 아니겠냐며 반론했다. 옮긴이도 이에 동의한다: 옮긴이].

8. 봄베이에 있는 전全 인도 의료·재활 연구소의 책임자인 라마다스G. Ramadas 박사에 따르면, 이런 경우는 예전에 비해 훨씬 적어졌다고 한다.

9. 지난 10년간 미국의 장애인들은 중요한 정치적 진보를 달성해 냈다. 교육[IDEA(Individuals with Disabilities Education Act)]이나, 주택[FHAA(Fair Housing Amendments Act)], 고용, 교통 및 접근성[ADA(Americans with Disabilities Act)]의 영역에서 장애인들의 시민권 보호를 확장하기 위한 장애 관련 법안들의 통과가 이루어진 것도 지난 10년 안팎의 일이다.

10. 레닌은 이 부분을 마르크스의 위대한 경제적 관점이라고 언급했다. "부르주아 경제학자들이 물건의 관계(하나의 상품을 다른 것으로 교환)를 볼 때, 마르크스는 사람들 사이의 관계를 밝혔다"([1919]1967b: 209). 마르크스의 다음과 같은 말도 유용하다. "흑인은 흑인일 뿐이다. 오직 특정 조건 하에서만 그들은 노예가 된다. 방직 기계는 방직을 하기 위한 기계일 뿐이다. 오직 특정 조건 하에서만 그것은 자본이 된다. 이러한 조건들에서 벗어난다면, 그것은 금을 돈으로 계산하거나 설탕에 가격을 매기는 것과 같은 수준이 되어 이미 자본이라 할 수 없는 것이 된다"([1849]1961: 28).

11. 메사로스는 『자본을 넘어서*Beyond Capital*』에서 여러 번에 걸쳐 자신의 정의를 확장시켜 나간다. 예를 들어, 그는 이것을 "소외 노동의 대상화Objectification of alien labor"(p. 809) 또는 "그 자체 폐쇄적인 명령 구조와 함께 역사에서 가장 포괄적으로 소외되어 있는 통제의 양식"(p. 806)이라고 이야기하고 있다.

12. 자본은 상품의 생산과 분배 과정에서 사라져 버리는 사회적으로 유용한 노동 가치의 양에 기초하여 이러한 교환 과정을 조절한다.

13. 교환 가치란 누군가 그것을 소유함으로써 욕구를 충족시킬 수 있다고 인식하는 그 무엇을 말한다. 교환 가치는 시장 관계를 대표하는 것이며 시장 가치를 갖는 것이다.

14. *Mouth* (1995)를 볼 것.

15. *Mouth*는 이 수치를 *HCFA Financial Report* (FY 1994), *Facts and Trends* (1995), 매리언 메럴 도우Marion Merrell Dow의 *International Digest* (1995)에서 인용했다.

16. 데이비드 하비David Harvey는 『포스트모더니티의 조건*The Condition of Postmodernity*』에서 문화, 경제, 시공간상의 변동을 다루고 있다. 그중 두 구절이 내 관점에는 적절한 듯하다. 경제적 측면에서는, "비록 현재의 상황이 여러 가지 면에서 매우 다르다 할지라도 마르크스가 자본가들의 기본적 생산 요소로 정의했던 불변적 요소들과 관계들이 여전히 세상을 빛내고 있다는 사실을, 심지어는 유연 축적이라는 덧없고 허무한 포장을 뒤집어쓴 채 전보다도 더 찬란하게 빛나고 있다는 사실을 알아내기는 결코 어렵지 않다"(pp. 187-8). 이데올로기적 측면에서는, "아주 오래 전 짐멜Simmel[1978]이 제안했듯이, 안정된 가치에 대한 소망으로 가족이나 국가, 종교와 같은 사회의 기본 제도가 갖는 권위의 중요성이 높아지는 것 또한 파편화와 경제적 불안정성이 동시에 일어나는 때이다"(p. 171).

4장. 문화(들)와 신념 체계

1. 위베르에 대한 내용을 더 알고 싶다면 헬란더Helander의 글(1995: 73-93)을 참조할 것.

2. 온정주의는 사회와 문화가 "병자 역할sick role" 범주를 만드는 과정에서 중요한 역할을 해왔다. 『사회 체계*The Social System*』에서 탈콧 파슨스Talcott Parsons는 각각 다른 사회 계층들이 수행하는 사회적 역할을 단순화시키려는 시도에서 유형화 작업을 발전시켰다. "병자 역할"의 영역에 해당되는 사람들을 정의하면 다음과 같다: 자신의 질병에 대한 책임이 없다. 전형적인 업무와 책임이 면제된다. (주로 의료 관계의) 전문적 도움을 필요로 한다.

3. 장애의 의료화에 대해서는 많은 참고 도서가 있다. 예를 들면 Fine and Asch 1988: 40 n.1; Shapiro 1993; Longmore 1987; Oliver 1990 등을 참조할 것.

4. 이러한 경우가 윌리엄 깁슨William Gibson의 미래적 사이버펑크 소설들(예를 들면, 『모나리자 폭주하다Mona Lisa Overdrive』)과 캐스린 비글로우Kathryn Bigelow의 〈스트레인지 데이즈Strange Days〉 같은 영화에서 그려지고 있다.

5. 이 치료사들은 매우 흥미로운 사회적 역할을 수행하며, 장애의 유형에 따라 각각 다른 방법으로 장애인들에게 관여한다. 아수니Asuni에 따르면, "[나이지리아에서] 전통적 치료사들이 정신 질환을 가진 사람들을 치료하는 방법은 일반적으로 환자 친척들의 활발한 참여를 유도하는 것이다. 사실 친척들은 환자가 필요로 하는 것들을 제공하기 위해 치료 기간 내내 환자와 함께 살아야 하며, 또한 치료 의식에도 참가해야 한다. 치료는 약물 투여와 주문을 외우는 의식으로 구성된다."

6. 보다 엄밀하게 말해, 오직 순환의 행동만을 의미하기는 하지만, 여기서는 일반적으로 '운명destiny'이라고 이해되는 차원에서 "업보karma"를 사용한다.

7. 그 교의가 얼마나 보수적이든 절충적이든 간에, 언어라는 것은 생각과 행동에 있어 아주 중요한 것으로 인식된다. 자크 라캉Jacques Lacan이 특히 언어 연구에 집중했던 것은 그가 수행했던 정신분석 작업에서 말이 매개 역할을 한다는 것을 알고 있었기 때문이다. 20세기 초반, 소쉬르Saussure는 새로운 언어학을 창시하면서, 모든 어휘word에는 실제로 언급되기 전에 언어language가 표현되어 온 방식의 흔적이 각인되어 있다고 말했다. 의미는 언어 안에서 이미 결정되어 있기 때문에 단어를 새로운 방식으로 사용한다는 것은 정말 어려운 일이다. 심지어 인과성에 대한 악명 높은 신봉자들조차도 언어의 영향을 인정한다. 초기 인류학의 거장이자 언어에 어떠한 "이론"이 수반된다는 사실을 믿지 않았으며 표현과 행동을 분리했던 브로니슬로프 말리노프스키Bronislaw Malinowski 역시 언어에 대해서는 지대한 관심을 보였다. 언어는 "인간 행동의 조건적 자극이며… 말하자면, 화자의 영역 밖에 있으나 청자의 영역 안에 있는 무엇인가를 부여잡는 것이다"([1935]1964: 59).

5장. 의식과 소외

1. 마르크스에게 있어, 노동자와 노동, 특히 노동 생산물과 노동 행위의 분리가 소외의 핵심이다. 자신의 생산물을 누군가(소유주, 산업가, 투자자 등)가 합법적으로 소유한다고 믿기 때문에 노동자들이 복종하고 있는 착취는 소외를 통해 은폐된다. 노동자들은 자신이 만든 생산물이 아니라 그 생산물이 지닌 가치의 아주 작은 부분만을 지불받고 있음을 결코 깨닫지 못한다. 판매 과정이나 판촉 또는 소유자의 선량한 얼굴 같은 요소들이 시장에 영향을 미치는 것은 사실이지만, 결국 이윤이 발생시키는 요소는 생산이다. 이윤이 생산(생산은 사회적으로 정의되는 것이다)에서 발생하기 때문에, 그래서 생산물과 노동 행위의 분리를 착취라고 부르는 것이다. 착취는 경제적 관계이다.

2. 브레이버만Braverman(1974)이 비판해 온 것은, 이렇게 전개되는 관리 전략의 관점에서 노동자들의 수동적 행동을 강조하는 것이었지, 작업장에서의 이러한 변화에 대한 저항의 역할이 아니었다. Gordon, Edwards, Reich(1982)를 참조할 것.

3. 팔레스타인 사람들의 디아스포라diaspora[망국민의 집단 이주 및 이산]는 극적이라고 말할 수밖에 없다. 200만 명은 웨스트뱅크, 가자, 골란 고원에서 살고 있고, 다른 300만 명은 망명 생활을 하고 있으니 말이다.

4. 청각 장애 문화라는 것은 전혀 다른 이야기이다. 장애인권 운동의 안팎으로 꽤나 논란이 되고 있기는 하지만, 어찌 되었든 청각 장애 문화에는 진정한 역사가 존재한다(일부 지역에 한정된 이야기이다).

5. 문학, 시, 연극, 그리고 역사를 포함하는 장애 관련 문화에 대해 이해할 만한 참고 문헌을 찾으려고 한다면 브라운Brown(1995)을 참조할 것.

6장. 일상생활에 대한 관찰

1. 예를 들어, 워싱턴과 미네소타에는 상대적으로 많은 수가 있지만, 미국에서도 다른 곳에서는 수화 통역사를 찾기가 쉽지 않다. 많은 주들이 활동 보조인 서

비스에 대한 보조금을 지급하지 않는다. 지급하는 경우에도 많아야 시간당 12달러 수준에 머문다(대부분의 주에서는 최저 임금만을 지급한다).

2. 유엔에 따르면, 사지 중 일부 또는 전부가 절단된 이들의 수는 앙골라에 7만, 캄보디아에 3만 6천, 베트남에는 20만 명에 달한다. 잡지 『인 모션 In Motion』의 「잔혹한 결실을 수확하다 Reaping a Grim Crop」(1995. 8)를 참조할 것.

3. 1994년에 발표된 머리 부상과 골퍼스 Golfus에 대한 다큐멘터리는 엄청난 환호를 받았다. 〈빌리가 머리를 다쳤을 때 그리고 다른 신기한 이야기들 When Billy Broke His Head and Other Tales of Wonder〉(빌리 골퍼스 Billy Golfus와 데이비드 심슨 David Simpson 제작, 미니아폴리스 주 세인트폴의 인디펜던트 텔레비전 서비스).

4. 글라디스 바에스는 마가렛 랜들 Margaret Randall의 『산디노의 딸들 Sandino's Daughters』에서 기념되는 여성 중 한 명이다.

5. 여기서 말하는 타운십 Townships은, 극도로 가난하기는 하지만, 슬럼 slum과는 다르다. 타운십은 규모 면에서만 보면 도시에 가깝다. 남아프리카공화국 전역에 걸쳐 수많은 타운십이 존재한다.

6. 제3세계의 폭력은 수많은 책과 영화의 주제가 되어 왔다. 나는 큰 호응을 얻었던 브라질 영화 〈피호테 Pixote〉(1981)를 추천하는데, 이 영화는 거리를 떠돌아다니는 아이들이 도시적 환경 속에서 생존해 나가는 방법에 대한 폭력적인 이야기이다. 헥터 바벤코 Hector Babenco 감독.

7. 이 평가는 경제 발전과 이데올로기의 관계를 광범위하게 비판했던 마르크스의 평가를 지지하고 있다. "사회적 생산 과정에서, 인간은 필수적이면서도 자신의 의지와는 무관한 한정된 관계, 한정된 자신의 생산력의 발전 단계에 따른 생산의 관계 속으로 들어가게 된다. 이러한 생산 관계의 총합이 사회의 경제적 구조를 구성하며, 바로 그것이 합법적이고 정치적인 상부 구조의 바탕이 되고, 또한 사회적 의식의 한정된 형태에 호응하는 진정한 토대를 이룬다"(Marx [1859] 1964b: 11-2).

7장. 역량 강화된 의식과 역량 강화의 철학

1. 예를 들어, 이 주제에 관해 가장 중요한 저서로 꼽을 수 있을 『역사와 계급의식』에서 게오르그 루카치Georg Lukács 역시 사람들이 왜 조작된 의식에서 "계급의식"으로 옮겨가게 되는지를 성공적으로 보여 주지는 못했다. 루카치의 탁월함은 일련의 실험적 삽화를 통해 조작된 의식을 내보인 점에 있다. 루카치는 인간이 물화된(조작된) 의식을 벗어나 혁명적인 계급의식으로 옮겨갈 본유 역량을 가진다고 믿었다. 하지만 그는 이러한 이동이 대다수가 아닌 소수에게서만 일어나는 이유나 방법은 이야기하지 않는다.

2. 이러한 변형이 일어나는 때 또는 시간에서는 언제나 개인적이거나 정치적인 수준 모두에서 스스로에 대한 인식도 생겨난다. 이러한 변형은 여성주의나 비교 문화 연구에서 특히 중요하다. 테일러Taylor[1994]를 참조할 것.

3. 장애인권 운동의 지도자들에 의해 발전된 주장은 장애인을 고용하는 것이 모두를 위해 좋다는 것이다. 직업이 있는 사람은 세금을 내고 사회에 기여하며 또 실업 급여라고 하는 조세 지출을 줄여 준다. 이 필수적인 논리는 어떤 문제도 불러일으키지 않는다. 하지만 자본주의 시장에서의 완전 고용 가능성은 정통 경제 이론에서는 더 이상 실현 가능한 것으로 고려되지도 않는다. 장애인권 운동 내부의 자유주의자들은 자본주의가 잘 굴러가면 고용된다고, 개인 사무실이나 대학 입학장 등에서 장애인이 받아들여지지 않는 이유는 차별이라는 허무한 꿈을 퍼뜨린다. 좌파와는 거리가 먼 경제학자들마저도 실업은 급여에 따른 것이기 때문에 자본주의의 필수적 특징이라고 역설해 왔는데 말이다. 임금이 낮아질수록 이윤은 커진다. 오늘날, 자본은 상대적으로 높은 수준의 실업을 요구할 뿐만 아니라, 노동자들의 일부에 대해 끊임없이 더 큰 "임금 유연성"을 요구한다.

4. 툭툭은 아시아 전체에 걸쳐 있는 택시 비슷한 기구이다. 승객을 태우기 위해 나무로 틀을 만든 오토바이인 경우도 많다. 페세로는 예전의 요금이었던 1페소peso에서 그 이름이 유래된 미니밴이다.

8장. 장애인권 확립을 위한 조직과 운동

1. 이 법안을 상정하기 위해 한 달 동안 연좌 농성을 벌였고, 그와는 별개로 미국의 교육 보건 복지부(HEW)의 서기관인 조지프 칼리파노Joseph Califano에게 압력을 넣기 위해 HEW에서는 사무실 점거 농성을 벌였다. 이 행동과 관련해서는 흥미로운 이야기들이 많다. 예를 들면, 150명 이상의 사람들이 연방 정부 청사를 점거하고 28일 동안 농성을 벌였고, 에드 로버츠는 이 시위에 참여하기 위해 막 발령받았던 캘리포니아 주 재활국 국장 자리를 포기했다. 버클리에서 출발한 주디 휴먼Judy Heumann은 베이브릿지를 가로질러 이 점거 농성에 참여함으로써 지도자의 한 사람이 되었다. 활동 초기, 휴먼은 모든 시대의 자유를 위한 투사들을 회고하는 성명서를 통해 이렇게 선언했다. "우리는 더 이상 정부가 장애인 개개인을 억압하는 것을 허용하지 않으리라. … 우리는 분리라는 담론을 더 이상 받아들이지 않으리라." … 블랙 팬더Black Panther와 그레이 팬더Gray Panther는 세이프웨이Safeway가 제공하는 음식을 나르고 개별 간호에 필요한 제반 사항을 처리하는 일로 도움을 주었다. 이러한 점거는 미국 역사상 그 어떤 집단보다도 오랫동안 연방 정부 청사를 점거했던 기록으로 남아 있다(Brown 1995: 57-8).

2. Driedger[1989]는 이러한 분열과 DPI 형성이라는 부수적 결과의 역사를 잘 보여 주고 있다(특히 pp. 28-57을 볼 것).

3. RI는 DPI보다 더 크고 더 영향력 있는 상태로 남아 있다. 최근에 RI는 집행위원회에 장애인들을 추가했지만, 여전히 재활 관련 전문가들(의사, 치료사, 사회복지사, 심리학자 등)이 지배적이다. 분열 이후, 많은 장애인권 운동가들은 RI와 DPI 양쪽 모두와 함께 일했다. RI의 본부는 뉴욕에 있다.

4. 이는 국제장애지원노력협회Disabled International Support Effort와 랄프 호치키스Ralph Hotchkiss, 그리고 샌프란시스코 베이 지역에서 온 이들의 도움으로 이루어졌다.

5. CIL이 LAPC의 유일한 형태는 아니다. 다른 유형도 수백, 어쩌면 수천 가지나 존재한다. 장애인권 운동가들이 이 조직들이 얼마나 믿을 만한지, 그리고 누가 그 조직을 관리하는지 묻는 경우도 있다. 믿을 만한 LAPC의 또 다른 예로는 HKFHY(Hong Kong Federation of Handicapped Youth)를 들 수 있다. HKFHY는 자조 상

담과 취업 훈련을 제공할 뿐만 아니라 홍콩 전체에 걸쳐 교통수단 관련 활동을 매우 활발히 펼쳐 왔다. HKFHY 실행위원회의 위원장인 레오 람Leo Lam은 홍콩의 지도적인 장애인권 옹호론자이다.

6. 아주 훌륭한 예로 브라질 무토지 농민 운동Movimento dos Trabalhadores Rurais Sem Terra을 다루고 있는 NACLA(1995)를 참조할 것.

9장. 억압과 역량 강화의 변증법

1. 이는 포스트모더니즘이나 탈구조주의가 억압을 간과했다고 주장하려는 것이 아니다. 그들도 억압을 이야기한다. 그리고 그들은 자신들의 이론이 다름의 정치학에 근거한 저항을 허용한다고 주장하곤 한다. 나는 이것이 바람직한 사고라고 생각한다. 일상생활이 본질적으로 파편화되어 있다면 억압과 정의라는 개념은 사그라져 망각 속으로 흩어져 버렸을 것이다. 물론 이 학파에도 아이리스 영Iris Young에서 제인 플랙스Jane Flax에 이르는, 여러 부류가 있다. 기특하게도 영은 그녀의 파편화된 세상 속에서 정의를 위한 공간을 개발해 냈다. 이는 미셸 푸코 역시 하고자 했던 일이다. 아이러니하게도 자신에게서 영향을 받은 수많은 이들과는 반대로, 푸코는 분석과 행위로부터 구조를 제외시키는 일을 쟁점화시켰다. 푸코의 탈구조주의가 갖는 대단함과 문제점들은 모두 비정상성과 수용 시설에 대한 그의 연구, 『광기의 역사Histoire de la Folie á l'âge classique: Folie et déraison』와 『임상 의학의 탄생Naissance de la clinique』에서 나타난다. 푸코는 정신적 병을 가진 이들이 억압당한다고 주장한다. 그러나 그는 결국 장황하게도 이러한 억압이 국지적인 특징을 보인다고, 이 경우에는 수용 시설과 정신 건강 임상 의학에 제도적으로 기반한다고 했다.

2. 통합에 있어 다름을 보지 않으려는 개념(매러블의 통합 경향)을 공격하면서, "다름의 정치학"은 주저 없이 이렇게 옹호한다. "사회적 정책은 때때로 집단에 대한 특별한 취급에 동의해야 한다"(Young 1990: 158). 장애 경험 자체는 이러한 관점의 옹호자를 조심해야만 한다. 노동자를 위한 차별 철폐 조치, 2개 국어 프로그램, 출산권이 보장되어야 한다는 점에 대해서는 영Young에게 쉽게 동

의할 수 있지만, 여기서 장애인들은 다른 어떤 피억압 집단보다 더 많은 "특별 취급" 경험을 안고 있다는 점을 지적할 필요가 있겠다. 지난 20년 동안 장애인들은 고용, 교육, 주거, 교통수단, 여가의 영역에 관한 특별 프로그램의 "수혜자"였다. 그 모든 순간에 "특별"이란 분리와 열등을 의미했다. 장애인권 운동은 중심부 국가에서든 주변부 국가에서든 간에 두 가지를 동시에 시도해 왔다. 동료 상담, 자조, 공동체 활동, 장애 문화 홍보를 통해 장애 기반 의식이라는 감각을 키우면서 평등과 통합을 동시에 요구해 온 것이다. 대부분의 경우 장애인권 운동은 장애인들의 다름을 결코 묵살하지 않았다. 다름에 대해 적절히 고려해야 한다는 사실이 명백한 곳에서는 장애인권 운동은 장애인권과 통합이라는 맥락에서 "합당한 수준의 조화"를 위해 싸워 왔다. 우리는 우리의 다름을 자랑스럽게 생각하지만, 특별 취급은 열등한 것이며 결국 열등의 이데올로기를 키워갈 뿐이라는 사실을 알고 있기 때문이다.

3. 엥겔스가 필요와 자유를 연관시킨 것은 옳았지만, 나는 자유가 보다 점진적인 것이라 믿고 있다. 엥겔스의 자유에 대한 개념을 보고자 한다면 Walicki [1995]를 참조할 것.

4. 사회 질서의 실질적 배분에 대한 변형되고 잘못 인식된 형태인 실질 분류학은, 이러한 배분에 맞춰 조화되어 있는 행동을 명백하게 만들어 냄으로써 그 질서의 재생산에 기여한다(Dirks, Eley, and Ortner 1994: 159).

옮긴이의 글

　2006년 여름 이 책을 번역하기 시작하여 3년이 지난 지금 마무리 번역 작업을 하고 있다. 장애 문제에 대하여 개인의 불행이 아닌 전 세계가 경험하고 있는 사회의 문제임을 알려 주는 책이라고 여겼기에 번역을 시작할 때는 마냥 기쁘기만 했었다. 인문 사회과학의 종말의 시대일지도 모르는 지금, 이러한 책을 기꺼이 출간해 주시겠다는 강동호 사장님을 뵈었을 때는 가슴이 두근거렸다. 시간이 지나고 책 출간이 더뎌지면서, 장애 문제에 대해 사람들에게 글로써 알려보고자 했던 그 들뜬 열정이 무모한 열정이었을지도 모른다는 생각에 낙심하기도 했었다. 그러나 출간을 코앞에 둔 지금, 다시 가슴이 뛴다.

　이 책은 장애의 문제를 글로벌한 관점에서, 정치경제학적, 심리 사회학적, 문화적 차원에서 분석한 책으로서, 장애를 차별보다는 억압으로 이해함과 동시에 장애인 개인과 사회가 장애를 어떻게 받아들이고 있는지를 다루고 있다. 거시적인 억압의 담론이 장애인 개인의 생활에 어떻게 뿌리 내리고 있는지를, 그리고 이를 변화시키기 위한 노력으로 전 세계적인 장애인권 운동이 어떻게 진행되고 있는지를 다루는 책이기도 하다. 현재 장애와 관련된 서적들은 케어와 교육, 재활 등과 관련된 것이거나 장애인으로서 성공한 사람들의 자전적인 내용의 책들이 대부분이다. 장애에 대한 관점은 이제 이러한 개인적인 차원을 넘어서야 한다. 장애의 문제를 사회 구조적 차원의 억압으로 이해하는 인문 사회과학 서적은 거의 없다. 그러한 연유에서 이 책의 가치는 충분하다고 생각한다.

    이 책을 읽고 번역하면서 그리고 장애인으로 살아가면서 느꼈던 내 삶의 고민들이 자본주의 사회가 구조화되는 방식과 권력 관계 속에서 나타날 수밖에 없는 것임을 깨달았다. 이는 내 영혼에 색다른 해방감을 가져다주었고, 내 삶의 과업을 더욱 분명하게 보여 주기도 했다. 일리노이 주립대학에서 장애학을 전공하고 있는 나는 장애인으로 태어났다. 나를 포함하여 이 땅에서 살아가는 수많은 장애인들이 자기 안의 고민들을 세상에 토해 내고, 해방감을 느끼고, 연대하고, 스스로 세상을 바꾸어 나가는 힘을 갖기를 바란다. 그리고 이 책이 그 과정에 작은 보탬이 되었으면 한다.

    이 책은 일리노이 주립대학 장애학 박사 과정의 기초 과목 필독 도서들 중 하나이다. 장애와 세계의 문제에 관심이 있는 사람이라면 읽어볼 만한 책이라고 생각한다. 한국의 장애인권을 세우는 일에 애쓰시는 모든 분들, 장애인 당사자와 그 가족들, 특히 장애 관련 전공자들께 이 책을 권하고 싶다. 비장애인 중심으로 구조화된 사회 속에서 비장애인 중심의 생각들을 교육하고 또 교육받고 있기에, 장애인 당사자들의 이야기와 관점에 귀 기울이는 것은 중요하다.

    난생 처음으로 해본 번역이었다. 부족하고 서툰 문장들을 여러 번 검토해 주시고 수정 보완해 주신 울력 출판사의 강동호 사장님과 홍원만 선생님께 깊이 감사드린다. 그분들의 손길을 거쳐 다시 빚어지지 않았다면, 많은 독자들이 번역투의 문장을 이해하는 데 고생하셨을 것이다. 또한 무더운 여름날 언니 옆에서 도와준 막내 동생 지영이에게도 고마운 마음을 전한다.

약어 및 단체명

이것은 원서에는 없는 부분이지만, 본문에 언급된 약어들을 참조할 수 있도록 정리하였다. 그리고 본문에 없는 약어들도 있는데, 이는 본문에 단체명의 원어를 병기하지 않았기 때문에 이를 참조할 수 있도록 정리하면서 형식의 통일을 기하기 위해 약어로 먼저 표시하였다: 옮긴이.

ADD: Action on Disability and Development(장애와 발전을 위한 행동 모임)
ANC: African National Congress(아프리카 민족회의)
ADAPT: American Disabled for Accessible Public Transit(미국장애인이동권단체)
APH: Association of the Physically Handicapped(지체장애인협회)
APTA: American Public Transit Association(미국대중교통협회)
ASOPELFI: Asociacion Solidaria de Personas con Limitaciones Fisicos de Oaxaca(오악사카 지체장애인연합)

BCODP: British Council of Disabled Persons(영국장애인협의회)
BCEPD: Brazilian Council of Entities of People with Disability(브라질장애인총협의회)

CCT: Chicago Community Trust(시카고 커뮤니티 트러스트)
CHCWD: Chicago Health Clinic for Women with Disabilities(시카고 여성장애인병원)
CIL: Center for Independent Living(자립생활센터)
CVI: Centro do Vida Independente(자립생활센터)
CWD: Council for the Welfare of the Disabled(장애인복지협의회)

DAA: Disability Awareness in Action(영국 장애인식개선단체)
DPI: Disabled Peoples,, International(국제장애인연합)
DPIT: Disabled Peoples' International-Thailand(태국 국제장애인연합)
DPSA: Disabled People South African(남아프리카공화국 장애인단체)

FEBEC: Federacao Brasileira de Entidades de Cegos(브라질시각장애인총연합)
FENESIS: National Federation of Education and Integration of the Deaf(청각장애인통합교육연합)
FG: Federation Of Groups(연합 모임)
FIMITIC: Federation International des Mutiles des Invalides du Travail et des Invalides Civils(절단장애인 및 장애시민들의 국제연합)
FMLN: Farabundo Marti Liberacion Nacional(마르티 민족해방전선) P.173

HCA: Hospital Corporation of America(미국병원조합)
HF: Hesperian Foundation(히스페리언 재단)
HKFHY: Hong Kong Federation of Handicapped Youth(홍콩장애청년연합)

IDPA: Indonesia Disabled Peoples' Association(인도네시아 장애인협회)
IFB: India Federation of the Blind(인도시각장애인협회)
IILS: Institute on Independent Living, Stockholm(스톡홀름 자립생활연구소)
INCIL: Illinois Network of Centers for Independent Living(일리노이 자립생활센터협회)
IO: International Organization(국제기구)

JCDP: Joint Council on Disability Programs(장애프로그램합동협의회)

LABU: Latin America Blind Union(라틴아메리카 시각장애인연맹)
LAC: Latin America Council(라틴아메리카협의회)
LAPC: Local Advocacy and Program Center(지역 지원 및 프로그램 센터)
LSHG: Local Self-Help Group(지역 자조 집단)
LSIAG: Local Single Issue Advocacy Group(지역 단일 문제 지원 집단)

MI: Mobility International(이동권 국제연대)
MORHAN: Reintegration Action Group of Hansen Diseased(한센병 장애인들의 재통합행동)
MPDPD: Movimento Pelos Direitos das Pessoas Deficientes(장애인권을 위한 운동)

NAB: National Association for the Blind - India(인도전국시각장애인협회)
NC: National Coalition(국가 연대)
NCD: National Council on Disability(전국장애인협의회)
NCDPZ: National Council of Disabled Persons Zimbabwe(짐바브웨 전국장애인협의회)
NCDSA: National Council of the Deaf in South Africa(남아프리카공화국 전국청각장애인협의회)
NCH: National Council on the Handicapped(전미장애인협의회)
NCIL: National Council on Independent Living(전국자립생활협의회)
NCWD: National Council for the Welfare of the Disabled(전국장애인복지협의회)
NMO: National Membership Organization(국가 회원제 기구)
NSDO: National Single Disability Organization(특정 장애 유형에 근거한 국가 단위 기구)

ONEDEF: Organizacao Nacional de Entidadas de Deficientes Fisicos(전국지체장애인 기구)
ORD: Organization of Revolutionary Disabled(혁명 장애인 기구)
OXFAM: Oxford Committee for Famine Relief(옥스팜: 옥스퍼드에 본부를 둔 극빈자 구제 기구)

PADI: People with Awareness on Disability Issue(장애 문제를 인식하는 사람들)
PAMR: Parents Association of the Mentally Retarded(정신지체장애아동부모협회)
PPG: Public Policy Group(공공정책 집단)
PROJIMO: Programa de Rehabilitacion Organizado por Jovens Incapacitados de Mexico Occidental(서부 멕시코 청년 장애인 재활 프로그램)

RDCE: regional disability coalition in Europe(유럽 지역장애인연합)
RI: Rehabilitation International(국제재활협회)
RO: Regional Organization(지역 기구)

SAFOD: Southern Africa Federation of the Disabled(남부아프리카 장애인연합)
SHAP: Self-Help Association of Paraplegics(하지마비 자조협회)
SINAG: Single Issue National Advocacy Group(단일 문제 국가 지원 집단)

UPIAS: Union of Physically Impaired Against Segregation(분리에 저항하는 지체장애인 연합)

WBU: World Blind Union(세계시각장애인연맹)
WFD: World Federation of Deaf(세계청각장애인연합)
WID: World Institute on Disability(세계장애연구소)
WSAOM: Wheelchair Sports Association of Oaxaca Mexico(멕시코 오악사카 휠체어 스포츠협회)

참고 문헌

Abberley, P.

1987. "The Concept of Oppression and the Development of a Social Theory of Disability." *Disability, Handicap and Society* 2 (1): 5-19.

Ahmad, Aijaz.

1992. *In Theory*. London: Verso.

Albrecht, Gary L.

1992. *The Disability Business: Rehabilitation in America*. Newbury Park, Calif.: Sage.

Althusser, Louis.

1964. *For Marx*. London: Verso.

1971. *Lenin and Philosophy*. New York: Monthly Review Press.

Amin, Samir.

1990. *Maldevelopment: Anatomy of Global Failure*. London: Zed Press.

Amin, Samir, Giovanni Arrighi, Andre Gunder Frank, and Immanuel Wallerstein.

1990. *Transforming the Revolution: Social Movements in the World System*. New York: Monthly Review Press.

Apple, Michael.

1979. *Ideology and Curriculum*. London: Routledge and Kegan Paul.

Apple, Michael, and Lois Weis

1986. *Ideology and Practice in Schooling*. Philadelphia: Temple University Press.

Ashbar, Mark, ed.

1994. *Manufacturing Consent: Noam Chomsky and the Media*. Montreal: Black Rose Books.

Asuni, Tolani.

1990. "Nigeria: Report on the Care, Treatment and Rehabilitation of People with Mental

Illness." *Views from Africa, India, Asia and Australia, Psychosocial Rehabilitation Journal* 49 (July): 35-44.

Baldwin, James.
1972. *No Name in the Street.* New York: Doubleday.

Baran, Paul.
1962. *The Political Economy of Growth.* 2d ed. New York: Monthly Review Press.

Baran, Paul, and Eric Hobsbawm.
1961. "The Stages of Economic Growth." *Kyklos* 14, fasc. 2.

Bartky, Sandra Lee.
1990. *Femininity and Domination: Studies in the Phenomenology of Oppression.* New York: Routledge.

Beier, Ulli.
1969. "A Year of Sacred Festivals in One Small Yoruba Town." *Nigeria Magazine.*

Bell, Derrick.
1992. *Faces at the Bottom of the Well: The Permanence of Racism.* New York: Basic Books.

Bennets, L.
1993. "Letter from Las Vegas." *Vanity Fair* (September): 82-96.

Boggs, Carl.
1984. *The Two Revolutions: Gramsci and the Dilemmas of Western Marxism.* Boston: South End Press.
1986. *Social Movements and Political Power.* Philadelphia: Temple University Press.

Bourdieu, Pierre, and Jean-Claude Passeron.
1977. *Reproduction in Education, Society, and Culture.* Trans. Richard Nice. London: Sage.

Bowles, Samuel, and Herbert Gintis.
1976. *Schooling in Capitalist America.* New York: Basic Books.

Bowman, Glenn.
1994. "A Country of Words: Conceiving the Palestinian Nation from the Position of Exile." In *The Making of Political Identities*, ed. Ernesto Laclau, 138-70. London: Verso.

Boylan, E. R.
1991. *Women and Disability.* London: Zed Books.

Braudel, Fernand.
1979. *The Structures of Everyday Life.* Vol. 1 of *Civilization and Capitalism, 15th-18th Century.* New York: Harper & Row.

Braverman, Harry.
1974. *Labor and Monopoly Capitalism: The Degradation of Work in the Twentieth Century.* New York: Monthly Review Press.

Brown, Steven E.
1992. "Creating a Disability Mythology." *International Journal of Rehabilitation Research* 15: 227-33.
1995. *Investigating Disability Culture: Final Report.* Washington, D. C.: National Institute on Disability Research and Rehabilitation.
Callahan, John.
1989. *Don't Worry, He Won't Get Far on Foot: The Autobiography of a Dangerous Man.* New York: William Morrow.
1990. *Do Not Disturb Any Further.* New York: William Morrow.
Callinicos, Alex.
1989. *Against Postmodernism: A Marxist Critique.* Cambridge: Polity Press.
Cam ra, Maria Luiza.
1981. *Não Se Cria Filho Corm as Pernas.* Salvador, Brazil: Fundacão Cultural do Estado do Bahia.
Campbell, Joseph.
1988. *The Power of Myth.* New York: Doubleday.
Canetti, Elias.
[1962] 1984. *Crowds and Power.* New York: Farrar Straus and Giroux.
Carrillo, A. C., K. Corbett, and V. Lewis.
1982. *No More Stares.* Berkeley: Disability Rights Education and Defense Fund.
Caws, Peter.
1994. "Identity: Cultural, Transcultural, and Multicultural." In *Multiculturalism: A Critical Reader,* ed. David Theo Goldberg, 371-405. Cambridge, Mass.: Blackwell.
Charlton, James.
1992. "Development and Disability: Voices from the Periphery." In *Traditional and Changing Views of Disability in Developing Societies,* 41-70. Monograph 53. Durban: University of New Hampshire, International Exchange of Experts and Information in Rehabilitation.
1994a. "Religion and Disability." *Disability Rag* (Spring): 17-25.
1994b. "The Disability Rights Movement and the Left." *Monthly Review* 3 (46): 77-85.
Chinweizu.
1987. *The West and the Rest of Us: White Predators, Black Slaves and the African Elite.* Lagos, Nigeria: Pero Press.
Chomsky, Noam, and Edward S. Herman.
1988. *Manufacturing Consent: The Political Economy of the Mass Media.* New York: Pantheon.
Cockcroft, James D., Andre Gunder Frank, and Dale L. Johnson.

1967. *Capitalism and Underdevelopment in Latin America.* New York: Monthly Review Press.
Colby, Gerald, and Charlotte Dennett.
1995. *Thy Will Be Done: The Conquest of the Amazon, Nelson Rockefeller and Evangelism in the Age of Oil.* New York: HarperCollins.
Cortazar, Julio.
[1966] 1987. *Hopscotch.* Trans. Gregory Rabassa. New York: Pantheon Books.
Crewe, Nancy, and Irving Zola.
1983. *Independent Living for Physically Disabled People.* London: Jossey-Bass.
DeJong, Gerben.
1979. *The Movement for Independent Living: Origins, Ideology and Implications for Disability Research.* East Lansing: Michigan State University Press.
Deva, M. Parameshvara.
1990. "Psychosocial Rehabilitation in the Developing Worlds: Progress and Problems." In *Psychosocial Rehabilitation and Mental Illness: Views from Africa, India, Asia and Australia. Psychosocial Rehabilitation Journal* 49 (July): 21-34.
Dirks, Nicholas B., Geoff Eley, and Sherry B. Ortner, eds.
1994. *Culture/Power/History.* Princeton: Princeton University Press.
Dobb, Maurice.
1946. *Studies in the Development of Capitalism.* London: Oxford Press.
DPI Newsletter.
1986. Winnipeg: DPI.
Driedger, Diane.
1989. *The Last Civil Rights Movement: Disabled Peoples' International.* New York: St. Martin's Press.
Driedger, Diane, and Susan Gray, eds.
1992. *Imprinting Our Image: An International Anthology by Women with Disabilities.* Winnipeg: Gynergy Books.
Dunlap, Douglas A.
1990. "Rural Psychiatric Rehabilitation and the Interface of Community Development and Rehabilitation Services." In *Psychosocial Rehabilitation and Mental Illness: Views from Africa, India, Asia and Australia. Psychosocial Rehabilitation Journal* 49 (July): 67-90.
Eagleton, Terry, ed.
1989. *Raymond Williams: Critical Perspectives.* Boston: Northeastern University Press.
Edelman, Gerald M.
1989. *The Remembered Present: A Biological Theory of Consciousness.* New York: Basic

Books.
Ellison, Ralph.
[1947] 1989. *Invisible Man.* New York: Vintage Books.
Engels, Friedrich.
[1878] 1972. *Anti-Duhring.* New York: International Publishers.
Eribon, Didier.
1991. *Michel Foucault.* Trans. Betsy Wing. Cambridge, Mass.: Harvard University Press.
Estrella, Aurora.
1992. "Philippine Experience in Promoting the Organization of Disabled Persons on a Self-Help Basis." In *Equalization of Opportunities,* 173-86. Bangkok: United Nations Economic and Development Commission for Asia and the Pacific.
Fanon, Frantz.
1965. *Studies in a Dying Colonialism.* Trans. Haakon Chevalier. New York: Monthly Review Press.
1967. *Black Skin, White Masks.* Trans. Charles Lam. New York: Grove Press.
1968. *The Wretched of the Earth.* Trans. Constance Farrington. New York: Grove Press.
Farber, B.
1968. *Mental Retardation: Its Social Context and Social Consequences.* Boston: Houghton Mifflin.
Ferguson, Ann.
1989. *Blood at the Root.* London: Pandora.
Fine, Michelle, and Adrienne Asch, eds.
1988. *Women with Disabilities: Essays in Psychology, Culture, and Politics.* Philadelphia: Temple University Press.
Finger, Anne.
1993. "Toward a Theory of Radical Disability Photography." *Disability Rag* (November): 29-31.
Flax, Jane.
1990. *Thinking Fragments: Psychoanalysis, Feminism, and Postmodernism in the Contemporary West.* Berkeley: University of California Press.
Foucault, Michel.
1965. *Madness and Civilization: A History of Insanity in the Age of Reason.* Trans. Richard Howard. New York: Pantheon.
1973. *The Birth of the Clinic: An Archeology of Medical Perception.* Trans. A. M. Sheridan Smith. New York: Pantheon.
1980. *Power/Knowledge.* Ed. Colin Gordon. New York: Pantheon Books.
Frank, Andre G.

1968. *Capitalism and Underdevelopment*. New York: Monthly Review Press.
1984. *Critique and Anti-Critique*. London: Macmillan.

Frank, Gelya.
1988. "On Embodiment: A Case Study of Congenital Limb Deficiency in American Culture." In *Women and Disabilities: Essays in Psychology, Culture, and Politics*, ed. Michelle Fine and Adrienne Asch, 41-71. Philadelphia: Temple University Press.

Freire, Paulo.
1968. *Cultural Action for Freedom*. Cambridge, Mass.: Center for the Study of Change.
1973. *The Pedagogy of the Oppressed*. New York: Seabury Press.
1987. *Education for Critical Consciousness*. New York: Continuum.

Galeano, Eduardo.
1985. *Memory of Fire*. 3 vols. Trans. Cedric Belfrage. New York: Pantheon Books.

Gallagher, Hugh.
1985. *FDR's Splendid Deception*. New York: Dodd Mead.

Galler, Roberta.
1984. "The Myth of the Perfect Body." In *Pleasure and Danger: Exploring Female Sexuality*, ed. Carole S. Vance, 165-72. Boston: Routledge & Kegan Paul.

Gamwell, Lynn, and Nancy Tomes.
1995. *Madness in America: Cultural and Medical Perceptions of Mental Illness before 1914*. Ithaca: Cornell University Press.

Garza, Rolando.
1986. "Socio-Economic and Cultural Problems Affecting the Delivery of Rehabilitation Services to Hispanic Blind and Visually Disabled Individuals." In *Equal to the Challenge: Perspectives, Problems and Strategies in the Rehabilitation of the Nonwhite Disabled*, ed. Sylvia Walker, Faye Belgrave, Alma Banner, and Robert Nichols, 67-70. Washington, D.C.: Howard University Bureau of Educational Research.

Gareffi, Gary, and Lynn Hempel.
1996. "Latin America in the Global Economy: Running Faster to Stay in Place." In *Report on the Americas*, 18-27. New York: NACLA.

Gartner, Alan, and Dorothy Kerzner Lipsky.
1987. "Beyond Special Education: Toward a Quality System for All Students." In *Harvard Educational Review* 57 (4): 367-95.

Geertz, Clifford.
1973. *The Interpretation of Cultures*. New York: Basic Books.

Genovese, Eugene D.
1976. *Roll, Jordan, Roll: The World the Slaves Made*. New York: Vintage Books.

Gill, Carol.
1994. "Questioning Continuum." In *The Ragged Edge: The Disability Experience from the Pages of the First Fifteen Tears of the Disability Rag*, ed. Barrett Shaw, 44-5. Louisville: Avocado Press.

Girardin, Jean-Claude.
1972. "Sartre's Contribution to Marxism." In *The Unknown Dimension: Western Marxism Since Lenin*, ed. Dick Howard and Karl E. Klare, 307-21. New York: Basic Books.

Giroux, Henry A.
1988. *Ideology, Culture, and the Process of Schooling*. Philadelphia: Temple University Press.
1995. "Insurgent Multiculturalism and the Promise of Pedagogy." In *Multiculturalism: A Critical Reader*, ed. David Theo Goldberg, 323-43. Cambridge, Mass.: Blackwell.

Goffman, Erving.
1963. *Stigma: Notes on the Management of Spoiled Identity*. New York: Simon & Schuster.

Goldberg, David Theo, ed.
1994. *Multiculturalism: A Critical Reader*. Cambridge, Mass.: Blackwell.

Golfus, Billy.
1994. "The Do-gooder." In *The Ragged Edge: The Disability Experience from the Pages of the First Fifteen Tears of the Disability Rag*, ed. Barrett Shaw, 165-68. Louisville: Avocado Press.
1996. "A Church Wedding." *New Mobility* (December): 41.

Gordimer, Nadine.
1981. *July's People*. New York: Vintage.

Gordon, David M., Richard Edwards, and Michael Reich.
1982. *Segmented Work, Divided Workers*. Cambridge: Cambridge University Press.

Gottlieb, Roger.
1987. *History and Subjectivity: The Transformation of Marxist Theory*. Philadelphia: Temple University Press.

Gramsci, Antonio.
[1931] 1974. *Prison Notebooks*. New York: International Publishers.

Granovetter, Mark S.
1973. "The Strength of Weak Ties." *American Journal of Sociology* 78: 1360-80.

Grin, Patricia, Arthur M. Miller, and Gerald Grin.
1980. "Stratum Identification and Consciousness." *Social Psychology Quarterly* 43: 30-47.

Groce, Nora.
1985. *Everyone Spoke Sign Language Here: Hereditary Deafness on Martha's Vineyard*. Cambridge, Mass.: Harvard University Press.

Groch, Sharon.
1993. "Oppositional Consciousness: Its Manifestation and Development: A Case Study of People with Disabilities." Master's thesis, DePaul University.

Gutkind, Peter, and Immanuel Wallerstein, eds.
1985. *The Political Economy of Contemporary Africa.* New York: Sage.

Habermas, Jürgen.
1971. *Knowledge and Human Interests.* Boston: Beacon Press.
1975. *Legitimation Crisis.* Boston: Beacon Press.

Hahn, Harlan.
1988. "The Politics of Physical Difference: Disability and Discrimination." *Journal of Social Issues* 44: 39-47.
1989. "Disability and the Reproduction of Bodily Images: The Dynamics of Human Appearances." In *The Power of Geography: How Territory Shapes Social Life,* ed. J. Wolch and M. Dear. Boston: Homan.

Hall, Stuart.
1991. "Ethnicity: Identity and Difference." *Radical America* 23, no. 4 (October/December): 9-20.

Hartsock, Nancy.
1983. *Money, Sex, and Power: Toward a Feminist Historical Materialism.* New York: Longman.
1990. "Foucault on Power: A Theory for Women?, In *Feminism/Postmodernism,* ed. Linda J. Nicholson, 157-76. New York: Routledge.

Harvey, David.
1992. *The Condition of Postmodernity.* Cambridge: Blackwell.

Hegel, G. W. F.
[1824] 1967. *The Phenomenology of Mind.* New York: Harper & Row.

Helander, Bernhard.
1995. "Disability as Incurable Illness: Health, Progress, and Person-hood in Southern Somalia." In *Disability and Culture,* ed. Benedicte Ingstad and Susan Reynolds Whyte, 73-93. Berkeley: University of California Press.

Helander, Einar.
1993. *Prejudice and Dignity: An Introduction to Community-based Rehabilitation.* UN Development Program Report no. E93-III-B.3.New York: UNDP.

Helander, Einar, Padmani Mendis, Gunnel Nelson, and Ann Goerdt.
1993. *Training the Disabled in the Community: A Manual on Community-based Rehabilitation for Developing Countries.* Geneva: WHO/UNICEF/ILO/UNESCO.

Henwood, Doug.

참고 문헌 **299**

1996. "The Free Flow of Money." In *Report on the Americas*, 11-7. New York: NACLA. January/February.
Hershey, Laura.
1995. "False Advertising: Let's Stop Pity Campaigns for People with Disabilities." *Ms.* (March/April): 96.
Hesperian Foundation.
1991. "Newsletter from the Sierra Madre #25." Palo Alto, Calif.: Hesperian Foundation.
Hevey, David.
1992. *The Creatures Time Forgot: Photography and Disability Imagery.* New York: Routledge.
Hobsbawm, E. J.
1975. *The Age of Capital.* New York: Signet.
1995. *The Age of Extremes.* New York: Vintage.
hooks, bell.
1990. *Yearning: Race, Gender, and Cultural Politics.* Boston: South End Press.
1992. *Black Looks: Race and Representation.* London: Turnaround.
Hurst, Rachel.
1995. "Choice and Empowerment: Lessons from Europe." *Disability & Society* 10 (4): 529-34.
IEEIR *Interchange.*
1993. "Culture and Disability in the Pacific." University of New Hampshire, International Exchange of Experts and Information in Rehabilitation, Institute on Disability.
Ingstad, Benedicte, and Susan Reynolds Whyte, eds.
1995. *Disability and Culture.* Berkeley: University of California Press.
International Center on Disability (ICD).
1986. "Bringing Disabled Americans into the Mainstream." ICD Survey of Disabled Americans. Conducted by Louis Harris and Associates for the International Center for the Disabled.
Jameson, Fredric.
1986. "Third World Literature in the Era of Multinational Capital." *Social Text* (Fall): 65-88.
1991. *Postmodernism, or the Cultural Logic of Late Capitalism.* Durham, N.C.: Duke University Press.
1996. "Five Theses on Actually Existing Marxism." *Monthly Review.* (April): 1-10.
Jonas, Suzanne.
1991. *Popular Movements: The Battle for Guatemala.* Boulder, Colo.: Westview Press.
Kailes, June.
1992. *Language Is More than a Trivial Concern.* Playa del Rey, Calif: Self-published.

Kristeva, Julia.
1977. *Powers of Horror: An Essay in Abjection*. New York: Columbia University Press.
Kroeber, A., and C. Kluckhorn.
1952. *Culture: A Critical Review of Concepts and Social Systems*. Cambridge, Mass.: Harvard University Press.
Kugelmass, Judy W.
1989. "The Indonesian System of Caring: Mental Handicap and Family Adaptation in West Java." In *Final Report to the International Exchange of Experts and Information in Rehabilitation*. Durban: University of New Hampshire, Institute on Disability.
Laclau, Ernesto, ed.
1994. *The Making of Political Identities*. London: Verso.
Laclau, Ernesto, and Chantel Mouffe.
1985. *Hegemony and Socialist Strategy: Towards a Radical Democratic Politics*. London: Verso.
Larana, Enrique, Hank Johnston, and Joseph R. Gusfield, eds.
1994. *New Social Movements: From Ideology to Identity*. Philadelphia: Temple University Press.
Leamon, Dick, and Yutta Fricke.
1991. *The Making of a Movement*. SAFOD Evaluation. Bulawayo, Zimbabwe: SAFOD.
Lenin, V. I.
[1916] 1964. *Imperialism, the Highest Stage of Capitalism*. Vol. 22 of Collected Works. Moscow: Progress Publishers.
[1912] 1967a. *The Development of Capitalism in Russia*. Moscow: Progress Publishers.
[1919] 1967b. *Marx-Engels-Marxism*. Moscow: Progress Publishers.
L vi-Strauss, Claude.
1963. "The Structural Anthropology of Myth." Trans. Claire Jacobson and Brooke Schoepf. In *Structural Anthropology*. New York: Basic Books.
1966. *The Savage Mind*. Chicago: University of Chicago Press.
[1955] 1992. *Tristes Tropiques*. New York: Penguin Books.
Longmore, Paul K.
1987. "Screening Stereotypes: Images of Disabled People in Television and Motion Pictures." In *Images of the Disabled, Disabling Images*, ed. A. Gartner and T. Joe, 65-78. New York: Praeger.
Lorde, Audre.
1984. *Sister Outsider*. Trumansburg, N.Y.: Crossing Press.
Luk cs, Georg.
1971. *History and Class Consciousness*. Trans. Rodney Livingstone. Cambridge, Mass.:

MIT Press.
Lyotard, Jean-François.
1984. *The Postmodern Condition*. Minneapolis: University of Minnesota Press.
Maccahiwalla, P., and S. Warde, eds.
1992. "A Study of Prospects and Problems Faced by Paraplegics in Their Socioeconomic Rehabilitation." Bombay: The Paraplegic Foundation.
McLaren, Peter.
1994. "White Terror and Oppositional Agency: Towards a Critical Multiculturalism." In *Multiculturalism: A Critical Reader*, ed. David Theo Goldberg, 45-74. Cambridge, Mass.: Blackwell.
Magubane, Bernard M.
[1979] 1990. *The Political Economy of Race and Class in South Africa*. New York: Monthly Review Press.
Mahfouz, Naguib.
1991. *Palace of Desire*. New York: Anchor Books.
Malinowski, Bronislaw.
1954. *Magic, Science and Religion*. Garden City, N.Y.: Doubleday Anchor
[1944] 1960. *A Scientific Theory of Culture and Other Essays*. New York: Oxford University Press.
[1935] 1964. *Coral Gardens and Their Magic*. Bloomington: Indiana University Press.
Mallory, Bruce L.
1992. "Changing Beliefs about Disability in Developing Countries: Historical Factors and Sociocultural Variables." In *Traditional and Changing Views of Disability in Developing Societies*. Monograph 53. Durban: University of New Hampshire, International Exchange of Experts and Information in Rehabilitation.
Mandel, Ernest.
1962. *Marxist Economic Theory*. New York: Monthly Review Press.
1978. *Late Capitalism*. Trans. Joris de Bres. London: Verso.
Marable, Manning.
1995. "History and Black Consciousness." In *In Defense of History: Marxism and the Postmodern Agenda*. *Monthly Review* (July/August).
Marcuse, Herbert.
[1941] 1960. *Reason and Revolution*. Boston: Beacon Press.
1964. *One-Dimensional Man*. Boston: Beacon Press.
Marx, Karl.
[1849] 1961. *Wage-Labor and Capital*. New York: International Publishers.
[1867] 1964a. *Capital*. New York: International Publishers.

[1859] 1964b. "Preface." In *A Contribution to the Critique of Political Economy*. Chicago: Kerr.

[1857-58] 1973. *Grundrisse*. Trans. Martin Nicholaus. Middlesex: Peguin Books.

Marx, Karl, and Friedrich Engels.

1936. *Correspondence 1846-1895*. New York: International Publishers.

Masson, Jeffrey M.

1988. *Against Therapy*. Monroe, Maine: Common Courage Press.

Mayekiso, Mzwanelle.

1995. *Township Politics: Civic Struggles for a New South Africa*. New York: Monthly Review Press.

Mermelstein, David, ed.

1976. *Economics: Mainstream Readings and Radical Critiques*. 3d ed. New York: Random House.

Merleau-Ponty, Maurice.

[1945] 1962. *Phenomenology of Perception*. Trans. Colin Smith. London: Roudedge & Kegan Paul.

1968. *The Visible and the Invisible*. Trans. Alphonso Lingis. Evanston: Northwestern University Press.

Meszaros, Istvan.

1970. *Marx's Theory of Alienation*. London: Harper Torchbooks/Merlin Press.

1995. *Beyond Capital*. New York: Monthly Review Press.

Mindes, Jerome.

1991. "A Study of Bilateral, Multilateral, and International Voluntary Efforts to Help China Rehabilitate People with Disabilities." Fellowship Report. IEEIR and World Rehabilitation Fund.

Mohanty, Chandra Talpade.

1991. "Introduction: Cartographics of Struggle: Third World Women and the Politics of Feminism." In *Third World Women and the Politics of Feminism*, ed. Chandra Talpade Mohanty, Ann Russo, and Lourdes Torres, 34-5. Bloomington: Indiana University Press.

Morrison, Toni.

1970. *The Bluest Eye*. New York: Washington Square Press.

1993. *Playing in the Dark: Whiteness and the Literary Imagination*. New York: Vintage. Mouth.

1995. "What Would You Choose for this Child." Rochester, N.Y.: Free Hand Press.

Mukherjee, Ramkrishna.

1955. *The Rise of the East India Company*. Berlin: VEB Deutscher Verlag der

Wissenschaften.
Murphy, Robert F.
1987. *The Body Silent*. New York: Henry Holt.
National Council on Disability (NCD).
1991. "Public Attitudes Toward People with Disabilities." Report. Louis Harris and Associates.
1994. "Persons with Disabilities Lag Behind Other Americans in Employment, Education, Income (Census Bureau Estimates There Are 49 Million Americans with Disabilities)." Washington, D.C: National Organization on Disability.
National Council on the Handicapped (NCH).
1983. *National Policy for Persons with Disabilities.* Washington, D.C.
Nichols, Robert W.
1992. "An Examination of Some Traditional African Attitudes towards Disability." In *Traditional and Changing Views of Disability in Developing Societies*, 25-40. Monograph 53. Durban: University of New Hampshire, International Exchange of Experts and Information in Rehabilitation.
Nicholson, Linda J., ed.
1990. *Feminism/Postmodernism.* New York: Routledge.
1993. "Ethnocentrism in Grand Theory." In *Radical Philosophy: Tradition, Counter-Tradition, Politics*, ed. Roger S. Gottlieb, 48-64. Philadelphia: Temple University Press.
Nkrumah, Kwame.
[1964] 1970. *Consciencism: Philosophy and Ideology for Decolonization.* New York: Monthly Review Press.
Noble, John H., Jr.
1981. *Population and Development Problems Relating to Disability Prevention and Rehabilitation.* New York: Rehabilitation International.
North American Congress on Latin America (NACLA).
1994. "The Political Uses of Culture." In *Report on the Americas.* New York: NACLA. September/October, 15-43.
1995. "Brazil: The Persistence of Inequality." In *Report on the Americas.* New York: NACLA. May/June, 16.
O Connor, James.
1973. *The Fiscal Crisis of the State.* New York: St. Martin's Press.
Oliver, Michael.
1990. *The Politics of Disablement.* New York: St. Martin's Press.
Oliver, Mike, and Gerry Zarb.

1989. "The Politics of Disability: A New Approach." *Disability, Handi& Society* 4 (3): 219-40.

Ollman, Bertell.

1971. *Alienation*. New York: Cambridge University Press.

1993. *Dialectical Investigations*. New York: Routledge.

Parsons, Talcott.

[1951] 1957. *The Social System*. New York: Free Press.

[1937] 1968. *The Structure of Social Action*. 2 vols. New York: Free Press.

Polanyi, Karl.

1944. *The Great Transformation*. New York: Rinehart.

Poulantzas, Nicos.

1975. *Political Power and Social Classes*. New York: New Left Books.

Pryor, J.

1989. "When Breadwinners Fall Ill: Preliminary Findings from a Case Study in Bangladesh." *IDS Bulletin* 20(2): 49-57.

Randall, Margaret.

1984. *Sandino's Daughters*. Boston: South End Press.

Roberts, Edward V.

1977. "Foreword." In *Emerging Issues in Rehabilitation*, ed. S. S. Pflueger. Washington, D.C.: Institute for Research Utilization.

Romo, Alynne.

1995. "Black Rights in Latin America." *Heartland Journal* (Summer).

Rothenberg, Mel.

1993-94. "Making Left Politics More than a Discourse." *Crossroads* (December/January).

Rousso, Harilyn.

1988. "Daughters with Disabilities: Defective Women or Minority Women?" In *Women and Disabilities: Essays in Psychology, Culture and Politics*, ed. Michelle Fine and Adrienne Asch, 139-71. Philadelphia: Temple University Press.

Rowbotham, Sheila.

1973. *Women's Consciousness, Man's World*. New York: Penguin.

Russell, Marta.

1994. "Malcolm Teaches Us, Too." In *The Ragged Edge: The Disability Experience from the Pages of the First Fifteen Years of the Disability Rag*, ed. Barrett Shaw, 11-4. Louisville: Avocado Press.

Sahlins, Marshall.

1976. *Culture and Practical Reason*. Chicago: University of Chicago Press.

Said, Edward W.

참고 문헌 **305**

1993. *Culture and Imperialism*. London: Chatto & Windus.

Sartre, Jean-Paul.

[1943] 1957. *Being and Nothingness: An Essay on Phenomenological Ontology*. Trans. Hazel E. Barnes. New York: Washington Square Press.

1968. *Search for a Method*. Trans. Hazel E. Barnes. New York: Vintage Books.

1976. *Critique of Dialectical Reason*. Trans. Hazel E. Barnes. New York: New Left Books.

Saussure, Ferdinand de.

[1915] 1966. *Course in General Linguistics*. New York: McGraw-Hill.

Schilpp, Paul Arthur, ed.

1991. *The Philosophy of Jean-Paul Sartre*. Lasalle, Ill.: Open Court.

Schmidt, James.

1985. *Maurice Merleau-Ponty: Between Phenomenology and Structuralism*. New York: St. Martin's Press.

Schneir, Miriam, ed.

1972. *Feminism: The Essential Historical Writings*. New York: Vintage Books.

Shapiro, Joseph P.

1993. *No Pity: People with Disabilities Forging a New Civil Rights Movement*. New York: Times Books.

Shaw, Barrett, ed.

1994. *The Ragged Edge: The Disability Experience from the Pages of the First Fifteen Years of the Disability Rag*. Louisville: Avocado Press.

Smith, Adam.

1937. *An Inquiry into the Nature and Causes of the Wealth of Nations*. New York: Random House.

Sontag, Susan.

1977. *Illness as Metaphor*. New York: Farrar, Straus and Giroux.

1988. *AIDS and Its Metaphors*. New York: Farrar, Straus and Giroux.

Southern Africa Federation of Disability (SAFOD).

1993. *Disability Frontline*.

Soyinka, Wole.

1980. *Ogun Abibmam*. Staffrider Series, no. 4. Johannesburg: Raven Press.

Stewart, Jean.

1989. *The Body's Memory*. New York: St. Martin's Press.

Susman, Joan.

1993. "Disability, Stigma and Deviance." In *Social Science Medicine* 38: 15-22.

Tanzer, Michael.

1995. "Globalizing the Economy: The Influence of the IMF and World Bank." *Monthly*

Review (September): 1-15.
Taylor, George.
1994. "The Politics of Recognition." In *Multiculturalism: A Critical Reader*, ed. David Theo Goldberg, 81-5. Cambridge, Mass.: Blackwell.
Thompson, E. P.
1963. *The Making of the English Working Class.* New York: Vintage Books.
Thompson, John.
1990. *Ideology and Modern Culture.* Stanford: Stanford University Press.
Thomson, Rosemarie Garland.
1995. "Integrating Disability Studies into Existing Curricula: The Example of 'Women and Literature' at Howard University." Ed. Lennard J. Davis and Simi Linton. *Radical Teacher* 47: 15-21.
Tropea, Joseph.
1987 "Bureaucratic Order and Special Children: Urban Schools 1890s-1940s." *History of Education Quarterly* 27 (1): 29-52.
Tucker, Bonnie P., ed.
1994. "Discrimination on the Basis of Disability The Need for a Third Wave Movement." *Cornell Journal of Law and Public Policy* 2, no. 3 (Spring): 253-64.
Turner, Brian.
1984. *The Body and Society.* Oxford: Basil Blackwell.
Turner, Terence.
1995. "Social Body and Embodied Subject: Bodiliness, Subjectivity, and Sociality among the Kayapo." *Cultural Anthropology* 10 (2): 143-70.
United Nations.
1992. *Human Rights and Disabled Persons.* Geneva. UN.
UNESCO.
1995. "Overcoming Obstacles to the Integration of Disabled People." London: Disability Awareness in Action.
UN International Labour Office (UNILO).
1993. "Listen to the People: A Guide for Planners of Disability Programmes." Geneva: UNILO.
U.S. General Accounting Office.
1991. Report 216, February. Washington, D.C.
USDOE.
1992. *Disability Statistics Abstract.* Washington, D.C.: U.S. Department of Education, National Institute on Disability and Rehabilitation Research. May.
Volosinov, V. N.

[1930] 1973. *Marxism and the Philosophy of Language*. New York: Seminar Press.

Wade, Cheryl Marie.
1994. "Disability Culture Rap." In *The Ragged Edge: The Disability Experience from the Pages of the First Fifteen Years of the Disability Rag*, ed. Barrett Shaw, 15-8. Louisville: Avocado Press.

Walicki, Andrzej.
1995. *Marxism and the Leap to the Kingdom of Freedom*. Stanford: Stanford University Press.

Walker, Alice.
1983. *In Search of Our Mother's Gardens*. New York: Harcourt Brace Jovanovich.

Walker, Sylvia.
1986. "Attitudes toward the Disabled as Reflected in Social Mores in Africa." In *Childhood Disability in Developing Countries*, ed. Kofi Mofi, Sylvia Walker, and Bernard Charles, 239-49. New York: Praeger.

Wallerstein, Immanuel.
1974. *The Modern World System*. Vol. 1. New York: Academic Press.
1986. *Africa and the Modern World*. Trenton, N.J.: Africa World Press.

Werner, David.
1979. *Disabled Village Children: A Guide for Community Health Workers, Rehabilitation Workers, and Families*. Palo Alto, Calif: Hesperian Foundation.

West, Cornel.
1993. *Race Matters*. Boston: Beacon Press.

Williams, Eugene.
1989. "Surviving Without a Safety Net in Brazil." In *Ideas Study Visit Report*. International Exchange of Experts and Information in Rehabilitation. Oakland, Calif. WID.

Williams, Raymond.
1973. "Base and Superstructure." *New Left Review*, no. 82 (November/December): 3-16.

Wolf, Naomi.
1991. *The Beauty Myth: How Images of Beauty Are Used Against Women*. New York: William Morrow.

Wood, Ellen Meiksins.
1986. *The Retreat from Class: A New "True" Socialism*. London: Verso.

World Bank.
1994. *World Development Report 1994: Infrastructure for Development*. Oxford: Oxford University Press.

World Institute on Disability (WID).
1995. *Changing Lives*. Oakland, Calif.: WID.

Young, Iris Marion.
1990. *Justice and the Politics of Difference*. Princeton: Princeton University Press.

Zahar, Renate.
1974. *Frantz Fanon: Colonialism and Alienation*. New York: Monthly Review Press.

Zizek, Slavoj, ed.
1994. *Mapping Ideology*. London: Verso.

Zola, Irving.
1981. *Missing Pieces: A Chronicle of Living with a Disability*. Philadelphia Temple University Press.
1983. "Toward Independent Living: Goals and Dilemmas." In *Independent Living for Physically Disabled People*, 344-56.
1984. "Does It Matter What You Call Us?" *Disability Quarterly* 4: 1-2.
1987. "The Politicization of the Self-Help Movement." *Social Policy* 18 (Fall): 32-3.

tordls

찾아보기

계급Class 50-3, 73-5, 89
고도이, 아르나우두Godoy, Arnaldo 127-8
고디머, 나딘Gordimer, Nadine 77
고틀리브, 로저Gottlieb, Roger 68
고프먼, 어빙Goffman, Erving 250, 251
골퍼스, 빌리Golfus, Billy 160-1, 163, 279
공간Space 181-2
국제장애인연합Disabled Peoples International 217-8, 238
그람시, 안토니오Gramsci, Antonio 62, 77, 162, 270
기어츠, 클리포드Geertz, Clifford 54
길, 캐롤Gill, Carol 66, 199-200, 209-10

낙인Stigma 250
남부아프리카 장애인연합(SAFD) 219, 236-7
누녜즈 오르다즈, 코르넬리오Nuñez Ordaz, Cornelio 73, 103, 182-3, 183-4
니콜슨, 린다Nicholson, Linda 115

델핀, 다닐로Delfin, Danilo 66, 79-80, 109, 119, 146, 168, 173, 174, 195, 217, 218, 220, 221
동정Pity 97-8

라가디엔, 파딜라Lagadien, Fadila 106, 187-8, 226-7
라이히, 빌헬름Reich, Wilhelm 25
라츠카, 아돌프Ratzka, Adolph 158-9, 179
라클라우, 에르네스토Laclau, Ernesto 135
러셀, 마타Russell, Marta 48-9
레비-스트로스, 클로드Levi-strauss, Claude 181
로드, 오드르Lorde, Audre 53
로드리게스, 페르난도Rodriguez, Fernando 146, 167, 176
로버츠, 에드Roberts, Ed 17, 19, 71-2, 214, 227, 228, 281
로우버섬, 셰일라Rowbotham, Sheila 213
롤랜드, 윌리엄Rowland, William 19, 74-5
롱무어, 폴Longmore, Paul 107-8, 272
루소, 하릴린Rousso, Harilyn 106-7
루카치, 게오르그Lukacs, George 122-3, 280
륭, 찰스Leung, Charles 151, 166

마그베인, 버나드Magubane, Bernard 79
마르쿠제, 헤르베르트Marcuse, Herbert 125
마르크스, 카를Marx, Karl 51, 52, 57, 58, 85, 124, 125-6, 275, 278
마르크스주의Marxism 58
마부소, 프라이데이 만들라Mavuso, Friday M. 74, 148, 164, 176-7, 278
마수타, 마이클Masutha, Michael 20, 115, 128, 186
마인즈, 제롬Mindes, Jerome 147
말린가, 조슈아Malinga, Joshua 17, 31-40, 111, 158, 160, 217, 233
맘부라, 리지Mamvusa, Lizzie 105-6
매러블, 매닝Marable, Manning 140, 252-3
매클라렌, 피터McLaren, Peter 196-7
머피, 로버트Murphy, Robert 100, 101
메사로스, 이스트반Meszaros, Istvan 51, 85, 126, 275
모한티, 찬드라 탈파드Mohanty, C. T. 197
몸Body 98-109
무핀두, 란가Mupindu, Ranga 93, 111, 116, 193, 233
문화(정의)Culture 53-4

미국장애인이동권단체(ADAPT) 201, 208, 219, 229-30

바레라, 펠리페Barrera, Felipe 173-4
바이어, 울리Beier, Ulli 92-3
바트키, 산드라Barky, Sandra 57, 97, 131, 191-2
버클리 자립생활센터Berkely, Center for Independent Living 228
베르드, 수잔Berde, Susan 153-6
베후만 비엘레호, 호사엘라Berman Bieler, Rosangela 31-9, 40, 45, 102, 112, 149, 157, 164, 172
벨, 데릭Bell, Derrick 243, 245, 259
변증법Dialectics 20-2, 245-7
보스, 래리Voss, Larry 66
보우만, 글렌Bowman, Glenn 137-8
볼드윈, 제임스Baldwin, James 189
부르디외, 피에르Bourdieu, Pierre 261
브라운, 스티븐Brown, Steven 139
브레이버만, 해리Braverman, Harry 126, 278
브로델, 페르낭Braudel, Fernand 143-4
브리메르, 가브리엘라Brimmer, Gabriela 187
브리스토, 마르카Bristo, Marca 225
비야스, 라젠드라Vyas, Rajendra 72-3, 114, 186-7, 235

사르만하디, 코에스비오노Sarmanhadi, Koesbiono 146, 204
사르트르, 장-폴Sartre, Jean-Paul 57, 58, 97, 134, 249-50, 257, 258
사이드, 에드워드Said, Edward 137, 179
사투르니누 피게레두, 파울루 Saturnino Figueiredo, Paulo 120, 145-6, 172
삭스, 알비Sachs, Albie 255
산업 재해Industrial accidents 82
세계장애연구소World Institute on Disability 88, 227-8
세계 장애인의 해International Year of Disabled Persons 216, 217
세계화Globalization 89-90
소외Alienation 56-60, 125-7, 134-5, 257
손택, 수잔Sontag, Susan 25, 261

쇼나어(짐바브웨 언어)Shona 116
수치Shame 97-8
수화 통역사Interpreters 151, 153-6
스튜어트, 진Stewart, Jean 98, 100-1

알브레히트, 게리Albrecht, Gary 88
애쉬, 에이드리엔 애쉬Asch, Adrienne 250
액세스 리빙Access Living 225-6
어빈, 마이크Ervin, Mike 158, 179, 229
억압(정의)Oppression 27-8
에델만, 제럴드Edelman, Gerald 57
에버레스트-제닝스Everest-Jennings 86
영, 아이리스Young, Iris 27, 209, 282
영국장애인협의회(BCODP) 234
영아 살해Infanticide 82
오코너, 제임스O'Connor, James 51, 269
올리버, 마이크Oliver, Mike 240
요루바족(종족명)Yoruba 92
요양원Nursing homes 86-8
우드, 엘렌 멕신스Wood, Ellen M. 67, 68, 96
우리 없이 우리에 대한 것은 없다(슬로건으로서)Nothing About us Without Us 19, 41
워드, 낸시Ward, Nancy 152-3, 261
워커, 앨리스Walker, Alice 268
웨스트, 코넬West, Cornel 134
웨이드, 셰릴 메리Wade, Cheryl Marie 198
위베르족Hubeer 92, 116
윌리엄스, 레이몬드Williams, Raymond 62, 66
윌리엄스, 유진Williams, Eugene 149, 216-7
유네스코(국제연합교육과학문화기구)UNESCO 27, 81
유엔(국제연합)United Nations 52, 76-7, 182
융, 카를Jung, Carl 57, 58
은데벨레어(짐바브웨 언어)Ndebele 116
은크루마, 크와메Nkrumah, Kwame 196

의식Consciousness 56-60
이동 보조 수단Mobility aids 150-1
이동권 국제연대Mobility International 237
인도네시아 장애인협회Indonesia Disabled Persons Association 231, 232-3

자립생활센터Centers for independent living 156, 202, 215, 221, 224-5
자본Capital 85
자브, 게리Zarb, Gerry 240
자선Charities 158-65
자선 프로그램Telethons 69
자하르, 르네Zahar, Renate 130, 133
장애Disability: 접근성 174-82, 185; 장애에 대한 태도(도시 대 지방) 182-8; 장애 사이의 차이점 247-50, 251; 장애의 정의 26-7; 고용 수준 83-4; 장애의 위계화 166-9; 인간 조건으로서의 장애 265-7; 장애와 언어 115-9; 장애 관련법 84-5; 장애 인구수 27; 종교와 장애 109-14; 폭력과 장애 169-74
장애 문화Disability culture 198, 199
장애와 발전을 위한 행동 모임(영국)Action on Disability and Development 237-8
장애인People with disabilities: 버려진 장애인 147-9; 계급 지위 71-70; 장애의 분류화 248, 260-1; 상품으로서의 장애인 85-6; 장애인의 정체성 136; 보이지 않는 존재로서 장애인 145-9; 버려진 존재로서 장애인 45, 47, 50; 장애인에 대한 온정주의 92, 93-4, 164; 장애인의 성 106-7; 장애인 지원 체계 149-53
장애인권 교육·보호 기금Disability Rights Education and Defense Fund 227
장애인권 운동Disability rights movement: 장애인권 운동에 대한 도전 138-40, 262-5; 반헤게모니로서의 장애인권 운동 238-40; 장애인권 운동의 역사 213-6; 장애인권 운동의 내적 정치적 차이 200-2; 장애인권 운동의 철학 193-211; 장애인권 운동의 정치적 진보 209; 장애인권 운동의 일체화된 특징들 211-2
저발전(정의)Underdevelopment 28, 77-9
전국자립생활협의회(NCIL) 234
정체성Identity 135-8
제3세계(정의)Third World 29
제노베스, 유진Genovese, Eugene 94
졸라, 어빙Zola, Irv 96-7
중층 결정Overdetermination 61

지뢰Landminers 81-2
짐바브웨 장애인연맹Zimbabwe Federation of the Disabled 234
짐바브웨 전국장애인협의회(NCDPZ) 221, 231, 233

채프먼, 트레이시Champman, Tracy 191
촘스키, 노암Chomsky, Noam 67, 196

카네티, 엘리아스Canetti, Elias 66
카미에라, 루이자Camêra, Luiza 76
커글머스, 주디Kegelmass, Judy 113-4
콩세이사우 카우사트, 마리아 다Comceição Caussat, Maria da 72, 129, 168
크레센도, 조니Crescendo, Johnny 209-10

탈구조주의Poststructuralism 99-100, 252
태국 국제장애인연합(DPI-Thailand) 220, 231, 232
터너, 테렌스Turner, Terence 100
테페리노, 마리아 파울라Teperino, Maria Paula 103, 104, 108, 118
톰슨Thompson, E. P. 198-9
톰슨, 로즈마리Thomson, Rosemarie 99
톰슨, 존Thomson, John 54-5, 99

파농, 프란츠Fanon, Frantz 57, 128-9, 129-30, 133, 134-5, 259
파인, 미셸Fine, Michelle 250
파티밧사라키크, 나롱Patibatsarakich, Narong 80, 119, 144, 149, 216
팬코 레이스, 주디Panko Reis, Judy 170-1, 194-5
페레스, 올란도Perez, Orlando 168
페레스 데 쿠에야르, 하비에르Perez de Cuellar, Javier 50
푸코, 미셸Foucault, Michel 99, 100, 282
프랭크, 젤리아Frank, Gelya 100, 101
프레이리, 파울로Freire, Paulo 164, 196, 271
프록시모 프로젝트Projecto Proximo 170, 219, 222-3
플라이슈만, 페데리코Fleishmann, Federico 104-5, 187
피리, 알렉산더Phiri, Alexander 111, 148, 163-4, 167, 174, 176, 186, 233

필요Necessity 254-7
핑거, 앤Finger, Anne 161-2, 163

하르사나, 프란츠Harsana, Franz 114
하비, 데이비드Harvey, David 276
하지마비자조협회/소웨토(SHAP/Soweto) 219, 223-4
하트삭, 낸시Hartsock, Nancy 90, 200
학교 교육Schooling 63-6
허만, 에드워드Herman, Edward 67
허무주의Nihilism 134
허쉬, 로라Hershey, Laura 162-3
허스트, 레이첼Hurst, Rachel 83, 85, 159, 178-9, 180, 195, 214, 261
헤게모니Hegemony 62, 66, 67, 122, 126
헤비, 데이비드Hevey, David 161, 162, 163
헬란더, 아이나Helander, Einar 269
헬란데, 베르나르트Helander, Bernhard 66
혁명 장애인 기구(ORD) 221, 223, 231-2
호치키스, 랄프Hotchkiss, Ralf 150, 281
홀, 스튜어트Hall, Stuart 117-8
홉스봄, 에릭Hobsbawm, Eric 23
활동 보조원(서비스)Personal assistance 156-7
휴먼, 주디Heumann, Judy 227, 228

울력의 책

인문-사회과학 분야

과학 기술 시대의 삶의 양식과 윤리
도성달 외 지음

누가 세계를 약탈하는가 환경정의연대 선정 환경도서
반다나 시바 지음 | 류지한 옮김

누가 아이의 마음을 조율하는가
버너데트 호이 지음 | 황헌영, 김세준 옮김

대외 경제 협력의 전략적 모색
김종걸 지음

대중문화 심리 읽기 문화관광부 선정 교양도서
김헌식 지음

대항지구화와 '아시아 여성주의' 문화관광부 선정 우수학술도서
태혜숙 지음

동북공정의 선행 작업들과 중국의 국가 전략 간행물윤리위원회 선정 이달에 읽을 만한 책
우실하 지음

동아시아 공동체
다니구치 마코토 지음 | 김종걸, 김문정 옮김

라스카사스의 혀를 빌려 고백하다
박설호 지음

미국의 권력과 세계 질서
크리스천 류스-슈미트 지음 | 유나영 옮김

미래를 살리는 씨앗
조제 보베, 프랑수아 뒤푸르 지음 | 김민경 옮김

분노의 대지
앙드레 뽀송 지음 | 김민경 옮김

불가능한 교환
장 보드리야르 지음 | 배영달 옮김

불확실한 인간
프랑크 텡랭 지음 | 이경신 옮김

비너스 · 마리아 · 파티마
에케하르트 로터 · 게르노트로터 지음 | 신철식 옮김

비판, 규범, 유토피아
세일라 벤하비브 지음 | 정대성 옮김

성윤리
류지한 지음

세계는 상품이 아니다 환경정의연대 선정 환경도서
조제 보베 · 프랑수아 뒤푸르 지음 | 홍세화 옮김

세계화와 그 적들
다이엘 코엔 지음 | 이광호 옮김

열성 팬 창조와 유지의 구조
와다 미츠오 지음 | 오현전 옮김

우리 없이 우리에 대한 것은 없다
제임스 찰턴 지음 | 전지혜 옮김

위기 시대의 사회 철학
선우현 지음

이윤에 굶주린 자들
프레드 맥도프 외 엮음 / 윤병선 외 옮김

인간복제 무엇이 문제인가 서울시, 부산시 교육청 권장 도서
제임스 왓슨 외 지음 | 류지한 외 옮김

인간의 미래는 행복한가
어빈 라즐로 지음 | 홍성민 옮김

인륜성의 체계
헤겔 지음 | 김준수 옮김

인터넷 숭배 간행물윤리위원회 선정 청소년 권장 도서
필립 브르통 지음 | 김민경 옮김

자발적 복종
에티엔느 드 라 보에티 지음 | 박설호 옮김

정보 사회와 윤리
추병완 지음

정보과학의 폭탄
폴 비릴리오 지음 | 배영달 옮김

정신분석과 횡단성
펠릭스 가타리 지음 | 윤수종 옮김

정치와 운명
조셉 갬블 지음 | 김준수 옮김

중국의 대외 전략과 한반도
문흥호 지음

촛불, 어떻게 볼 것인가
사회와 철학 연구회 엮음

칸트와 현대 사회 철학 문화관광부 선정 우수학술도서
김석수 지음

평등 문화관광부 선정 교양도서
알렉스 캘리니코스 지음 | 선우현 옮김

포위당한 이슬람
아크바르 아흐메드 지음 | 정상률 옮김

폭력의 고고학 학술원 선정 우수학술도서
삐에르 끌라스트르 지음 | 변지현 · 이종영 옮김

한국 사회의 현실과 사회철학
선우현 지음

해방론
헤르베르트 마르쿠제 지음 | 김택 옮김

현대 사회 윤리 연구 문화관광부 선정 우수학술도서
진교훈 지음

히틀러의 뜻대로
귀도 크놉 지음 | 신철식 옮김

과학-기술 분야

과학을 사랑하는 기술
파스칼 누벨 지음 | 전주호 옮김

보이지 않는 컴퓨터
도널드 노먼 지음 | 김희철 옮김

예술 분야

드라마와 치료: 연극과 삶
필 존스 지음 | 이효원 옮김

배우와 일반인을 위한 연기훈련
아우구스또 보알 지음 | 이효원 옮김

수 제닝스의 연극치료 이야기
수 제닝스 지음 | 이효원 옮김

억압받는 사람들을 위한 연극치료
로버트 랜디 지음 | 이효원 옮김

연극치료와 함께 걷다
이효원 지음

영화 구조의 미학
스테판 샤프 지음 | 이용관 옮김

영화에 관한 질문들 영화진흥위원회 선정 학술지원도서
스티븐 히스 지음 | 김소연 옮김

진짜 눈물의 공포 영화진흥위원회 선정 우수학술도서
슬라보예 지젝 지음 | 오영숙 외 옮김

크리에이티브 드라마
수 제닝스 지음 | 이귀연 외 옮김

환상의 지도
김소연 지음

문학 분야

느와르
올리비에 포베르 지음 | 이현웅 옮김

문학과 비평: 다른 눈으로
이기언 지음

생도 퇴를레스의 혼란
로베르트 무질 지음 | 박종대 옮김

어느 인질에게 보내는 편지
생텍쥐페리 지음 | 이현웅 옮김

작은 것이 위대하다: 독일 현대시 읽기
박설호 엮고 지음

절망에서 살아남기
피터 셀윈 지음 | 한명희 옮김

카산드라의 낙인
칭기스 아이뜨마또프 지음 | 손명곤 옮김

현대시와 오이디푸스 콤플렉스
한명희 지음

교육 분야

MIPS 환경 교육
카톨린 데커 외 지음 | 남유선 외 옮김

구술 면접의 길잡이
황인표 지음

논리와 가치 교육
김재식 지음

도덕 교육과 통일 교육
황인표 지음

도덕·가치 교육을 위한 100가지 방법
하워드 커셴바움 지음 | 정창우 외 옮김

배려 윤리와 도덕 교육
박병춘 지음

상상력을 활용하는 교수법
키런 이건 지음 | 송영민 옮김

윤리와 논술 I
정창우 지음

정보 윤리 교육론 문화관광부 선정 교양도서
추병완 지음

초등 도덕과 교육의 이해
김재식 지음

콩글리쉬 클리닉
박성학 지음